ポートフォリオが日本の大学を変える

ティーチング／ラーニング／アカデミック・ポートフォリオの活用

土持ゲーリー法一 著

東信堂

はじめに

　大学全入時代を迎え、大学の授業も教員中心の講義形態から学生中心の学習形態へとパラダイム転換が行われている。もともと、大学教員は研究業績が評価されて採用され、教壇に立って教えることが多い。そのため十分な教員としての訓練も受けないまま教えることになる。彼らの教授法は、大学時代に受けた教員の教育方法をまねる傾向が強い。これでは大学全入時代の多様な学生に対応できない。

　パラダイム転換とは、社会変化にともない教員から学生へ、そして教育から学習へと転換することであるが、これを可能にしているのがポートフォリオである。ポートフォリオには、教員の教育業績のためのティーチング・ポートフォリオと学生の学習成果を測るためのラーニング・ポートフォリオ、そして教育、研究、社会貢献の3つの分野の業績をもとに総合的に教員を評価するためのアカデミック・ポートフォリオがある。

　筆者は、これまで『ティーチング・ポートフォリオ──授業改善の秘訣』(2007年)をまとめ、これに「授業改善の秘訣」と副題をつけた。しかし、授業改善は教員だけではできない。そこで、大学の主役の学生の能動的学習の取組みが不可欠であると考え、『ラーニング・ポートフォリオ──学習改善の秘訣』(2009年)を刊行した。この間、中教審答申やFD義務化の影響もあって、大学における授業改善や学習改善が注目されるようになった。

　ティーチング・ポートフォリオは、大きくわけて3つの目的がある。(1)授業改善のため、(2)教員評価のため、そして(3)個々の教員の授業への取組みを他と共有するためである。本来、ティーチング・ポートフォリオは、授業改善を目的としたものであったが、早くから北米では教員評価としても利用されている。日本では、アメリカ版ティーチング・ポートフォリオを教員評価として利用することに強い抵抗があった。

大学評価・学位授与機構は、ティーチング・ポートフォリオの権威者ピーター・セルディン（Peter Seldin）の著書を翻訳・刊行し、彼を日本に招聘して講演会やワークショップを開催して啓発活動を行った。しかし、伝統的に研究重視の風土が根強い日本の大学教育に風穴をあけられなかった。

　中教審は、ティーチング・ポートフォリオを教員業績評価として活用することを提言した。その結果、ティーチング・ポートフォリオは、FD義務化も相まって、授業改善のみならず、教員業績評価としても注目されるようになり、愛媛大学の先駆的な事例が示すように、国立大学の中期目標として掲げるなど、教育重視の大学が現れはじめた。

　しかし、多くの国立大学では教育・研究・社会貢献の3つの分野において教員業績を評価するシステムが確立され、ティーチング・ポートフォリオによって教員業績を評価するまでに至っていない。

　上記の国内事情を反映して、日本でも教育・研究・社会貢献の3つの分野で評価する「アカデミック・ポートフォリオ」が注目されるようになり、ピーター・セルディン編著『アカデミック・ポートフォリオ』の翻訳・刊行を契機に、大学評価・学位授与機構が中心になり、新たな展開がはじまっている。

　本書の特徴の一つは、日本国内の動向を反映して、教員業績の総合的評価としてのアカデミック・ポートフォリオについてまとめたものである。アメリカや日本の動向から見れば、アカデミック・ポートフォリオは新しいものと思われがちである。しかし、オーストラリア、とくにクイーンズランド大学では約15年以上の実績があり、アメリカと違った発展をしている。本書では、両者を比較しながら、それぞれの特徴を明らかにする。言うまでもなく、アメリカのアカデミック・ポートフォリオは、セルディン等によるティーチング・ポートフォリオを中心としたもので、ティーチング・フィロソフィー（授業哲学）にもとづき、教育的側面が重視される。一方、クイーンズランド大学のアカデミック・ポートフォリオは、教員業績の総合的評価として制度化されたものである。

　周知のように、学校教育法施行規則の改正（大学の情報公表）が2011年度から義務化され、これまで閉鎖的であった大学内部の情報が公表される。これは社会への説明責任を果たし、教育内容を向上させることを目的に、就職者

数や教員の学位・業績など9項目を大学が自ら公表するように国が義務づけるものである。違反すると補助金の減額に繋がる。これまでの大学教員の人事は非公表とされ、審査基準はおろか、すべての手続きが秘密裏に行われた。その結果、「根回し」「コネ」など日本特有の文化を形成した。しかし、本書で取りあげるクイーンズランド大学の教員業績評価は、後述のように、審査基準が公式の大学ウエブサイトで公開され、誰でもアクセスできる。しかも、教育・研究・社会貢献の3つの分野にもとづき総合的に評価できるシステムでありながら、「教育」のみでも評価できる独自のシステムを構築し、同大学の「教育」重視を内外にアピールしている。

　本書のもう一つの特徴は、ポートフォリオの活用に重点を置いたことである。すなわち、ティーチング・ポートフォリオやラーニング・ポートフォリオの活用面に重点を置き、大学でどのように利用できるか具体的に紹介した。読者には、ティーチング・ポートフォリオとラーニング・ポートフォリオの関係がわかりにくいと考えるものもいるかもしれないので、簡単に説明する。両者は、表裏一体の関係にある。ティーチング・ポートフォリオでは、「省察（振り返る）」(Reflection) が重要であることは繰り返し述べたが、何をどのように省察すれば良いか戸惑うことが少なくない。省察するには、そのための具体的な証拠が必要である。たとえば、学生のラーニング・ポートフォリオが良い例である。ラーニング・ポートフォリオを読めば、その中に授業のすべてが凝縮されている。学生の学習成果（ラーニング・アウトカム）はもちろん、教員の授業改善に繋がるヒントが多く含まれる。それだけでない。ラーニング・ポートフォリオは、教員がどのような授業を実践し、学生の学習成果を高めたか可視化できるので、教員業績ファイル（ティーチング・ポートフォリオ）に収めることができる。

　以上のように、3つのポートフォリオは重要である。すなわち、授業改善としてのティーチング・ポートフォリオ、学習改善としてのラーニング・ポートフォリオ、そして教員業績の総合的評価としてのアカデミック・ポートフォリオである。本書のタイトルのように、ポートフォリオは日本の大学を変える「原動力」となる。

ポートフォリオが日本の大学を変える
──ティーチング／ラーニング／アカデミック・ポートフォリオの活用──／目　次

はじめに ……………………………………………………………… i
図表一覧 …………………………………………………………… viii

序章 …………………………………………………………………… 3
1　世界の FD の現状 ……………………………………………… 3
2　パラダイム転換 ………………………………………………… 4

1章　学生による授業コンサルティング ……………………… 9
1　SCOT とは何か ………………………………………………… 10
2　SCOT の活動 …………………………………………………… 12
3　SCOT コーディネータへのインタビュー ………………… 15
4　まとめ …………………………………………………………… 20

2章　ティーチングのスカラーシップ ………………………… 21
1　アーネスト・ボイヤーの提言 ………………………………… 21
2　伝統的な研究業績評価 ………………………………………… 22
3　教育活動の評価 ………………………………………………… 23
4　学生による教員評価 …………………………………………… 24
5　ティーチング・ポートフォリオの原型 ……………………… 25

3章　ティーチング・ポートフォリオにおける
　　　メンターリングの役割と作成方法 ……………………… 26
1　「ティーチング・ポートフォリオ──授業改善と授業評価の
　　ための省察的実践とメンターリング──」に関する講演 …… 26
2　ティーチング・ポートフォリオの作成方法
　　── "Getting Started" からはじめよう！ ………………… 42
3　ティーチング・ポートフォリオ作成の具体的な手順 ……… 44
4　メンターリングによる授業哲学の深化 ……………………… 50

4章　ティーチング・フィロソフィー（授業哲学）の
　　　ためのルーブリック ……………………………………… 52
1　授業哲学のためのルーブリック ……………………………… 52
2　授業哲学の作成準備 …………………………………………… 55

5章　ラーニング・ポートフォリオを活用した学生の学習向上と能動的学習の実践 ……67

1. 「ラーニング・ポートフォリオを活用した学生の学習向上」に関する講演 ……67
2. ラーニング・ポートフォリオを活用した能動的学習の実践例 ……77

6章　ティーチング／ラーニング・ポートフォリオを活用した授業評価と授業改善への取組み ……87

1. 弘前大学6月FDワークショップ ……87
2. 弘前大学11月FDワークショップ ……90
3. 学生のラーニング・ポートフォリオ ……97

7章　アカデミック・ポートフォリオ ……104
――教育・研究・社会貢献の3分野における総合的な教員業績評価システム

はじめに ……104

1. アカデミック・ポートフォリオの先駆的な取組み ……105
   ――クイーンズランド大学における事例
   1) アカデミック・ポートフォリオを1997年より導入 (105)
   2) 教員の身分に応じた教員業績評価システム (106)
   3) クイーズランド大学「学生による授業評価調査」(108)
   4) アカデミック・ポートフォリオ関連のフォリオ (111)
   5) アカデミック・ポートフォリオの評価基準 (113)

2. アカデミック・ポートフォリオ――**アメリカの挑戦** ……121
   1) PODネットワークでのピーター・セルディンの発表 (121)

3. 日本におけるアカデミック・ポートフォリオの動向 ……126
   1) 大学評価・学位授与機構におけるピーター・セルディンの講演 (126)

おわりに ……131

8章　大学教員養成プログラムにおけるティーチング・ポートフォリオの役割 ……134

1. 大学教員養成プログラム (PFFP) とは ……134
2. アメリカのPFFP――**ミネソタ大学の事例** ……134
   1) 単位制PFFPとは (135)
   2) GRAD8101「大学教育に関する理論」授業シラバス (136)
   3) GRAD8102「大学教育に関する実習」授業シラバス (137)
3. カナダの大学教員養成プログラム――**ダルハウジー大学の事例** ……138

1) 大学教員養成「認定書」プログラムの役割 (138)
　　　2)「認定書」の4段階プログラム (138)
　　　3) 大学教員養成プログラムに対する州政府の支援 (139)
　　4　PFFPにおけるティーチング・ポートフォリオの2つの役割 ……… 139
　　　1) 形成的活用――**ティーチング・フィロソフィーの構築** (139)
　　　2) 総括的活用――**求職活動としての役割** (141)
　　　3) ファカルティ・メンターの役割 (143)
　　5　今後の展望 ……………………………………………143
　　　1) GRAD8101「大学教育に関する理論」に
　　　　 ラーニング・ポートフォリオ導入の可能性 (143)
　　　2) カリフォルニア大学バークレー校夏季PFFPと
　　　　 ティーチング・ポートフォリオの事例 (144)
　　　3) 東北大学におけるPFFPへの挑戦 (145)

9章　エンプロイアビリティーと「社会人基礎力」……………………148
　　1　「学士力」と「社会人基礎力」……………………148
　　2　イギリスの大学におけるエンプロイアビリティー ……………150
　　3　経済産業省「社会人基礎力」育成の手引き ……………………152
　　4　エンプロイアビリティーを育てる教授法 ……………………161

終章　まとめ ……………………………………………………162
　註 ……………………………………………………………175

　付録1　弘前大学『教育者総覧』に見る教員の変化 …………………181
　付録2　NSSE（全米スチューデント・
　　　　 エンゲージメント調査）質問項目 …………………………193
　付録3　最終講義（弘前大学）　大学教育の現状と課題 ……………197
　　　　　――なぜ「単位制度の実質化」が問われるか――
　付録4　能動的学習の実践やラーニング・ポートフォリオ
　　　　 作成から学んだこと ………………………………………208
　付録5　D.フィンク「意義ある学習を目指す授業設計の
　　　　 ための自己管理用手引き」……………………………………212

　あとがき ………………………………………………………251
　索　引 …………………………………………………………255

図表一覧

(頁)

図1-1	教員の教室での行動範囲	13
図3-1	ティーチング・ポートフォリオの標題	26
図3-2	管理者の突然の査定通告	26
図3-3	ティーチング・ポートフォリオとは何か	28
図3-4	ティーチング・ポートフォリオの内容	28
図3-5	自身の情報	33
図3-6	他者からの情報	34
図3-7	学生の学習成果	35
図3-8	ティーチング・ポートフォリオの構成 (1)	35
図3-9	ティーチング・ポートフォリオの構成 (2)	35
図3-10	考慮すべき質問	37
図3-11	動画投稿サイト「ユーチューブ」の一コマ	37
図3-12	メンターリングの重要性	38
図3-13	誰がメンターになるか	39
図3-14	「アナロジー」のトレーニング	40
図3-15	オハイオ大学ウエブサイト	41
図3-16	「最後の一言」	42
図4-1	授業哲学ステートメント (TPS) 評価基準 (ルーブリック)	52～54
図4-2	授業哲学ステートメントをデザインするためのモデル	55
図4-3	授業哲学ステートメントを採点するためのルーブリック	56～60
図5-1	ラーニング・ポートフォリオの標題	67
図5-2	管理者の突然の査定通告	67
図5-3	漫画『Dennis the Menace』の一コマ	68
図5-4	ラーニング・ポートフォリオとは何か	68
図5-5	「定義づけの重要性」の漫画の一コマ	69
図5-6	省察・コラボレーション・証拠資料の説明	69
図5-7	省察・コラボレーション・証拠資料の発見	69
図5-8	動画投稿サイト「5分間大学」の一コマ	69
図5-9	省察・コラボレーション・証拠資料の関連図	70
図5-10	ラーニング・ポートフォリオの効果的な使用法	70
図5-11	ラーニング・ポートフォリオに関する漫画の一コマ	71
図5-12	重要な学習における省察	71
図5-13	ラーニング・ポートフォリオの内容	81

図5-14	学生の省察を促す質問方法	71
図5-15	選択の重要性（美術の例）	73
図5-16	ガーフィールドの漫画の一コマ	73
図5-17	Albion College 電子ポートフォリオの事例	73
図5-18	LaGuardia Community College 電子ポートフォリオの事例	73
図5-19	ラーニング・ポートフォリオの内容	74
図5-20	Lebow College Business 電子ポートフォリオの事例	74
図5-21	University of Otago 電子ポートフォリオの事例	74
図5-22	Compassion and Medicine に関する事例	74
図5-23	学生の学習を高める方法	74
図5-24	挑戦と課題	74
図5-25	時間とストレス解消のためのチップス（1）	75
図5-26	時間とストレス解消のためのチップス（2）	75
図5-27	電子ポートフォリオのルーブリック	76
図5-28	スクラッチ・クイズ	76
図5-29	ラーニング・ポートフォリオ・プロジェクトのデザイン	76
図5-30	「最後の一言」	76
図5-31	リソース	77
図5-32	漫画『Dennis the Menace』の一コマ	77
図5-33	「学士力」を育てる授業実践	79
図5-34	評価方法と分類目標との関係	80
図5-35	ラーニング・ポートフォリオのモデル	81
図5-36	学生のコンセプトマップ	84
図6-1	ティーチング・ポートフォリオ作成の流れ（メンターの役割）	90
図7-1	学生による授業評価フォーマット（クイーンズランド大学）	110
図8-1	「ティーチング・ポートフォリオの形成的活用と総括的活用の比較」	142
図9-1	3つの力／12の能力要素	149
図9-2	エイプロイアビリティースキル	151～152
図終-1	企業の採用選考にあたっての重視点	163
図終-2	NSSE 調査票	170
図付録3-1	シラバスの具体的内容	200
図付録3-2	平成20年度後期アンケート集計結果	201
図付録3-3	大学生研究フォーラム2009プログラム	206
図付録5-1	統合的授業設計の主要構成要素　モデル1	216
図付録5-2	統合性の問題：例1	217

図付録5-3	統合性の問題：例2	217
図付録5-4	意義ある学習の分類図	223
図付録5-5	意義ある学習の相互作用の特質	224
図付録5-6	監査的評価と教育的評価	228
図付録5-7	受動的学習と能動的学習の最初の比較	230
図付録5-8	能動的学習の全体像	231
図付録5-9	授業設計のための評価基準	239
図付録5-10	授業内容の構成シーケンス	240
図付録5-11	インストラクショナル方略策定のためのキャッスルトップ・テンプレート	241
図付録5-12	インストラクショナル方略	242
表5-1	ラーニング・ポートフォリオ採点指針（ルーブリック）	83
表付録5-1	全体的・能動的学習のための学習活動	232
表付録5-2	徹底した省察的対話	233

ポートフォリオが日本の大学を変える
──ティーチング／ラーニング／アカデミック・ポートフォリオの活用──

序　章

1　世界の FD の現状

　2008年度から FD 義務化が施行されたことから、FD が世界的動向であるかのような誤解がある。しかし、諸外国ではファカルティ・ディベロップメント (FD) の用語は「死語」も同然で、ほとんど使われないのが現状である。後述のように、アメリカでもファカルティ・ディベロップメントに代わって、教員の専門職を強調するプロフェッショナル・ディベロップメント (PD) が用いられる。カナダでは、エデュケーショナル・ディベロップメント (ED)、オーストラリアでは、アカデミック・ディベロップメント (AD) と呼ばれているように、FD 分野において日本の大学は先進諸国に大幅に遅れている。

　欧米先進諸国の大学では、何を契機に FD という考えが生まれたのだろうか。アメリカの高等教育の歴史的な展開は約10年ごとに顕著な変化が見られる。1960年代は「学者の時代」と呼ばれ、研究が重視された。1970年代は「教員の時代」と呼ばれ、教育が注目され、学生の授業評価に焦点が当てられた。1980年代は「ディベロッパーの時代」と呼ばれ、各種財団支援のもとでファカルティ・ディベロップメントが注目された。1990年代は「学習者の時代」と呼ばれ、学生の学習に焦点が当てられた。2000年代は「ネットワークの時代」と呼ばれ、ネットワークによるコラボレーションが重視され、現在に至る。

　アメリカにおける高等教育関連の組織の発展も見逃せない。1969年～2005年のアメリカ高等教育協会 (AAHE、現在は AAHEA) は重要な役割を果たした。1976年には、アメリカ最大のファカルティ・ディベロッパーのネットワークの POD ネットワーク (The Professional and Organizational Development Network in Higher Education) が設立された。1981年にはカナダの大学教育改善に関するセンターや個人のネットワークの STLHE (The Society for Teaching and Learning in Higher Education) が設立された。このような世界的な動向を受けて、1993年に

国際教育開発連盟 ICED（The International Consortium for Educational Development）が設立された。

　FD 概念にも変遷があった。たとえば、ファカルティ・ディベロップメント→プロフェッショナル・ディベロップメント→インストラクショナル・ディベロップメント→パーソナル・ディベロップメント→オーガニゼーショナル・ディベロップメント→アカデミック・ディベロップメント→エデュケーショナル・ディベロップメントである。これらは当時の高等教育に関する書物に裏打ちされた。たとえば、1951年あるいは1969年の *Teaching Tips* by McKeachie（邦訳『大学教授法の実際』（玉川大学出版部、1984年））が刊行された。1975年の *Toward Faculty Renewal* by Gaff、1975年の *A Handbook for Faculty Development* by Berguist and Phillips、1976年の *Accent on Learning* by Cross、1980年の New Directions for Teaching and Learning、1981年の To Improve the Academy、1987年の "Seven Principles of Good Practice" by Chickering and Gamson、1990年の *Scholarship Reconsidered*（邦訳『大学教授職の使命──スカラーシップ再考』（玉川大学出版部、1996年））、1992年の *Principles of Reflective Practice* by Argyris and Schon、1995年の "From Teaching to Learning" by Barr and Tagg、1999年の *Classroom Assessment Techniques* by Angelo and Cross、2000年の "Fostering a Scholarship of Teaching and Learning" by Shulman、2002年の *Learner-Centered Teaching* by Weimer、2006年の *Creating the Future of Faculty Development* by Sorcinelli et al がそうである。

　呼称にも変化があった。たとえば、コンサルテーション（ティーチング、プロフェッショナルあるいはパーソナル）→自己管理開発を促進するコラボレーション、セミナーやワークショップ→研修や長期プログラム、新任教員研修→新任教員のためのメンタリング・プログラム、TA 研修→認定書プログラム、助成金や受賞→全国認定プログラム、ブック・サークル→ラーニング・コミュニティ、授業研究（Classroom Research）→ティーチングやラーニングのスカラーシップ（Scholarship of Teaching and Learning）である[1]。

2　パラダイム転換

　教授法にも変化が見られた。たとえば、「教授パラダイム（Instruction Paradigm）」

写真序-1　筆者とジョン・タグ　2009年6月21日

から「学習パラダイム (Learning Paradigm)」への移行や学習成果 (Learning Outcomes) による出口管理が強化された。従来の「教授パラダイム」では、授業改善や教育課程の改善に力点が置かれ、その方法として授業を行う教員の資質の改善に力を注いだ。とくに、バー (Robert B. Barr) とタグ (John Tagg) の論文「教授から学習へ——学士課程教育の新しいパラダイム ("From Teaching to Learning: A New Paradigm for Undergraduate Education")」(Barr & Tagg, 1955) の影響が大きかった。バーとタグは、従来の「教授パラダイム」における大学の取組みを批判して、大学の目的は学生の学習を生み出すことで、教育課程や授業の改善はその手段に過ぎないと批判した。そして、学生の学習を生み出すことを目的とした「学習パラダイム」にもとづく大学教育の改善を提唱した[2]。タグは、大学の新たなパラダイムに関する単行本を刊行した。

　PODネットワーク元会長D・フィンク (L. Dee Fink) の著書[3]によれば、パラダイム転換には優れた授業デザインが必要である。近年、高等教育における教授法に関するパラダイム転換を促す著書が多く刊行され、アメリカ教育界は大きな転換期にある。それは学校教育におけるティーチング・パラダイ

ムからラーニング・パラダイムへの転換を意味する。たとえば、高等教育においては、ほとんどの教員が内容中心パラダイムと呼ばれるものを未だに教えている。このパラダイムでは、教員は授業に含まれるトピックや内容について学生が何を学ぶべきかを問題にしているに過ぎない。たとえば、トピックA、B、C、Dについてである。しかし、フィンクは意義ある学習分類において学習中心パラダイムの必要性を提唱している。

たとえば、学び方を学ぶ、関心を向ける、人間としての特性、統合、応用、基礎的知識である。2つのパラダイムは対照的である。すなわち、内容中心パラダイムでは、教員が限られた時間内にどれだけのことをカバーできるかの問題に常に直面する。新しい研究に関する多くの刊行は、その詳細とトピックをカバーする必要性に教員を追い立てる。

これは、とどまるところを知らない教科書のサイズの大きさにも反映される。伝統的な教育のトピックA、B、Cをカバーするだけでなく、トピックD、E、F以上をカバーする必要性を感じさせる学習中心パラダイムとは違った方向に教員を向ける[4]。

授業デザインにおいても、たとえば、教員が授業を創るアプローチに「トピックリスト」がある。とくに、具体的な訓練を受けない新しい教員にその傾向があるが、経験豊かな教員にも見られる。それは教員が主題を見て、関

連する8つから12のトピックリストを作り、それぞれのトピックについて講義を作る。それに1回か2回の中間試験と最終試験を加えて授業準備は完了する。トピックリストは、教員自身の主題についての理解か、良いテキストの目次から作られる。極端な場合は、教員は2冊のテキストを使い、1冊のテキストを学生に読むように選択させ、2冊目のより洗練されたテキストを教員自身の授業教材とする。この方法だとわずか数分で授業デザインが完了する[5]。

評価方法においても、「時代遅れ」の評価方法を使う教員の場合、4週間で教えたことを振り返らせ、学生に次のように促す。「私たちは、XとYとZを学びました。それらをどのくらい習得できましたか？」。ところが、「将来を考えた」評価方法では、教員はXとYとZについて学んだ結果を踏まえて、将来、学生がどのようなことができるようになるかを期待し、やってほしいことを見通すことになる。たとえば、「人々が実際にこの知識を使う状況になったと想像してください。XとYとZという知識を使って、これがどのようにできますか？」という具合である[6]。

フィードバックとアセスメントには、2つの大きな違いがある。たとえば、フィードバックは、授業成績の一部になることはない。アセスメントだけが成績の一部になる。二つ目のアセスメントが学習者に与えられるのに対して、フィードバックは学習者との対話によってなされる。

日本では、EvaluationとAssessmentとも「評価」と訳す傾向がある。しかし、二つは異なる。すなわち、AssessmentのAssessの語源には、「一緒に座る("Sit down together")」という意味があると両者を峻別している[7]。たしかに、『ウェブスター辞書』によれば、Assessのラテン語の語源には、「側に座ること("To sit beside")」という意味がある。つまり、Assessmentとは、教員の職務内容や教員評価を共同で行い、互いに話し合うことを重視する。Evaluationの評価は、「判断」するためであり、Assessmentの評価は、「改善」のためで、「前向きの評価」といえる。最近では、EvaluationもAssessmentも適切ではないとして「フィードバック」に改める傾向がある[8]。

ラーニング・ポートフォリオの重要性も提唱している。たとえば、学生にラーニング・ポートフォリオを作成させる構想は、省察的な記述の自然な発

展である。フィンクによれば、ラーニング・ポートフォリオは、近年の有力な教育の考えの一つで、とりわけ、効果的なのは授業計画の主要な構成要素の3つを同時に統合し、促進することである。すなわち、構成要素とは意義ある学習目標、能動的学習活動、そして教育的フィードバックとアセスメントである[9]。ラーニング・ポートフォリオの中心となる考えは、学生に選り抜きの学習経験を省察させることで、それは1つの授業かもしれないし、専攻分野の授業かもしれない。あるいは、大学における経験全体かもしれない。そして、授業やプログラム終了時に学生は学習経験全体の意味を記述し、図解した文書をまとめる。一般的にポートフォリオは2つの部分から成り、物語風の記述と語られた内容を図解し、裏づける様々な巻末資料である。もし、学生が授業を通して定期的にミニットペーパーや週刊ジャーナルを書くように促されれば、次第に学習経験の省察や記述できるようになる。もし、授業を通してこれらのことが継続して行われれば、授業終了時にラーニング・ポートフォリオの重要なコレクションができる[10]。

1章　学生による授業コンサルティング

　日本でもパラダイム転換を提唱する動きが見られるようになった。たとえば、2010年1月25日、第9回東北大学高等教育講演会「学士課程教育の体系化をどう進めるか——学修の系統化と大学院の接続——」が開催され、中教審答申『学士課程教育の構築に向けて（答申）』(2009年12月) の基本理念である各大学の個性に応じたアドミッション、カリキュラム、ディプロマの3つのポリシー方針の明確化と整合性を受けて、中教審専門委員として同答申の作成に当たった神戸大学川嶋太津夫教授による基調講演「高等教育のパラダイム転換と学習成果重視のアプローチ」がそれである。同講演では、現状の日本の大学が直面する課題、そして海外における先進的な取組みが紹介された。「大学を取巻く環境変化と大学改革の課題」について、高等教育のパラダイム転換の必要性を提唱した。たとえば、ユニバーサル化→多様化、少子化→大学全入、グローバル化→同等性・比較可能性、知識基盤社会→コンピテンス、ポートフォリオ社会→ポータビリティAPL、アカウンタビリティ→付加価値へとベクトルが大きく転換している現状が紹介され、高等教育における質の保証にはパラダイム転換が不可欠であることが強調された。それは、教員本位→学生本位、ティーチング→ラーニング、インプット→アウトカムへの転換を促すものである。

　学生像の変化についても、「入学時に明確な将来の進路を考えた学部選択」→「入学時に将来の進路は不明確」、「入試によって基本的な学力保証」→「入試での学力保証は困難」、そして「学生の能力・意欲は一様」→「学生の能力・意欲は多様」へと変わっている現状が紹介された。アウトカムとは、学生が身につけた知識やスキル、態度、価値観など、論文引用指数（インパクト）、教員の能力改善など、学生の学修と成長、成功のことである。すなわち、アウトカムを重視したカリキュラム・デザインへの転換、さらにアウトカムを

重視した学習における能動的学習が不可欠である。

さらに、グローバル化の加速により日本の大学でも従来の講義中心の授業形態から学生中心の学習形態へとパラダイム転換がはじまっている。たとえば、山形大学高等教育研究企画センター主催のFDシンポジウム「学生主体型授業の冒険」(2010年12月19日、キャンパス・イノベーションセンター東京)は顕著な例である。

1 SCOTとは何か

PODネットワーク2010年度大会が、2010年11月3日〜7日までミズーリ州セントルイス市で開催され、帝京大学の教員3名で参加した。これはファカルティ・ディベロッパーのための年次大会で、世界各国から約704名が一堂に集まった。FD義務化の影響もあって日本からは約34名が参加した。5日間の大会期間中に147の発表があり、どのワークショップ、セッション、ラウンドテーブルも盛況であった。

一般的にFDといえば、ファカルティ・ディベロッパーの教員がコンサル

写真1-1　PODネットワーク会長(Peter Felten)と帝京大学教員

ティングするものだと考えがちである。もし、学生が教員の授業コンサルティングをすると聞けば、誰もが驚愕するであろう。PODの発表では、アメリカの大学 (Brigham Young University と Utah Valley University) で実践される学生による授業コンサルティング (SCOT: Students Consulting on Teaching) が紹介された[1]。ブリガムヤング大学のウエブサイトによれば、SCOTはトレーニングを受けた学生が学習体験に貢献し、教員に優れたフィードバックのためのリソースを提供し、学生評価や同僚評価を補っていると記されている。

SCOTは、そのサービスを希望する教員に学生の視点から、授業改善のために教室内活動の情報を提供する。SCOTになるためには、大学のCTL(Center for Teaching and Learning) が提供する授業シラバスなどに関するFDトレーニングを14週間受講しなければならない。SCOTの特徴は次のようである。

1) SCOTは該当科目を履修しない学生から選ばれるので、客観的な情報を教員に提供できる。
2) SCOTは在学生から選ばれるので、学生に役立つ情報を教員に提供できる。

SCOTは以下の役割を担う。

1)記録者あるいは観察者：SCOTは教室における教員の行動範囲、板書の仕方、グループ討論などに費やされた時間などを記録して、教員に提供する。この場合、SCOTの役割は教員の授業を「評価」することではなく、事実を正確に記録して提供することである。
2)「偽装した学生」：SCOTは授業を履修する学生であるかのように装い、クラスでメモを取り、正確なメモを教員に提供する。「偽装した学生」は授業中に質問をしない。
3) ビデオ制作者：SCOTは教員の申し出により、授業を撮影してDVDにして提供する。また、教員はDVDを見ながらSCOTと議論することができる。
4) インタビュアー：SCOTは学生がどれだけ学んでいるか、どれだけ授業内容を理解したかアセスメントするために学生にインタビューする。この場合、教員は授業の最後の15分間教室から退席する。SCOTは口頭もしくは書面で以下の質問に応えるように学生に指示する。

(1)このクラスにおいて何が学ぶのに役立ちましたか。
(2)このクラスにおいて何が学ぶのに妨げになりましたか。
(3)このクラスのためにどのような提案がありますか。

5) 準備学生：SCOTは授業前に教員と会って、どのようなことを教室内で観察してもらいたいか話し合って準備する。たとえば、具体的な問題について学生がどれだけ頻繁に応答しているか。学生は、なぜ議論に加わらないか。学生同士で互いに質問し合っているか。何が学生の学びを妨げているか。教員は学生の教材について手助けをしているか、などである。

6) 授業コンサルティング：教員は教室内活動のフィードバックあるいは学習に関する具体的な課題についてSCOTの意見を求める。SCOTは、教室で知り得た情報についての守秘義務がある。とくに、教室外において当該教員の授業方法などを「評価」することは禁じられている。

2　SCOTの活動

写真1-2　Utah Valley UniversityのSCOTパンフレット

発表では、ユタ・ヴァレー大学3年のSCOTプログラム・コーディネータ (Jazon Lewis, SCOT Program Coordinator) と同プログラム・ディレクタ (Ursula Sorensen, SCOT Program Director, Utah Valley University) がロールプレーを演じて、教員とのコンサルティングを再現した。

たとえば、教員の教室での行動範囲を示したチャート (以下を参照) とレポートが教員に事前に届けられる。教員は、教室内の自らの行動範囲が授業に影響を及ぼすことに気づかないことが多い。SCOTは他の教員の授業も見ているので、チャートを見ながら教員に的確な提言ができ、効果的な授業方法についてのコンサルティングができる。

SCOTが教員にどのようなコンサルティングをしているか、その一例をあげれば、教員の教室での行動範囲を示した以下のチャートを参考に授業の分析を行うことができる。

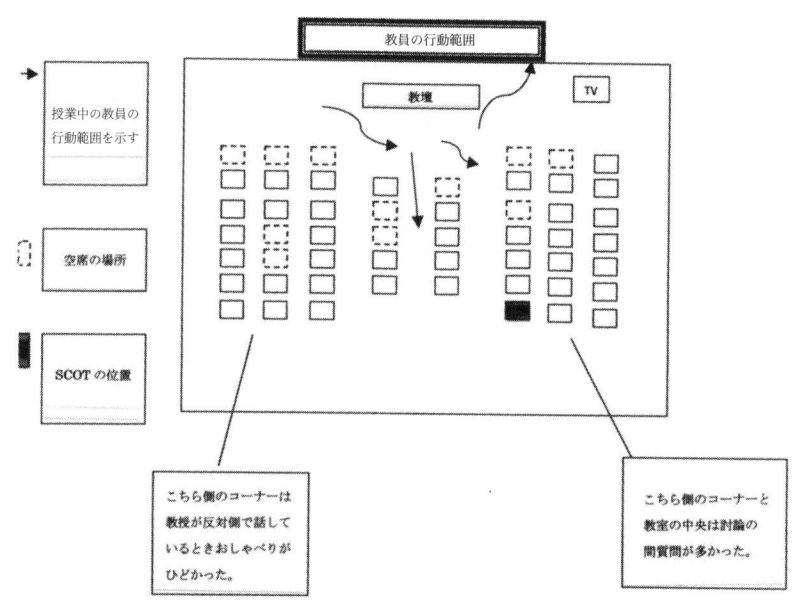

図1-1　教員の教室での行動範囲

出典：Student Observation Report Summary, "Student Consultants" at 35th Annual POD Conference, St. Louis, Missouri, 2010

図1-1のチャート「教員の教室での行動範囲」は、教員が授業中にどのような行動を取っているかを図式化したものである。たとえば、後部座席の学生に授業中におしゃべりが多いのは、教員の「行動範囲」と関係があることがわかる。

Utah Valley Universityには、現在1,300名の教員がいるが、SCOTプログラムがスタートした2008～09年は、8名のSCOTと16名の教員が利用したに過ぎなかったが、2009～10年には13名のSCOTと42名の教員が利用した。SCOTが費やす時間は、平均1週間に5～10時間で、これは学生の履修状況によっても異なる。同大学の学長はSCOTプログラムのために1万ドルの基金を寄付した。SCOTは1時間に8ドルの賃金が支払われる。

教員は、SCOTプログラムをどのように評価しているのだろうか、たとえば、「私は、授業について押しつけではなく、学生の視点から有益な意見をもらうことができました」「インタビューは、学生の心に何が起こっているかを知る良い方法だと思いました」「学生による観察は、評価プロセスに新たな側面を加えました」「私は、2つのクラスにおいて学生のビデオ観察・記録・インタビューを利用しましたが、学生の支援から自分の誤りに気づくことが

写真1-3　Ursula Sorensen and Jazon Lewis, SCOT Program at Utah Valley University

でき、教員として自信を取り戻すことができました。これは、教員の資質を向上するうえで役立ちました」などが紹介されている。

　SCOT は、ブリガムヤング大学の場合、学部横断型授業を履修する初年次学生が中心である。また、SCOT の選考基準は、学業成績 GPA が3.0以上、男女のバランス、学生の履修状況（履修科目の多い学生は除外）、留学生やマイノリティーなどが考慮される。SCOT としての経験は学生の活動業績となり、就職にも有利に働くという[2]。

　大学全入時代の授業改善の取組みは、学生の視点に立ったものでなければならない。この点、SCOT の取組みは、授業改善は誰のためのものかを考えさせてくれる。

3　SCOT コーディネータへのインタビュー

　SCOT プログラム・コーディネータ、ジェイソン・ルイス (Jazon Lewis) へのインタビューをダイアローグ形式で以下にまとめる[3]。

土持：どのような経緯で SCOT になったのですか。

ジェイソン・ルイス：まったく偶然でした。私は、教会でも似たようなプログラムを経験したことがあったので、SCOT にとても興味をもち、願書を出して大学の CTL 担当官のインタビューを受けました。その後、SCOT として経験を積んで、2年後に現在のプログラム・コーディネータになりました、この間、10～15人の教員の SCOT を担当しました。はじめは小さな組織でしたので忙しく働きました。とくに、夜間に授業を履修していたので、昼間の時間に SCOT として働くことができました。はじめは教員に提出するレポートをまとめるのに苦労しましたが、経験を重ねるうちにスムーズにまとめられるようになりました。最初の頃の教員には不十分なレポートしか書けなくて悪かったと反省しています。今は経験を積んでいるので満足いくレポートが書けるようになりました。

土持：SCOT として授業を観察して、どのようなレポートをまとめるので

すか。テンプレートがないのでまとめるのが大変ではないですか。

ジェイソン・ルイス：テンプレートがないので、どのようにレポートをまとめるかはSCOTにまかされています。授業に臨むにあたり、批判的に分析する姿勢が大切になります。授業には、トランジション（移行）という重要なポイントがあるので、それを見逃さないことです。たとえば、講義からグループ活動、あるいはビデオ鑑賞への移行などです。クラスの変化を詳細に記録することが重要です。授業を観察した後、教員に「提言」することも可能ですが、教員によっては「提言」を好まない人もいます。SCOTからの情報が教員にとって意義あるものなので、上手にまとめようと考えるのではなく、事実を提供するだけで良いのです。これは、クラスの状況を写真に撮ったり、ビデオに収めたりするのと同じことです。どのようなものであれ、教員にとっては価値ある情報になると思います。

土持：SCOTは、授業コンサルティングするのが役割ですが、事前に教員と打ち合わせする必要はないのですか。

ジェイソン・ルイス：SCOTに決まれば、担当教員と事前に約20分程度打ち合わせをします。ときには1時間も教員の授業方法について話し合うこともあります。教員の授業方法を理解することで的確な提言ができ、教員がSCOTに何を求めているかもわかりますので、教室で落ち着いて観察できます。教員は、どのような授業を行いたいかSCOTに事前に説明してくれます。たとえば、グループ活動を重視した授業をしたいとすれば、SCOTは教員の教室でのパワーポイントの使用は講義には適しているが、グループ活動には不向きであるなどと教員に提言できます。あるいは、教員に学生にパワーポイントを作らせてはとも提言できます。

土持：教員は、SCOTサービスを利用するためにはどのような手続きが必要ですか。

ジェイソン・ルイス：大学校内の電子版あるいは紙媒体で案内しているので、関心のある教員は申請用紙に必要事項を記入してSCOTプログラム・コーディネータに提出し、コーディネータが教員とSCOTの時間の調整をします。SCOTの空いた時間帯と教員の授業時間をうまくマッチさ

せるのがコーディネータの仕事です。教員が望んでも SCOT と時間と合わなければ調整ができません。とくに、中間試験や学期末試験が近づくと、SCOT は自分の学習に忙しくなるので時間の調整が難しくなります。SCOT が結婚するので忙しいなどと辞退する場合もあります。

土持：互いの時間の調整ができると、次は何をするのですか。

ジェイソン・ルイス：SCOT に教員に関するインフォメーションを提供します。教員のクラス・スケジュール、研究室の場所や E メール、自宅の電話番号など、コーディネータが知る限りの情報を伝えます。その後は、SCOT が直接教員と連絡を取ることになり、プログラム・コーディネータが関わることはありません。時々、メールで現状を知らせてくれる SCOT もいます。SCOT は経験が少ない場合、どのようなコンサルティングが効果的であるかがわからないこともあるが、経験を積んでいくうちに教室で観察が望ましいか、それともビデオ撮影が効果的であるかがわかるようになります。私は、一人の教員に SCOT として約2年間もコンサルティングを続けています。現在、大学では約40〜50人の教員に授業コンサルティングを行っていますが、SCOT の数は20名程度なので、SCOT 一人が約2名の教員をコンサルティングすることになります。

土持：SCOT を誰がトレーニングするのですか。プログラム・コーディネータがトレーニングするのですか。

ジェイソン・ルイス：プログラム・コーディネータの仕事は、SCOT をリクルートすることです。大学では1週間に一度トレーニングを行います。トレーニングでは、教授法やブルーム分類学 (Bloom's Taxonomy) についての指導をします。たとえば、教員が授業シラバスに悩んでいるとしたら、授業シラバスに目を通して、学生の視点で書かれているか、到達目標は明確か、成績評価基準はどうかなどを調べて助言します。授業シラバスに関しては、ルーブリックを作成することで一定の基準を保つことができるので、SCOT にはルーブリックを作るように指導します。専門的なことについては、CTL のファカルティ・ディベロッパーに相談します。これらに関するトレーニング・プログラムはパワーポイントにまとめられ、誰でも見ることができます。SCOT は、学生の視点に立っているので、

どのような授業が効果的であるかを誰よりもよくわかっています。また、トレーニングでは、その分野の専門家をゲストに招いて研修会も行います。SCOTのバックグラウンドはそれぞれ違うので、互いに意見を共有することで優れたコンサルティングを実践することができます。

土持：プログラム・コーディネータの君の説明を聞いていると、学生コンサルタントというよりも、ジュニア・ファカルティ・ディベロッパーという印象を持つのですが、どこで、どのようにFDの専門性を身につけるのですか。

ジェイソン・ルイス：PODネットワークのような専門家団体の大会に参加して、ファカルティ・ディベロッパーをリクルートするのとは違って、キャンパス内の一般学生からSCOTとして適した人材を探し出すのは難しいです。SCOTになるために約8時間の基本トレーニングを受けさせます。この間にFDに関する文献を読ませたり、トレーニングさせたりしてジュニア・ファカルティ・ディベロッパーとして養成します。誰もが最初から授業コンサルティングの技量を持ち合わせているのではないので、経験を通して資質を高めるようにします。私の場合、クリッカーのコンサルティングをしていたので他のSCOTよりも経験豊富だったかもしれません。

土持：SCOTによる授業コンサルティングの効果はどうですか。

ジェイソン・ルイス：教員は、概して、同じ教員の意見を聞きたがりませんが、学生からの意見だと耳を貸してくれます。何よりも、学生からの意見を聞いて効果的な授業にしたいと考える意欲的な教員がSCOTを利用するので、学生からの提言は有益なものになります。

土持：いま着ているポロシャツはSCOTのためのものですか。

ジェイソン・ルイス：大学は、SCOTの活動を全学にアピールするため、独自のポロシャツを作って着させます。しかし、「偽装学生」としてクラスに潜り込むときは、SCOTであることが他の学生にわかるといけないのでポロシャツは着ません。インタビュアーで教員に代わって教壇に立って学生に指示したり、フィードバックさせたりするときは、このポロシャツを着てSCOTであることをアピールします。これは、学生の

代表として大学の授業改善に貢献しているというアピールにも繋がります。

土持：SCOTプログラムを日本の大学に導入する場合、有能なプログラム・コーディネータを探すのは容易でないと思いますが、この点をどのように考えますか。

ジェイソン・ルイス：私もはじめたときは、何も知らず、FDという言葉さえ知りませんでした。しかし、大学CTLのFD担当者が授業時間外にトレーニングしてくれ、授業コンサルティングに必要な専門的な知識を授けてくれました。

土持：誰がSCOTプログラム・コーディネータとして選ばれるのですか。

ジェイソン・ルイス：SCOTプログラム・コーディネータは、一般的にオーナーズ・スチューデント（優等生）の中から選ばれることが多いです。SCOTに対しては、1時間8ドルが支給されます。SCOTプログラム・コーディネータになると1時間9ドルが払われます。

土持：SCOTプログラム・コーディネータはどのような学生をSCOTとしてリクルートするのですか。

ジェイソン・ルイス：どのような学生がSCOTに適しているか判断するのは難しいので、一緒に協力して仕事をしてくれる協調性のある学生をリクルートしてトレーニングします。リクルートよりも、トレーニングに重点を置いているので潜在的能力が求められます。何よりも教育や学習に関心をもっていることが重要な条件です。私の場合も、教員と学生の相互作用にとくに関心がありました。

土持：SCOTの経験は、将来どのように生かされますか。

ジェイソン・ルイス：教員のための授業コンサルティングとしての経験は、どのような職業でも生かされると思いますが、私の場合は、将来、プログラム・コーディネータとしてSCOTの経験を生かしたいと考えています。

土持：日本の大学では、教員と学生の「隔離」という問題があり、能動的な授業をするのは難しいので、SCOTのようなプログラムが必要ではないかと考えています。SCOTをどのようにトレーニングするか、何より

も有能な学生をどのようにリクルートするかが課題になりそうです。

ジェイソン・ルイス：SCOTは、教員と学生とのコーディネータの役割をするので、教室内の出来事を教員にレポートし、学生との相互関係を円滑にしてくれるので、両者の距離を縮めるのに役立つと思います。有能なファカルティ・ディベロッパーが大学にいれば、優れたSCOTプログラムが作れるのではないかと思います。

4 まとめ

学生による評価はあくまでも形成的評価なもので、総合的評価ではない。形成的評価においてはセルフ・リフレクション（自己省察）が重要である。このため、教員は授業に関して学生からのフィードバックが重要になる。ここにSCOTプログラムの重要な役割があるように思われる。SCOTは学生からのフィードバックをより効果的にする。

学生による授業コンサルティングの取組みは、日本の大学における授業公開や同僚評価のあり方にも一石を投じる。なぜなら、授業改善は誰のために行うものかを考えさせてくれるからである。学期途中の授業アンケートのことを英語で、"Learning from Students" と呼ぶが、まさしく授業改善に学生を巻き込むSCOTの取組みは、日本の大学においてFDを考えるうえで示唆に富むものである。さらに、学生を加えることで大学FDセンターの層を厚くするという意味でもユニークな取組みである。

2章　ティーチングのスカラーシップ

1　アーネスト・ボイヤーの提言

　アメリカでは早くから「パラダイム転換」が見られ、教育活動を評価する動きが顕著であった。その端的な表れがティーチング・ポートフォリオの活用である。背後には教育活動を正当に評価するべきであるとして、従来のスカラーシップの再考を促す動きがあった。その原点となったのが、アーネスト・ボイヤー（Ernest Boyer）が1990年に刊行した *Scholarship Reconsidered: Priorities of the Professoriate*（注：邦訳『大学教授職の使命――スカラーシップ再考』玉川大学出版部、1996年）のレポートであったと思われる。なぜ、このことを本章で取りあげるのかと言えば、ボイヤーのスカラーシップ再考とティーチング・ポートフォリオに密接な繋がりがあると考えるからである。たとえば、アメリカ高等教育協会が1991年に『ティーチング・ポートフォリオ――教育という教授職を記録するために――』と題した冊子を刊行し、その概念を普及した時期とも重なるのである。この時代は、前述したアメリカにおける「高等教育に関する著書の動向」からも明らかである。

　ボイヤーは、スカラーシップの「新しいパラダイム」を提案した。これが「パラダイム転換」を促す原動力となったと思われる。本章では、E. L. ボイヤー／有本章訳『大学教授職の使命――スカラーシップ再考』の中から関連する部分を紹介する。この中では、すでにティーチング・ポートフォリオ、ラーニング・ポートフォリオ、そしてアカデミック・ポートフォリオに繋がる重要な指摘が含まれている。ボイヤーのレポートが発表されて約20年が経過したが、彼のスカラーシップ再考が現実となった。

2 伝統的な研究業績評価

　彼は「日本語への序文」の中で、『スカラーシップ再考』の目標は、教授団が優先事項とした「教育対研究」という手垢に染まった論争を乗り越え、スカラーシップに対して幅広く効果的な意味を付与させることで、スカラーシップの新しいパラダイムを提案できると述べている。第1章「スカラーシップ(学識)の変遷」では、当時、アメリカの大学において大学教員の職務が「研究か、それとも教育か」が議論され、未だ伝統的な「研究業績をあげるかそれとも大学を去るか」("Publish or Perish")が論争されていたことを示唆している。ボイヤーは「支配的な見解によれば、学者とは研究者のことであり、業績の公表は学者としての生産性を測定する第一義的な判断基準である」と述べている[1]。たとえば、日本でも『大学設置基準』で規定される大学教員資格の基準とは、研究上の業績に加えて教育を担当するにふさわしい教育上の能力を有すると認められる者となっている。すなわち、研究上の業績が第一義的でなければならない。

　第2章「展望の拡大」では、「ほとんどすべての大学は、教育、研究、社会サービスの三者に対して口先だけは同意しながらも、教授の業績評価をする段になると、この三者が同等の価値を与えられることはめったにないのである」[2]と批判し、「今日、われわれが『学者らしい』という場合には、通常では、大学教員であること、そして研究に携わり論文を公表していることを意味する」と述べている[3]。しかし、「教育は、最も理想的な状態では、研究と実践の両方の形をとる」[4]と重要な指摘をしている。そのうえで、「教授の仕事は別々の、だが重なり合う四つの機能を持っていると考えることができるということである。すなわちその四つの機能とは、発見の学識(Scholarship of Discovery)、統合の学識(Scholarship of Integration)、応用の学識(Scholarship of Application)、教育の学識(Scholarship of Teaching)である」[5]と説明している。「発見の学識(Scholarship of Discovery)」は、いわゆる大学人が「研究」について語る場合の意味に最も近い。この時点では、ティーチングのスカラーシップ(Scholarship of Teaching)であって、SoTL (Scholarship of Teaching and Learning) の「学習」を含む、ティーチングとラーニングのスカラーシップの考えは表面化していない。

3　教育活動の評価

　第3章「教授団——才能のモザイク」では、教育活動に関する評価にまで言及している。たとえば、「教育活動をいかに評価するかという問題は、依然として様々な論争点を残したままである。授業での優秀性は、あまりにもしばしば低く評価されていると述べている。教育が研究と同等に考慮されるためには、ただ一つの大学においてだけでなく、学会内で認められた基準に従って教育活動が活発に評価されなければならない。われわれは、教員を評価するための証拠が少なくとも三つの資料から集められることを提案する。すなわち、自己評価 (Self Assessment)、同僚評価 (Peer Assessment)、学生による教員評価 (Student Assessment) である。自己評価に関しては、教員に前もって授業科目についての明細書を準備するように求めるのが適切であると思われる。その明細書には、授業の目標や進め方についての論考、科目の概要、教材や研究課題の解説、試験あるいは他の評価業務のコピーを含める。教員はまた、より形式ばらないで、授業で経験した成功と失敗についての自分の印象、すなわち、何がうまく行われたか、いかなる障害に出会ったか、その科目を改善するために次回の授業ではいかなる手段が執られるか、などを後退 (ステップ・バック) して検討するように求めるかもしれない」[6] と述べている。ここでの「明細書」とは、授業シラバスを指すもので、ここでの「後退 (ステップ・バック)」とは「省察 (振り返り)」のことではないかと考える。

　同僚評価についても言及している。たとえば、「教授団構成員は、同僚の教育功績を評価することに対して主たる責任を持つべきであり、その方法は研究評価のために使用されているのと同じほど体系的であるべきだと思われる。そのような評価基準は明確にされるべきで、さらにデータ収集の手段は注意深く開発されるべきである。特に、教授団構成員は、すぐれた教育についての基準を確立するために共同し、同僚を観察したり、自分自身の教育方法について討論するために、自由に授業参観することが奨励されるかもしれない。さらに、教授団構成員は、自分自身の教育哲学についての小論を提出するように求められてよかろう。このように言うことは、その教員の教育方法を支える理論的前提を強調し、さらに、評価者ばかりか被評価者の助けと

もなるであろう」[7]と述べている。すなわち、同僚教員が教育評価の主たる責任者となるという考えである。それは、研究論文を審査するのと同じように体系的に行うための基準が必要であると提言している。教育哲学(授業哲学)は、教員の教育方法を支える論理的前提であり、評価判断となる。これまで、教員の教育評価の判断は、学部長および学科長に主たる責任があることが強調されてきたが、同僚教員によるレビューがより重要であることも強調している。「コラボレーション(共同作業)」にメンターリングの重要な役割があると主張し、教員評価レビューの果たす役割の重要性を示唆している。さらに、同僚評価の別の形態も提言している。立派な教育活動に対する教授団構成員の関与や洞察力は、特に教育を重視する学術雑誌を通して評価される。たとえば、「私の専攻する化学の分野では、『化学教育雑誌 (*Journal of Chemical Education*) が、有効な教育活動について報告したいと思っている者たちのための討論の場として使用されており、その雑誌は広く読まれています』と述べている。教育に関する論文は、同僚によって評価されるべきで、終身在職権や昇任の決定の際に重視されるのが望ましい」[8]としている。

4 学生による教員評価

　学生による教員評価についても言及している。たとえば、「終身在職権や昇任を決定する際に、学生による教員評価が使用されるべきであることを重ねて主張したい。しかし、学生による教員評価が行われるためには、評価手法が適切に設計されなければならない。学生の方も適切な準備をしなければならない。その評価過程についてまじめに考慮しないで、その講義の終わりに所定の書き込み用紙に埋めてもらうよう学生に求めるのは間違いである。特に、学生による教員評価に関する授業が新入生オリエンテーションの一部として行われるべきであることを主張したい。新入生全員が、その評価過程の重要性や使用される評価方法について討論すべきである。そのような関与が、学士課程学生が適切な教育について深く考えることに繋がる」[9]と述べている。これは、重要な指摘である。現状の学生による授業評価は形式的で、授業改善にも教員評価にも役立たない。新入生オリエンテーションとしての

導入が大切である。それが学士課程教育の充実にも繋がるとの視点は卓越した提言である。もちろん、学生による教員評価は卒業後の方が客観的である。この点に関して、ボイヤーは、「授業の本当の価値は時間を経た後でのみ最も適切に判断できるとの主張もある。そのような理由から、特に終身在職権の決定に際しては、同窓会のかつて在籍していた学生に評価してもらうよう求めることを提案したい」[10]としている。日本における学生による授業評価がこのように展開ができれば、同窓会との交流および大学への寄付にも繋がるはずである。

5　ティーチング・ポートフォリオの原型

　教育活動の評価者全員が次のような質問をするのが望ましいとして、「①授業の目標は適切に定義されたか、②授業内容は最新のものであるか、③授業方法は、教員の指導性と学生の主導性との間のバランスをとっているか、④評価方法は適切か、⑤教師は、評価を受けた結果、見聞を広め、成果があがったか」[11]をあげている。そして、「すべての証拠を集めるのに際して、われわれはポートフォリオ（自己申告記録）という考え～つまり教員が様々な手段で自分の活動を提示することを促す手法～に深い感銘をうけている」[12]と明確にポートフォリオによる手法をあげている。この時点でアメリカではティーチング・ポートフォリオが本格的に普及されていなかったことを考えれば、ボイヤーがカナダのティーチング・ドシエーに早くから着目し、アメリカにおけるティーチング・ポートフォリオの普及・発展の「原動力」になったと思われる。

3章　ティーチング・ポートフォリオにおける メンターリングの役割と作成方法

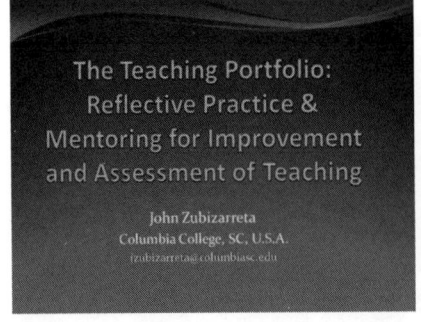

1　「ティーチング・ポートフォリオ——授業改善と授業評価のための省察的実践とメンターリング——」に関する講演

　弘前大学は、文部科学省から平成20年度特別教育研究経費「ティーチング・ポートフォリオを活用したFD活動の展開」の一環として、この分野の権威者であるアメリカのコロンビア・カレッジのファカルティ・ディベロップメント・センター長ジョン・ズビザレタ (John Zubizarreta) 教授を招聘して、上記のテーマにもとづいてFDワークショップが実施された[1]。彼の講演の内容は以下の通りである。

　弘前大学において授業で「省察（リフレクション）」が注目されていることを聞いてうれしく思います。これはティーチング・ポートフォリオ、ラーニング・ポートフォリオあるいは他のどのようなポートフォリオを説明するときにも重要になります。これは、教員が何を実践しているかではなく、どのように実践しているか。なぜ、そのように実践しているかを明らかにするもので、ポートフォリオを構築するうえで重要な鍵となります。

図3-1　ティーチング・ポートフォリオの標題

図3-2　管理者の突然の査定通告

最初のスライド（図3-2参照）の漫画は、前のFD講演会で説明したものと同じですので、すでに聞かれた方もいるかもしれません。これはティーチングやラーニングについて説明するときに適しています。たとえば、スライドの男性を長老の教育担当副学長（プロブスト）とします。もう一人の女性教員を「参加者と同じ先生方」とします。学年末になると、教員はティーチングの能力を証明しなければなりません。そこで、副学長が教室に来て、30秒間で「あなたの」ティーチングの能力を査定します。「さあ、どうぞはじめてください！」と合図します。このようなことは常識（Common Sense）では考えられないことかもしれませんが、アメリカの大学で見られることです。この場合は、学生による授業評価（Student Evaluation）が唯一の証拠資料となり、これが教員評価に直結します。これでは困るわけです。これからお話しすることは、私の個人的な意見というよりも、30年以上にわたって多く人の経験から学んだものです。たとえば、ピーター・セルディンもその一人です。彼は、日本に来たことがありますが、この分野の先駆者の一人で私のメンターです。30年以上も一緒にワークショップや出版活動をしています。また、大学のファカルティに対してポートフォリオに関するメンタリングもしています。ここで提案したいことは、スライドのようなシナリオになることを避けてもらいたいということです。そして、優れた教育業績を評価するために、より多くの情報を集めることで優れた教員であることを客観的に証明してもらえればと考えています。すなわち、スライドのように学生の授業評価だけに偏らず、もっと多くの情報にもとづいて評価されることが重要なのです。

さらに、詳しく説明するために、スライドを飛ばして、次のスライド（図3-4参照）「ティーチング・ポートフォリオの内容（Contents of a Teaching Portfolio）」の証拠資料となる3つの情報源について説明します。学生の授業評価について述べましたが、これは証拠資料の一部、すなわち「他者からの情報」に過ぎません。ポートフォリオは一つの情報源からではなく、複数の情報源からの証拠資料を含むことができます。たとえば、「省察」を促す個人の情報源や学生の学習成果（ラーニング・アウトカム）からの情報です。学生たちが実際に何をどのように学んだかを示す証拠資料もあります。

前のスライド（図3-3参照）「ポートフォリオとは何か」に戻って説明します。

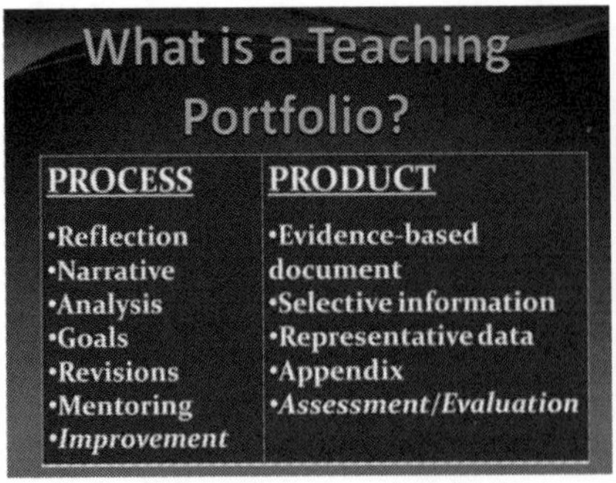

What is a Teaching Portfolio?

PROCESS
- Reflection
- Narrative
- Analysis
- Goals
- Revisions
- Mentoring
- *Improvement*

PRODUCT
- Evidence-based document
- Selective information
- Representative data
- Appendix
- *Assessment/Evaluation*

図3-3　ティーチング・ポートフォリオとは何か

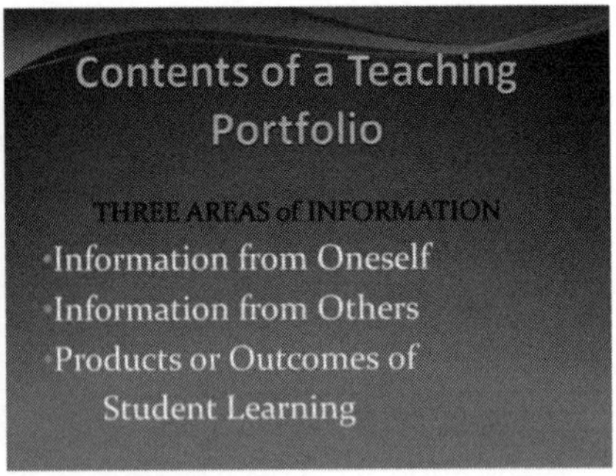

Contents of a Teaching Portfolio

THREE AREAS of INFORMATION
- Information from Oneself
- Information from Others
- Products or Outcomes of Student Learning

図3-4　ティーチング・ポートフォリオの内容

なぜ、ポートフォリオが必要なのか合理的な説明をしたいと思います。ポートフォリオを作成する理由は、大きくわけて2つあります。一つは、エンゲージあるいはプロセスと呼ばれるもので、どのように授業改善に繋がっているかということを示すものです。他は、プロデュースあるいはプロダクトというもので最終的な証拠資料となるものです。これには紙、ディスク、ウエブの媒体があります。これらは教員業績のアセスメントとして有益です。この2つがポートフォリオを作成する主な理由です。すなわち、スライドのイタリック体で書かれた改善（*Improvement*）とアセスメント（*Assessment*）／評価（*Evaluation*）ということになります。スライドの左側がプロセス、右側がプロダクトです。アセスメント（Assessment）と評価（Evaluation）が混乱することがありますので、2つの項目にわけて説明します。たとえば、改善やアセスメントのように互いに交差するものもあります。改善とアセスメントには密接な繋がりがあります。アセスメントは、プロセスで改善に繋がると考えられます。一方、評価は結果として改善に繋がることもありますが、そうでないこともあります。すなわち、アセスメントがプロセスを重視し、改善のためであるのに対して、評価は結果重視ということができます。これらは、一般的に形成的評価（プロセス）と総括的評価（プロダクト）と呼ばれます。形成的評価は改善を目的としたもので、総括的評価は判定を目的としたものです。このスライドで重要なことは、アセスメント（Assessment）と評価（Evaluation）が別々に書かれていますが、互いにオーバーラップすることを理解する必要があります。

次に、「プロセス」にどのようなことが含まれるかということです。これがティーチング・ポートフォリオの「プロセス」だとすれば、最も重要になるのが「省察 (Reflection)」で、その度合いが改善に繋がります。「省察」とは、より良い授業改善のための「振り返り」であり、同僚とのメンタリングも重要な振り返りを促します。これは、授業実践において決定的な違いを生みます。「省察」はポートフォリオの決定的な要素となります。次に、ポートフォリオの「プロセス」において重要になるのが説明 (Narrative)」です。ポートフォリオを作成することは、記述 (Writing) と深く関わり (Engage) を持ちます。すなわち、物語風の記述 (Telling Story) ということになります。物語風とは、教員のティーチングについての振り返りのことです。何を教えるか、どのように教えるか、すなわち、ティーチングの責任あるいは方法論についてです。なぜ、教室において学生にそのような教え方をするのか、他のクラスの場合とどのように違うのか。なぜなら、学生はみな同じではないからです。また、クラスはみな同じではないからです。NSSE（全米スチューデント・エンゲージメント調査、詳細については後述する）会長ジョージ・クー (George Kuh) は、「われわれは、『学生たち』に教えるのではない。われわれは、『複数の教室』で教えるのでもない。われわれは、『一人の学生』に、そして『一つの教室』で教えるのである」と述べ、画一的ではなく、個々の学生や個々の教室に適した教え方が重要であることを指摘しています。

　教員がどのように教えているかを知るには「省察」、すなわち、授業を「振り返る」ことが重要です。このことを説明文にして物語風に記述する必要があります。なぜなら、記述しなければすぐに忘れるからです。たとえば、私にも経験がありますが、このようにワークショップに参加して刺激的なことを多く学んで、実際に大学に戻って実践しようとしても忘れてしまったという経験があります。聞いただけでは不十分で、記述しておくことが重要です。記述は紙であろうが、ウエブであろうがフォームが必要です。ポートフォリオの重要な役割は、記録して教育改善をするという考えを失わせないことです。なぜなら、ポートフォリオはプロダクトの記録としていつまでも残るからです。

　次に、プロセスで重要な要素が「分析 (Analysis)」です。たとえば、配布

されている「ティーチング・ポートフォリオ作成のための事前課題 (Getting Started)」の最初の「あなたの教育の責務についてのべてください (Describe your teaching responsibilities)」もその一つです。「教育の責務を述べなさい」あるいは「教育方法を述べなさい」というように、「述べなさい」というのは知的活動の一つですが、最も挑戦的なことは「説明する (Explain)」ということです。この部分に「分析 (Analysis)」が関わってきます。「教育の責務」や「教育方法」について「省察」を加え、「分析」するというプロセスがポートフォリオをより意義深いものにします。たとえば、クラスの中でグループ活動を取り入れたとします。そうすると、なぜグループ活動を取り入れる必要があったのか。それが学生にどのように役立ったのかを説明しなければなりません。簡単な事例を示せば、授業シラバスに教員の自宅の電話番号を入れたとします。なぜ、その必要があったのかを説明します。そのことが学生の学習とどのように関係があるのかも説明します。これが深い分析的な思考に繋がります。これは「ティーチング・ポートフォリオ作成の事前課題 (Getting Started)」でも行います。

　次が、「目標 (Goal)」です。ポートフォリオでは目標を掲げることが重要です。すなわち、学生の学習に影響を与えるために、どのようなことを到達させたいかと考えているか。そのためにどのような戦略を考えているかなどの目標を明確にすることもポートフォリオとして重要な要素です。

　次が「更新 (Revision)」です。ポートフォリオは一回限りのものではありません。一度書いたら引き出しにしまい込むようなものでもありません。ポートフォリオではプロセスが重要になりますから、少なくとも年に一度は見直し、自らの授業実践を振り返ってどこがどのように改善されたか定期的に見直す必要があります。これは、教員がプロとしての意識を高めることに繋がります。

　以上に述べたように、「省察」「説明」「分析」「目標」「更新」の各プロセスを踏まえてポートフォリオをまとめても優れたものを作成できます。しかし、もし、同僚メンターがそこに加われば、各プロセスの項目をさらに深めることができます。なぜなら、他者の意見を反映させることで自らのプロセスを振り返ることができるからです。たとえば、同僚メンターからグループ活動

の意義や目標が不十分であるとか、教員による自己評価と学生による授業評価に食い違いがあるなどの指摘を受けたとすれば、別の視点から「省察」したり、振り返ったりすることができるからです。このような働きをするのが、次の「メンターリング (Mentoring)」なのです。メンターが的確な質問を投げかけることで問題に焦点を当てることができ、省察を深めることができるのです。これがポートフォリオのプロセスにおいてメンターリングが重要な要素として掲げられる理由です。これらのことがポートフォリオのプロセスの部分になります。

　しかし、ポートフォリオにはもう一つのプロダクトがあります。これはアセスメントあるいは評価として用いることができ、プロダクトとも呼ぶことができます。教員の教育業績を評価する材料としても用いることができます。「判断 (Judgment)」とは、良い、悪い、あるいは改善の必要を決めるものです。判断するには、それを裏づけるプロダクトが必要になります。最初が証拠の裏づけです。教員は、自らの教育実践のプロセスを振り返り、物語風に記述しますが、それだけではポートフォリオとしては不十分なので、そのことを裏づけるプロダクトが不可欠となります。教員の業績を信用させるには証拠の裏づけが不可欠です。たとえば、教員が授業で実践しているグループ活動は効果的であり、学生はこれから多くのことを学んでいると記述したとします。もし、私がその教員のメンターだとすれば、素晴らしい教育実践についての説明であるが、たとえば、アメリカ的な表現で「証拠を示せ (Show me the Money)」というのがあるように、グループ活動が効果的であったというのなら、「証拠を示せ」あるいは「証拠で裏づけよ」とメンターリングするでしょう。多くの場合、教員はそれを裏づける証拠を持ち合わせていません。それは、教員が教室において学生からアセスメントを受けていないからです。何がどのように効果的であったか、あるいはそうでなかったか学生に直接尋ねてみる必要があります。ポートフォリオは、証拠によって裏づけられた (Evidence-Based Documents) ものでなければなりません。さらに、これらの証拠資料は、厳選された情報 (Selective Information) でなければなりません。たとえば、教員業績が評価を目的にしたものなのか、それとも昇進のためなのか目的に応じて違います。それらの情報のすべては証拠資料として付録に添付します。

ティーチング・ポートフォリオの内容が証拠で裏づけられ、厳選された情報が証拠資料として付録に含まれているかどうかメンタリングしてあげるのもメンターの重要な役割です。これは新しい大学教授職を探す場合も同じです。最近、アメリカの大学では求職のときにポートフォリオを提出させます。この場合、求職に適したポートフォリオを作成することになり、授業改善を目的としたものとは異なります。次に、厳選された情報が偏ったものではなく、代表的データ (Representative Data) を網羅したものでなければなりません。たとえば、学生の授業評価にしても異なるクラスからのものを提示しなければなりません。代表的なデータには教員の学術的スカラーシップ、もし、それが学生の学習に関連したものであればそれも含むことができます。すべての証拠資料は、付録 (Appendix) に含まれます。

　ティーチング・ポートフォリオの前半 (本論) 部分には、プロセスの項目で掲げた「省察」「説明」「分析」「目標」が含まれます。後半 (付録) 部分には、プロダクトの項目で掲げた証拠づけるための厳選された代表的データを含むことになります。たとえば、「付録A」では学生の授業評価、「付録B」では代表的な授業シラバス、「付録C」では同僚評価、「付録D」では学生への課題サンプルなどです。「付録」はファイルごとに番号を付けて区別します。

　以上からも明らかなように、ティーチング・ポートフォリオには大きく2つの目的、すなわち、プロセスとプロダクトがあることがわかります。

　次に、実際、どのようなものがポートフォリオの中に含まれるかについて説明します。スライド (**図3-4**参照)「ティーチング・ポートフォリオの内容 (Contents of a Teaching Portfolio)」のところがそうです。ポートフォリオに含まれる情報は大きく分けて3つになります。すなわち、「自身の情報 (Information from Oneself)」、「他者からの情報 (Information from Others)」、そして「学習成果の情報 (Products or Outcomes of Student Learning)」です。学習成果とは、学生の実際の作業 (Actual Works) に関わるもので、学生が教員から学んだ成果になります。たとえ教員が教えたからと言って、学生がすべてを学んだことにはなりません。次に、それぞれの分類について説明します。

　最初のスライド (**図3-5**参照) が「自身の情報」のものです。このなかには自身の責任に関するものが含まれます。最初が、1) ティーチングの責任、授

業哲学、授業方法、目標に対する省察的な分析です。授業哲学とは、教員の教育に対する価値観や信念のことです。授業方法や目標は、"Getting Started" で記述したものと同じことです。"Getting Started" を済ませていれば、ポートフォリオの半分が出来たのも同じで、後はティーチング・ポートフォリオのテンプレートにカットアンドペイストするだけです。「何を教えるか」「どのように教えるか」、そして「なぜ、そのような方法で教えるか」が中心となります。これら3つの重要な質問が優れたアセスメントに繋がります。次に、1) の自身の責任を裏づける材料が必要になります。それが2) の材料の記述のことで、授業シラバス、ハンドアウト、課題、ソフトウエアなど、実際に教室で学生と共有するものです。ここでは記述するだけでなく、具体的にどのように使用しているか、そのことから学生がどのように学んでいるかの説明を加える必要があります。これが深い「省察」に繋がります。次が、専門的な授業改善活動のアセスメントです。この中にカンファレンス、ワークショップ、カリキュラム実験や改訂が含まれます。たとえば、このようなFDワークショップに参加したこともそうです。ここで学んだことを実際の授業改善、とくに学生の学習改善にどのように繋げるかが重要になります。それは、教員のためというよりも、学生のため、学習向上のためでなければなりません。これには、たとえば、アメリカのPODネットワーク年次大会に参加して学んだ経験をどのように授業あるいは学習改善に繋げたかということと同じです。これらのすべてはポートフォリオの「自身の情報」の中に含むことができます。

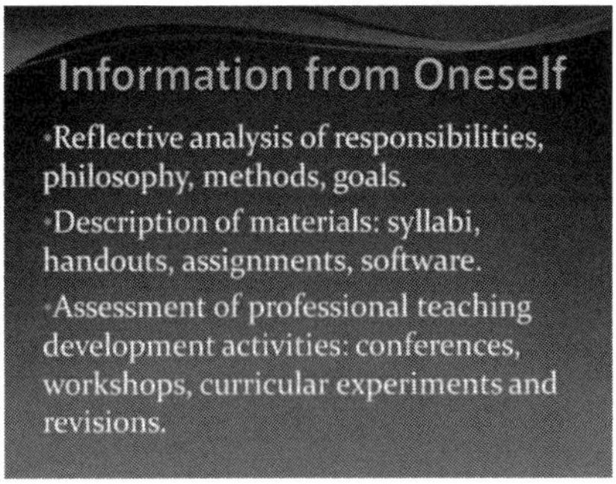

　しかしながら、「自身の情報」だけでは不十分です。それ以外に外から見た自身に関する情報、たとえば、「他者からの情報」(**図3-6**参照) が必要です。この中には学生が授業の最後に提出する学生アセスメント／評価 (Student Assessments and Ratings) が含まれます。同僚評価・授業観察 (Peer Reviews, Class

図3-5　自身の情報

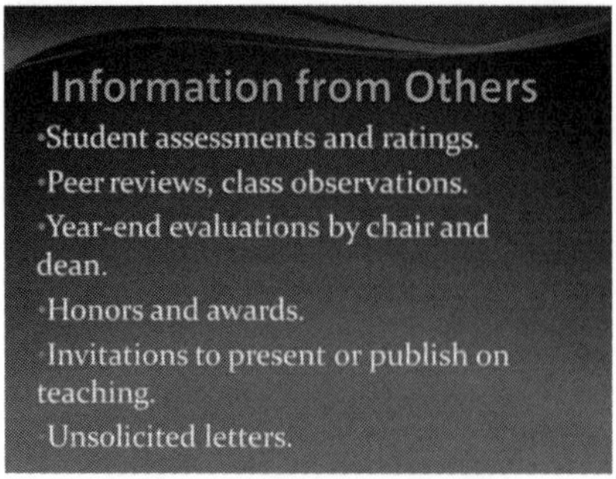

> **Information from Others**
> ・Student assessments and ratings.
> ・Peer reviews, class observations.
> ・Year-end evaluations by chair and dean.
> ・Honors and awards.
> ・Invitations to present or publish on teaching.
> ・Unsolicited letters.

図3-6 他者からの情報

Observations）とは、同僚や学部長が授業観察してメモを取り、授業後に教員と話し合ったり、あるいは教員にメンターリングを行ったりするものです。授業観察をビデオ録画に撮り、自らの授業実践を振り返ることは、授業改善に有益となります。これは、たとえ、ビデオ録画ができなくても、同僚が教室の後ろで学生の授業態度を観察して、適切なフィードバックをすることと同じく有益です。授業参加者は、必ず記述してフィードバックすることが重要です。記述することで、教員は授業内容が分析でき、さらに、それを自身のポートフォリオの中に含むことができます。これは、教員が授業改善に「熱意」があることを示す証拠資料となります。授業観察に関連してですが、たとえば、昨日、保健学研究科野田美保子教授の作業療法の授業を観察しました。野田教授が学生に質問を促すときに、すべての学生に目配りをして授業への参加を促し、質問させるように配慮していました。私が同僚として彼女の授業を参観したとしたら、授業後に部屋に戻ってメールでいかに優れた授業実践であったか、学生から高い評価を受けている理由がわかったなどとコメントしてあげるでしょう。もちろん、野田教授は私のメールを自身のポートフォリオに同僚評価として含むことができます。これは良い例の場合ですが、逆の悪い例の場合もあります。たとえば、教員が学生のことを配慮せず、一方的に授業をしたとします。この場合、授業参観者は授業では学生との関わりが重要であることを指摘してあげることができます。これらは同僚教員によるメンターリングの重要な機能だといえます。この場合もポートフォリオに含むことができます。この場合、同僚からのメンターリングを受け、それがどのように授業改善に繋がったかの説明を加える必要があります。その他にも名誉や受賞 (Honors and Awards)、ティーチングに関して招聘された発表者や寄稿者 (Invitations to Present or Publish on Teaching)、さらに教員から頼まれないのに、同僚が優れた教育業績であることを認め、自発的に書いた手紙(Unsolicited

Letters）も「他者からの情報」として証拠資料に含むことができます。

　最後が、実際の「学生の学習成果（Products/Outcomes of Student Learning）」（図3-7参照）です。これは重要で決定的なものとなります。これには多くのものが含まれます。学習前後のテスト結果（Pre/Post Tests of Learning）を比較することで学習成果の違いを示したもの、教室アセスメント活動（Classroom Assessment Activities）を通して学生の学習変化を示したもの、試験、プロジェクト、実験レポート、さらに卒業生アセスメント（Alumni Assessments）、そして学生のラーニング・ポートフォリオ（Learning Portfolios）も教員のポートフォリオの中に学生の学習成果の証拠資料として含むことができます。

図3-7　学生の学習成果

　次の2つのスライド（図3-8と図3-9参照）は、時間がないので詳しく説明できませんが、ティーチング・ポートフォリオの内容がどのようなものか目次で示したものです。これまで述べた3つの情報源からティーチング・ポートフォリオを構成します。重要なことは2つの部分からなります。前半が物語風の説明（Narrative）部分で、後半が付録（Appendix）の証拠資料から構成される部分です（参考のために、パワーポイント資料の目次部分を以下に追加します）。

図3-8　ティーチング・ポートフォリオの構成 (1)

図3-9　ティーチング・ポートフォリオの構成 (2)

目次
(1)ティーチングの責任に関する記述
(2)授業哲学（ティーチング・フィロソフィー）の省察的な説明記述
(3)効果的ティーチングのための有効な教授法や戦略
(4)学生評価および書状
(5)授業実践を観察や教材と学生の作業を査定した同僚評価と書状
(6)学科長および他の管理職者によるティーチングアセスメントの意見書
(7)代表的授業シラバス、課題、試験、ハンドアウト、ウェブ教材の詳細
(8)学生の学習の具体的な作品：試験、プロジェクト、ラーニング・ポートフォリオ、学生の学会での発表や刊行物、コメント付エッセイ草案、学生インターンシップの成功例や教員のティーチングに繋がる専門的業績の証拠
(9)教育賞および認定書
(10)教育目標：短期的および長期的な視点、学部および大学戦略への貢献度
(11)付録

たとえば、最初の「ティーチングの責任に関する記述 (Description of Teaching Responsibilities)」、「授業哲学の省察的な説明記述 (Reflective Statement of Teaching Philosophy)、そして「効果的ティーチングのための有効な教授法や戦略 (Successful Methods, Strategies for Effective Teaching)」は、スライド（図3-5参照）「自身の情報」で述べたことと同じです。このように3つの情報源から必要に応じて項目を立てて説明するだけです。ここで掲げたのは、あくまでも一つの事例であるので、自由に組み立てることができます。

次のスライド（図3-10参照）「考慮すべき質問 (Questions to Consider)」は、参加教員の「省察（振り返り）」部分となります。これからメンターとメンティーに分かれて実践するメンタリング・セッションにおいて役立つかもしれません。たとえば、「なぜ、ティーチング・ポートフォリオは価値があるのですか (Why are Teaching Portfolios Valuable?)」、それがどのように教員の教育実践に繋がったのか。「なぜ、省察が重要なのですか (Why is Reflection Important?)」、そのことでどのような新しい教育の重要性 (Dimension) が教育実践に加わったのか。「なぜ、証拠にもとづいたアセスメント／評価が決定的なのですか (Why is Authentic Assessment（Evidence）Critical?)」、学生の個人的なことでなく、実際の成果がなぜ重要なのか。「なぜ、メンタリングが重要なのですか (Why

図3-10　考慮すべき質問　　図3-11　動画投稿サイト「ユーチューブ」
　　　　　　　　　　　　　　　　　のーコマ

is Mentoring Essential?)」。メンタリング・セクションでは、相互作用(Interaction)に注意を払ってください。研究室に一人でいてはできない多くのことを学ぶことができるはずです。

　次のスライド(図3-11参照)は、動画投稿サイト「ユーチューブ」の短編映像です。これは、「空中で飛行機を組み立てる(Building Airplanes in The Sky)」と題したもので、ビデオを紹介する目的はその滑稽さを「笑って」もらうため、そして、同時に映像から、なぜ「省察する(Engage Reflection)」ことが重要であるかを考えてもらいたいからです。教員は多忙で、しかも専門的技術・技能を備えた教育実践者であるにもかかわらず、なぜ、学生との関わりを省察しなければならないのでしょうか。このビデオはその回答を「滑稽な方法」で教えてくれるでしょう。(ビデオ内容は省略)

　もし、英語のジョークが理解できないなら、ビデオを紹介するのは大きな危険を伴います。ビデオの中で飛行機を空中で組み立てる多くの者は、優れた技能を持っています。彼らは、多分、熟練したエンジニアです。彼らは与えられた任務のボルトを飛行機に取り付ける重要な作業を完璧にこなしています。ドリルの使い方もパーフェクトです。何しろ、空中で飛んでいる飛行機の中で組み立て作業をするのですから、熟練したエンジニアであることは間違いありません。しかし、映像から何かが欠けていることがわかります。事実、映像の中で若者が「私は、この仕事を愛しています！」と叫びながらも、何かが欠けていることに気づき、なぜ、このような仕事をしているのだろうと「怪訝そうな顔」をしている様子が映し出されています。彼らは、自分た

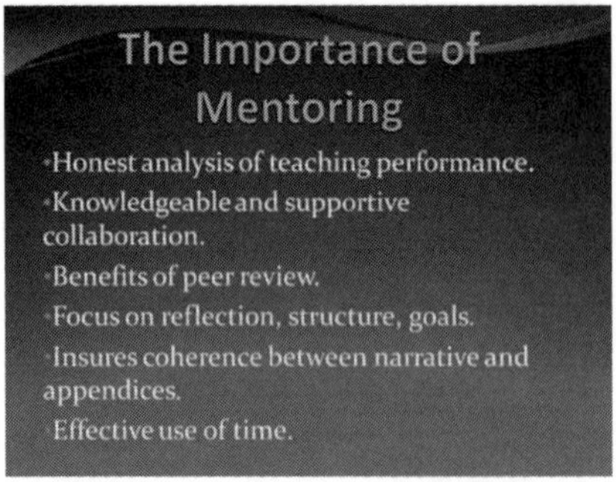

> **The Importance of Mentoring**
> ・Honest analysis of teaching performance.
> ・Knowledgeable and supportive collaboration.
> ・Benefits of peer review.
> ・Focus on reflection, structure, goals.
> ・Insures coherence between narrative and appendices.
> ・Effective use of time.

図3-12 メンタリングの重要性

ちの仕事が何をすることなのかを良く理解しています。これは教員のみなさんも同じことで、何をどのようにするかは良くわかっています。しかし、「なぜ」そうするのかについて考えることはあまりありません。

次に、スライド（図3-12参照）「メンタリングの重要性 (The Importance of Mentoring)」について説明します。これからメンタリングをするうえで重要です。なぜ、メンタリングは重要なのでしょうか。それはメンタリングがティーチング・パフォーマンスの正直な分析 (Honest Analysis of Teaching Performance) をしてくれるからです。もし、自分自身でティーチング・パフォーマンスを分析したとするならば、「すばらしい！」だけで終わってしまうかもしれません。もし、正直な評価をしたいのであれば、自分以外の人からの分析が必要です。すなわち、他者の「目」が必要になります。それゆえに、メンタリングにおいてメンターとなる場合は、メンティーに対して「厳しい質問 (Hard Questions)」をしてあげることが重要です。たとえば、前述の野田先生の教授方法に関連して言えば、なぜ、教室の後部座席の学生にまで質問を投げかける必要があるのかということです。なぜ、無視しないのか。その意図はどこにあるのか。どのような教授法を取ろうとしているのか。その逆の場合もあり、なぜ、後部座席の学生を無視するのか、どうして学生に語りかけようとしないのかなどのような厳しい質問をメンティーに投げかけるのです。その結果、メンタリングを通して「正直な回答」を引き出すことができます。

スライドの画面には、他にもメンタリングの重要性をあげていますので、後で参考にしてください。しかし、次の「説明部分と付録の一貫性を確実にする (Insures Coherence between Narrative and Appendices)」に焦点を当てたいと思います。メンターは、必ず、本論の説明文の記述と付録の証拠資料が一致していることを確認する必要があります。たとえば、説明文で「パワーポイント・スライドを教室で使用することで学生の学びが深まった」という記述があれ

ば、それを裏づける証拠資料が付録の中に含まれていなければなりません。これをチェックするのがメンターの仕事です。すなわち、本論で述べたことが付録で裏づけられ、一貫したものになっているか確認してあげるのがメンターの役割です。

次は、スライド(**図3-13**参照)「誰がメンターになるか(Who is the Mentor?)」

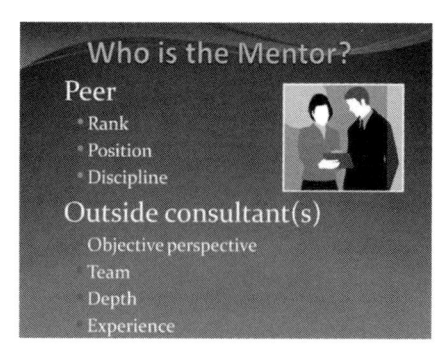

図3-13 誰がメンターになるか

です。このFDワークショップでは、メンターとメンティーが事前に振り分けられていますが、実際には精巧かつ柔軟(Sophisticate and Flexible)な仕事です。たとえば、メンターとメンティーが1対1、1対2あるいは1対3なのか。また、メンターとメンティーが同等なのか、メンターの地位(Rank)の方が高い、あるいは低い場合もあります(低い場合は、挑戦的ですが、不可能なことではありません。若い教員が先輩教員に新しい技術的なことを提言することは決して不可能なことではありません)。職位(Position)が異なる場合もあります。准教授が教授にメンタリングすることもあります。このようにメンタリングはいろんな形態を取ることができます。互いにチームを作るという気持ちがあれば、どのような形態であっても成功します。私がメンタリングで最も心がけていることは、異なる専門分野(Different Discipline)からメンターを選ぶということです。たとえば、私の専門は英文学ですが、同じ英文学の教員がメンターになることを望みません。それよりも地理学、化学など分野などの異なる分野の教員がメンターになってもらいたいと考えています。なぜなら、自分の「専門」のことではなく、「ティーチング」のことについてメンタリングしてもらいたいからです。そこでは、方法論や授業哲学に焦点を当てるべきです。専門分野以外のメンターを選ぶことは価値のあることで、素朴な疑問が、逆に、深い省察に繋がります。同じ専門分野だとどうしても専門のことに偏り、内容の善し悪しに限定されがちです。これは私の個人的な好みです。多分、同僚のピーター・セルディンも同じ意見だと思います。教員は、同僚教員の中から幅広くメンターを選ぶことができますが、自分の大学以外からも

メンターを選ぶこともできます。とくに、外部からのコンサルタント (Outside Consultants) は有益です。たとえば、弘前大学との関わりがない場合、より客観的な視点 (Objective Perspective) からメンタリングを受けることができるはずです。もし、私が弘前大学の先生方のメンターだとしたら、純粋により良い教員になってもらうためにメンタリングをするでしょう。なぜなら、私は弘前大学のポリシーに関係がないからです。外からの客観的な分析は価値があります。このような理由から、ピーター・セルディンや私は他大学のメンタリングを頻繁に行っています。メンティーの教員もわれわれ外部からのメンターを信用して、心を開いて多くのことを話してくれます。これもメンターが部外者だからできることです。外からのコンサルタントは客観的な視点に立つのでメンタリングの内容も深くなります。何よりもコンサルタントとしての豊かな経験を有しています。

　私の説明はこれくらいにして、これからメンタリングをはじめたいと思います。どのようにティーチング・フィロソフィー（授業哲学）を構築すれば良いかを考えます。私の豊富な経験から、ティーチング・ポートフォリオで最も難しく、挑戦的なものがティーチング・フィロソフィーです。教員にとって自分がどのようなことをやっているか記述することは簡単ですが、なぜ、そのような方法でやっているかを尋ねられると簡単に答えられません。この場合、ティーチングやラーニングについてどのようなフィロソフィーをもっているかが重要になります。そのことを理解してもらうために簡単なワークショップを行います。これから紹介するのは、「アナロジー（Analogy）」というものです。これは、言いたいことを他の例えで表現することです。ティーチング・フィロソフィーを考えるときの役に立ちます。たとえば、スライド（**図3-14**参照）は、「ラーニングにティーチングが必要なように、○○には○○が必要だ (Teaching is to Learning as ＿＿ is to ＿＿.)」となり

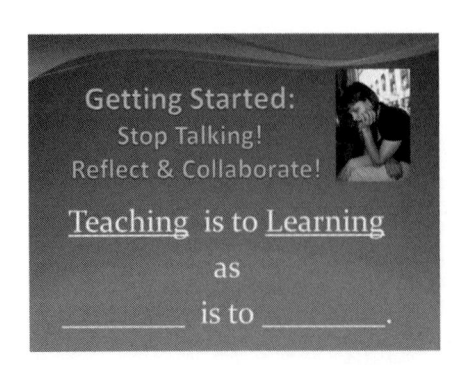

図3-14 「アナロジー」のトレーニング

ます。これを参考にして、隣の教員と話し合ってください。そして、なぜ、そのように思うのかも尋ねてください。多様なモデルが考えられます。参加教員から、"Teaching is to Learning as Coaching is to Knowing"（ラーニングにティーチングが必要なように、知識を得るにはコーチングが必要だ）という意見が出された。コーチングはファシリテイティングのことで、コーチは運動選手に道具(Tool)やサポートを与えるだけで、後は選手が自ら伸びるということです。これは、学生の学習においても同じで、教員は学生が学べるようにファシリテイトしてあげるだけです。すなわち、学生に学びの道具を与えるだけです。別の言い方をすれば、「教員はコーチのようなものだ」ということになります。私の経験から、次のようなことを聞いたことがあります。たとえば、"Teaching is to Learning as Spanking is to Obedience"（ラーニングにティーチングが必要なように、しつけには体罰が必要だ）です。ティーチングとラーニングの関係を他の似たような関係の表現で説明します。これは前述とは異なるモデルです。その他にも、"Teaching is to Learning as Watering Plants is to the Plants to Grow"（ラーニングにティーチングが必要なように、植物が育つには水をあげることが必要だ）というモデルもあります。権威的なもの、コーチング的なもの、育成的なものなど異なるモデルがあります。このようなトレーニングは、メンターリングで行き詰まったときに活用することでヒントやきっかけを作り、セッションが円滑に繋げられます。

　アメリカの多くの大学のウエブサイトにティーチング・ポートフォリオに関して掲載しているので参考にしてもらいたいと思いますが、次のスライド（図3-15参照）は、オハイオ大学のものです。ウエブサイトでは、どのようにティーチング・フィロソフィーを構築するかの項目もあります。教室で教えるだけでなく、教育について何をどう教えるか省察することが重要です。教員は、新しい方法を取り入れる

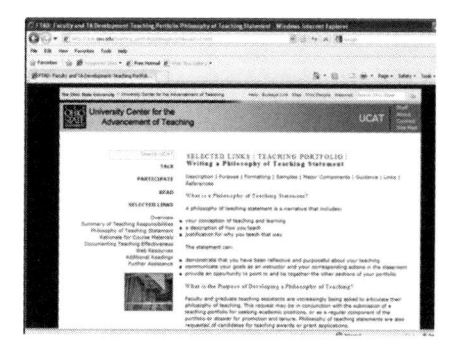

図3-15　オハイオ大学ウエブサイト

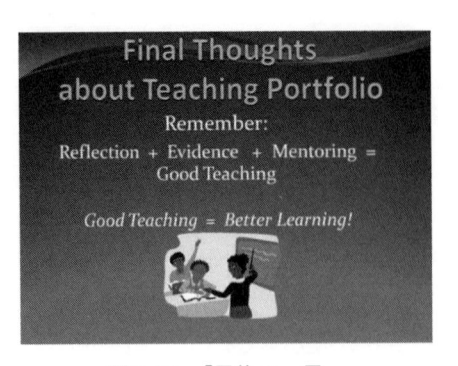

図3-16 「最後の一言」

というよりも、自分が教わった古い方法で教える傾向があります。世界中の多くの大学のウエブサイトでティーチング・ポートフォリオについて見ることができます。とくに、オーストラリアやカナダではティーチング・ポートフォリオが義務づけられています。香港大学でも同じような活動がウエブサイトで見られます。

最後の一言（Final Thoughts）ですが、スライド（図3-16参照）からも、優れたティーチングとは、省察＋証拠＋メンタリング（Reflection + Evidence + Mentoring=Good Teaching）ということになります。それだけではありません。最も重要なことは、優れたティーチングは優れたラーニングと同じことだということです（Good Teaching=Better Learning）。

（文責　土持ゲーリー法一）

2　ティーチング・ポートフォリオの作成方法
―― "Getting Started" からはじめよう！

ティーチング・ポートフォリオの理論については多くのところで紹介されているが、どのように作成したら良いかのノウハウを紹介しているものは少ない。そこで、ジョン・ズビザレタ教授に具体的な方法についてインタビューすることにした。彼によれば、「ティーチング・ポートフォリオ作成のための事前課題」("Getting Started")からはじめるのが一番であるという。すなわち、"Getting Started" をどのようにティーチング・ポートフォリオのテンプレートに組み入れるか、またアカデミック・ポートフォリオの場合はどうなるのかをダイアローグ形式にして後述する。

まず、ティーチング・ポートフォリオ作成のワークショップでは、基本的な項目についてあらかじめ準備しておくことが効果的なメンタリングに繋がる。ここでは、ピーター・セルディンが大学評価・学位授与機構のワーク

ショップで使用した以下のフォーマットを参考にする。

ティーチング・ポートフォリオ作成のための事前課題[2]

1. Describe your teaching responsibilities.
   (あなたの教育の責務についてのべてください。)
   これは、担当授業科目の他、学生の学習指導・研究指導、若手教員のメンターなど教育活動において責任がおよぶ範囲 (Teaching Responsibility) を明確にさせるための項目と考えられる。
2. Describe your teaching methods and explain why you teach as you do. Particular attention should be given to strategy and implementation. Provide examples.
   (教育方法について述べ、なぜあなたがそのような方法をとっているのかを説明してください。特にその方針や実施に重点をおき、実例を挙げてください。)
   これは、教育方法 (Teaching Methods, Strategy) について具体例をあげながら明確にするための項目と考えられる。
3. Describe course projects, class assignments or other activities that help you integrate your subject matter with your students' outside experiences.
   (授業で扱っている内容について学生が授業外の経験を通して深められるように工夫している、プロジェクトや課題、宿題、その他の取り組みを述べてください。)
   これは、2.と同様に教育方法 (Teaching Methods, Strategy) について「学生」という視点に重点をおいた項目であると考えられる。
4. If you overheard your students talking about you and your teaching in the cafeteria, what they likely be saying? What would you like them to say? Why is that important to you?
   (学生がカフェテリアであなた自身そしてあなたの教育活動について話しているのをふと耳にするとしたら、どのような会話が聞こえてくるでしょうか？ どのような会話をしていて欲しいと思いますか？ なぜ、それがあなたにとって重要なのでしょうか？)
   これは、自分の教育理念 (Teaching Philosophy) や教育方法 (Teaching Methods, Strategy) などを学生の会話という間接的な媒体を利用して考えてもらうための項目であると考えられる。
5. Give examples and explain specific ways that you motivate your students to help them achieve better performance.
   (学生の学習がより進むように学生にやる気を高めているような方法について具体例を挙げて説明してください。)

> この問いも教育方法 (Teaching Methods, Strategy) について学生のモチベーションという視点からの問いであると考えられる。

次に、事前準備 ("Getting Started") をどのように、実際のティーチング・ポートフォリオのテンプレートに入れるかである。テンプレートには多くの形態が考えられるが、以下はジョン・ズビザレタが前述で紹介したものである。

ティーチング・ポートフォリオのテンプレート

(ポートフォリオは2つの部分からなり、前半の説明部分と後半の付録の証拠資料から構成される)
(1)ティーチングの責任に関する記述
(2)授業哲学 (ティーチング・フィロソフィー) の省察的記述
(3)効果的ティーチングのための有効な教授法や戦略
(4)学生評価および手紙
(5)授業実践を観察や教材と学生の作業を査定した同僚評価と書状
(6)学科長および他の管理職者によるティーチングアセスメントの意見書
(7)代表的授業シラバス、課題、試験、ハンドアウト、ウエブ教材の詳細
(8)学生の学習の具体的な作品:試験、プロジェクト、ラーニング・ポートフォリオ、学生の学会での発表や刊行物、コメント付のエッセイ草案、成功した学生のインターンシップや教員のティーチングに繋がる専門的業績の証拠
(9)教育賞および認定書
(10)教育目標:短期的かつ長期的な視点、学部および大学戦略への貢献度
(11)付録

出典:ジョン・ズビザレタ教授の講演「ティーチング・ポートフォリオとメンターの役割」(弘前大学) より

3 ティーチング・ポートフォリオ作成の具体的な手順

以下は筆者とジョン・ズビザレタ教授とのダイアローグによるものである。

土持:どこからはじめたら良いですか。
ジョン・ズビザレタ:まず、ティーチング・ポートフォリオの標題に名前、

大学名を書き込みます。必ず日付を入れてください。ティーチング・ポートフォリオは、更新する必要があるので日付は重要です。次に目次がきます。

土持：「ティーチングの責任」のところには何を書きますか。

ジョン・ズビザレタ："Getting Started" でまとめたものをカットアンドペイストします。

土持：「ティーチング・フィロソフィー」のところでは何を書きますか。

ジョン・ズビザレタ："Getting Started" の中から適当なものを選んで書きます。とくに、教えることの動機づけ、なぜ、教えるかなどを中心にまとめます。教員によっては異なる方法でまとめることもできます。たとえば、エッセイ風に記述することもあるし、太字で箇条書きに記述することもできます。説明文的であろうが、リスト的であろうが、記述の仕方は問題ではありません。この部分は、ティーチング・ポートフォリオの核心になるところです。

土持：「方法論」のところでは何を書きますか。

ジョン・ズビザレタ："Getting Started" の2) で述べた教育方法のところをカットアンドペイストします。私が紹介したティーチング・ポートフォリオの目次は11項目ですが、これはあくまでもサンプルですので、必要に応じて順番を変えることもできます。たとえば、教員の多くは、2) のティーチング・フィロソフィーを最初にもってくるものもいます。これは教員の好みです。また、「教育賞」など該当しない項目がある場合、最初から項目を除くことができます。将来、必要になったら加えたら良いでしょう。たとえば、弘前大学で優れた教育業績として賞状を授与されたら、それについての説明を加えて賞状のコピーを証拠として付録に加えます。

土持：他に留意するところがありますか。

ジョン・ズビザレタ：重要なことは、説明文（本文）で述べたことを裏づける証拠資料を必ず付録に付けることです。たとえば、「学生は、学ぶことに責任をもたなければならない」が教員の授業哲学であるとすれば、教員の方法論の記述のところでは、授業においてグループ学習を通して学

ぶことにしているなどの関連性を持たせることです。このように、方法論は教員の授業哲学に関連したものでなければなりません。そして、それを裏づける付録の証拠資料では、「討論についての課題」や「シラバスの事例」を加えることができます。これによって教員の授業哲学と教育実践が証拠資料で裏づけられ、一貫性 (Coherence) を持つことになります。

ティーチング・ポートフォリオの説明文 (本文) のところに、太字 (ゴシック体) で「付録参照」という文字が見られれば、教員の主張が付録の証拠で裏づけられていることになります。一貫性があるかどうかを確かめるのがメンタリングにおいて重要なことです。ゴシック体の文字が見られない場合は、証拠資料で十分に裏づけられていないことになります。

土持：証拠資料による裏づけが重要であることはわかりましたが、すべての項目において証拠資料が必要になるのでしょうか。

ジョン・ズビザレタ：ティーチング・ポートフォリオのセクションで証拠資料を必要としない箇所が一カ所あります。それは、授業哲学に関する記述のところです。授業哲学は証拠を必要としませんが、他のところはすべて証拠資料による裏づけが不可欠です。もし、十分な証拠資料がないならば、ティーチング・ポートフォリオとして不十分です。

土持：弘前大学をはじめ、多くの国立大学では紙媒体のポートフォリオが中心ですが、紙媒体と電子媒体ではどのような違いがあるのでしょうか。

ジョン・ズビザレタ：最近、多くの教員が電子媒体のポートフォリオを活用しています。どのような媒体であろうと証拠資料が必要であるということには変わりがありません。紙媒体は、「付録」として添付しますが、電子媒体ではそれが「リンク」となるだけです。電子媒体は「リンク」することで、実際の授業実践をビデオで紹介することができます。現在、電子ポートフォリオの市販のソフトがあり、多様なプログラムやテンプレートが入手可能です。インターネットのGoogleで検索すれば、多くのティーチング・ポートフォリオに関するウエブサイトが公開されています。私のティーチング・フィロソフィーについてもコロンビア・カレッジのウエブサイトで公開されています。ティーチング・ポートフォリオにおける「省察」は紙媒体であろうと、電子媒体であろうと鍵となります。

「媒体」が異なるだけでティーチング・ポートフォリオにおいて「省察」「ドキュメント」「コラボレーション」の3つの要素が重視されることは同じです。コラボレーションにおけるメンタリングは紙媒体では一般的ですが、電子媒体でもできないことはありません。紙媒体の代わりに電子媒体を使うだけです。マンツーマンのメンタリングも、コンピューターを通してできないことはありません。メールのチャット機能を利用することもできます。個人的には、フェイス・ツー・フェイスがベストであると考えています。なぜなら、人としての「コンタクト」(Human Contact) ができるからです。

土持：事前に "Getting Started" を準備しておくことが重要なのですね。

ジョン・ズビザレタ："Getting Started" を準備することができれば、ティーチング・ポートフォリオの作成は難しいことではありません。既存のテンプレートを利用することも可能ですが、"Getting Started" を有効に活用するために独自の目次を作ることが望ましいと思います。

土持：既存のテンプレートで必要でない項目はどうすれば良いのでしょうか。

ジョン・ズビザレタ：たとえば、私のテンプレートには「受賞 (Awards)」という項目がありますが、該当しない場合は「なし」と書かないで、最初からこの項目を除くことです。

土持：証拠資料はどのくらい古いものまで含むことができるのですか。

ジョン・ズビザレタ：証拠資料にもよりますが、たとえば、ノーベル賞などの学術的な受賞については何年経過しても記載できます。学生の授業評価などに関しては5年が目安とされます。ただし、学生の自由記述や卒業生からの手紙などは5年を過ぎても証拠資料として有効です。さらに、当該大学での年数が5年未満の教員の場合は、他大学での活動を加えることもできます。すなわち、5年程度の長いスパンで見なければ、客観的な評価ができないということです。

土持：ティーチング・ポートフォリオを作成するのは骨の折れる仕事ですが、どのようなメリットがあるのでしょうか。

ジョン・ズビザレタ：ティーチング・ポートフォリオを最初に作成するには

時間がかかり、エネルギーも要りますが、その後は更新するだけで済みます。ティーチング・ポートフォリオは、作成過程を通して「授業哲学」についても考えることになるので授業シラバス作りにも影響を与えます。その結果、授業シラバス作りが楽しくなり、今学期はどのような授業をしてみようかなどと考えることができ、それがFDにも繋がります。

土持：最近、ピーター・セルディン編著『アカデミック・ポートフォリオ』が玉川大学出版部から翻訳・刊行されました。これについても説明していただけますか。

ジョン・ズビザレタ：アカデミック・ポートフォリオは、「教育」「研究」「社会貢献」の3つから構成され、総合的な教員業績評価を可能にしますが、これについても同じことが言えることが目次からわかります。たとえば、ティーチングの責任などについては、それを裏づける証拠資料が付録に添付されます。学生へのアドバイザーにしても、学生にどのように役だったかについてアンケートしたものを証拠資料として付録に添付することを前提とします。これによって、評価者は省察的な説明文の本論を読み、それを裏づける証拠資料を付録で確認できます。このように本論と付録を繰り返し見るので、「一貫性」が重要になります。そのため、本論部分ではゴシック体で「付録」のことが明記されていることを確認します。本論部分にゴシック体の「付録」の文字が見られないということは、証拠資料が添付されていないことを意味しますので、必ずゴシック体で強調するようにします。（注：詳細については、セルディン編著『アカデミック・ポートフォリオ』157～を参照）。この著書では、学生からの授業評価も形成的評価と総括的評価をあげ、学生のポジティブなコメントを引用して「印象的」に記述しています。また、学生からのラーニング・ポートフォリオを教員の授業評価の証拠資料としています。学生の授業評価については、データよりも記述によるものが効果的で、それが実際の授業改善にも繋がります。

土持：日本の大学では、学生評価のデータはウエブサイトで公開しますが、自由記述は切り離して個々の教員に送られます。この場合、これは証拠資料として使用できるのでしょうか。

ジョン・ズビザレタ：学生の手書きの自由記述をコピーして付録につけることは可能です。この場合、学生の名前が記されていなくても構いません。これは同僚からのコメントについても同じです。たとえば、時間がなくて、実際に、授業参観ができなくても、授業シラバスや学生への課題を同僚に説明してあげることで十分なコメントを書いてもらうことができます。実際には、同僚や学生からのコメントの全文を付録に添付しますが、重要な箇所は本文でも引用し、詳細は付録○○を参照とゴシック体で示すようにします。アカデミック・ポートフォリオのティーチング・ポートフォリオに当たる部分は、最初の「ティーチング（教育）」のところです。

土持：教員評価において「リサーチ（研究）」のところは、評価も容易なので、日本の大学でも定着していますが、アメリカではどうなのでしょうか。

ジョン・ズビザレタ：アメリカでも同じです。研究の場合は、「やった。やらなかった」が明白です。たとえば、研究のための資金を獲得したか否か、あるいは論文や著書を書いたか否かです。アメリカ的な表現で、「形式的 (Cut and Dried)」ということになります。評価においても、表面的に論文数を数えているだけに過ぎません。このような方法は、教育の評価としては使えません。教育に対する評価は難しいです。そのために、学生の授業評価に依存しがちです。なぜなら、数知的評価にたよるからです。その結果、教員は人として評価されるのではなく「数字」の点数で評価されることになります。それために、ティーチング・ポートフォリオによる総合的な評価が重要になります。なぜなら、そこでの評価は多様な物差しで測定することになるので、客観的な評価に繋がるからです。数字だけでは、真正な評価になりません。たとえば、学生が「A」の成績を取ったからといって、本当に学んだかどうかは別問題なのです。このことは、ラーニング・ポートフォリオが重要になるのと同じです。多角的に評価することでより良い評価に繋がります。研究の評価の方が、教育の評価よりもはるかに簡単です。

土持：日本の大学では、ティーチング・ポートフォリオがなかなか普及しませんが、何か効果的な方法はありますか。

ジョン・ズビザレタ：大学のFDセンターあるいは図書館の一室に教員が作成したティーチング・ポートフォリオを参考文献として陳列することは役立ちます。多様な教員のティーチング・ポートフォリオを紹介することで、他の教員の参考になります。たとえば、多くのページ数のものを書かなくても良いことがわかります。使用する目的にもよりますが、一般的に本文で約6ページと付録をつけます。付録は選択された証拠資料に限定します。

土持：ティーチング・ポートフォリオは、使用する目的に応じて証拠資料も異なるということですか。

ジョン・ズビザレタ：教員評価を対象とするものであれば、学生の授業評価もベストのものを付録につけます。求職の場合も悪い評価を付録につけないのは当たり前です。しかし、授業改善のためであれば、良くないものも含めた方が良いことになります。

土持：日本の大学では、ティーチング・フィロソフィーを授業あるいは教育「哲学」と訳しますので、どうしても難しく受け取られます。セルディンの『ティーチング・ポートフォリオ』あるいは『アカデミック・ポートフォリオ』の著書の中にはズビザレタ先生のティーチング・フィロソフィーの記載が含まれていますので、それを参考にすることも効果的な方法かも知れません。ズビザレタ先生ありがとうございました。

4　メンターリングによる授業哲学の深化

2010年8月20日、大阪大学吹田キャンパスで「大学教育のグローバル化に対応したFD支援事業」の一環としてシンポジウム「グローバル化する日本の大学におけるFD ——その課題と展望——」が開催された。その中で、「大阪大学におけるFDの取組み」、「愛媛大学におけるFDの取組み」、「新潟大学におけるFDの取組み」が紹介された。愛媛大学について発表した佐藤浩章は、同大学のFDプログラムをミクロレベル、ミドルレベル、マクロレベル段階ごとにわけ、さらに、フェーズⅠ（導入、気づく・わかる）、フェーズⅡ（基本、実践できる）、フェーズⅢ（応用、開発・報告できる）、フェーズⅣ（支援、教

えられる）について具体的に例示した。とくに、ミクロレベルのフェーズⅢでは「ティーチング・ポートフォリオ作成ワークショップ（年3回）が行われ、その目的を「教育哲学、教育方法などを反省的に振り返り、それらに一貫性を持たせる」と述べている。さらに、学習内容を「教育哲学、教育方法、証拠の振り返り」と定めている。このワークショップを受けた教員は、次のステージのフェーズⅣ「ティーチング・ポートフォリオ作成ワークショップでのメンター（年3回）」でメンター役となり、「ワークショップにおいてメンターを務めることでメンタリング力を向上させる」という目的がある。

　教員がティーチング・ポートフォリオの作成過程でメンタリングを受けた経験をその後にメンターとしてメンタリングとして生かすことは、自らのティーチング・ポートフォリオ、とくに授業哲学を深めるうえで効果的であるとの認識から、弘前大学でも実践した経緯がある。しかし、その過程においてどのような効果あるいは変化があったかを具体的に示した事例はほとんどない。

　メンタリングを通して、自らの授業哲学を省察することでどのような効果が見られたかを弘前大学「教育者総覧」の事例から紹介する。たとえば、教員がFDワークショップを受ける前と後、さらにメンタリングの経験をした後では学生と接する態度が明らかに変化している。とくに、2009年PODネットワークに参加した後の大学でのFDワークショップで自らがメンターをすることで大きな変化が見られた。たとえば、「授業哲学が大切であることを知り、自身の授業哲学について考える機会となりました。そして自身の信念は何であり、学生に何を伝えたいのか、どうなってもらいたいのか、省察を深めることで、自らの授業に臨む姿勢がより明確になりました」などの記載が見られる。授業哲学とは何か、省察とは何かの一般論を述べるよりも、一人の教員の実体験を紹介した方が説得力あると思われる。詳細については、付録(1)「弘前大学『教育者総覧』に見る教員の変化」を参照[3]。

4章 ティーチング・フィロソフィー（授業哲学）のためのルーブリック

1 授業哲学のためのルーブリック

　ティーチング・ポートフォリオの中核になるのが、授業哲学（ティーチング・フィロソフィー）であることは繰り返し述べてきた。ティーチング・ポートフォリオを授業改善の目的に使用する場合は、授業哲学の基準は必ずしも明確にする必要はないが、教員評価として用いる場合は一定の基準が必要である。なぜなら、公平な評価ができないからである。北米の大学には授業哲学を評価するための評価基準となるルーブリックがある。以下は、カナダのダルハウジー大学リン・テイラー（Lynn Taylor）等が論文で紹介したものである[1]。ここでは、便宜上、ティーチング・フィロソフィーを「授業哲学」の名称で説明する。

図4-1　授業哲学ステートメント（TPS）評価基準（ルーブリック）

構成要因	評　価
授業や学習に関する定義	**優**：執筆者は、授業と学習の用語や関係を明確に定義づけ、広範な知識にもとづいて議論している。その他にも、広範で適切な事例や経験を省察して議論している。 **普通**：執筆者は、授業と学習の用語や関係を定義づけ、多少の知識にもとづいて議論している。その他にも、適切な事例や経験を省察して議論している。 **不十分**：執筆者は、授業と学習の用語や関係の定義づけや議論をしていないし、知識にもとづいた議論もしていない。その他の事例や経験を省察した議論も不十分である。
学習者に関する見解	**優**：執筆者は、教室や他の学習環境での学習者の見解を明瞭に表現し、広範な知識で見解を明らかにしている。また、学習者の特徴の優れた理解と学習環境における影響を実証している。 **普通**：執筆者は、教室や他の学習環境での学習者の見解を明瞭に表現し、多少の知識で見解を明らかにしている。また、学習者の特徴の多少の理解と学習環境における影響を実証している。

学生と教員の関係の目標と期待	**不十分**：執筆者は、教室や他の学習環境での学習者の見解を表現していない。知識がなく、見解もほとんど明らかにしていない。また、学習者の特徴の理解をほとんどしておらず、学習環境における影響を実証していない。 **優**：執筆者の授業と学習の定義づけや学習者への見解が一致している。文献についての広範な知識にもとづいた事例や省察は、その関連性や重要性を明らかにすると同時に、学生と教員の相互関係の本質を強く例示している。 **普通**：執筆者の授業と学習の定義づけや学習者への見解がわずかに一致している。文献についてのわずかな知識にもとづいた事例や省察は、その関連性や重要性を明らかにしているか、学生と教員の相互関係の本質を例示している。 **不十分**：執筆者の授業と学習の定義づけと学習者への見解がほとんど一致していない。文献についてのわずかな知識にもとづいた事例や省察は、その関連性や重要性を明らかにしていないか、学生と教員の相互関係の本質を例示していない。
教授法と評価法	**優**：執筆者は、学問分野特有の期待や学習者の特徴と同じように、文献についての広範な知識にもとづいて、広範で多様な授業とアセスメント戦略を用いて優れた能力の証拠を提示している。特定の戦略の選択は、執筆者の授業や学習に関する定義が学習者の見解と学生と教員の関係の理解と一致している。 **普通**：執筆者は、学問分野特有の期待や学習者の特徴と同じように、文献についてのわずかな知識にもとづいて多様な授業とアセスメント戦略を用いて能力の証拠を提示している。特定の戦略の選択は、執筆者の授業や学習に関する定義が学習者の見解と学生と教員の関係の理解とわずかに一致している。 **不十分**：執筆者は、学問分野特有の期待や学習者の特徴と同じように、文献についてほとんど知識にもとづいておらず、多様な授業とアセスメント戦略を用いて能力の証拠の提示にしていない。戦略の選択は、執筆者の授業や学習に関する定義が学習者の見解と学生と教員の関係の理解と一致していない。
授業の個人的文脈	**優**：執筆者は、学問分野に関する適切な用語を用いることで、具体的な教育環境の広範な知識を例示し、どのように授業が適合するかを明瞭に表現している。TPSの他のすべての構成要素が実証されている。ステートメントは、個人や大学の目標とスタイルのバランスを適切に反映している。

組織	**普通**：執筆者は、学問分野に関するわずかの適切な用語を用いることで、わずかな教育環境の範囲の知識を例示し、どのように授業が適合するか表現している。TPSのわずかな構成要素が実証されている。ステートメントは、個人や大学の目標とスタイルのバランスをわずかに反映している。 **不十分**：執筆者は、学問分野に関する適切な用語をほとんど用いないで、具体的な教育環境の知識が欠陥し、どのように授業が適合するか表現していない。授業のコンテクストにおける重要性が、TPSの構成要素にほとんど実証されていない。ステートメントは、個人や大学の目標とスタイルのバランスを反映していない。 **優**：執筆者は、多くの関連事項に関する授業哲学の記述に多様な構成要素を示す重要な実例のメタファや重要な出来事をTPSに組み入れている。執筆者は、モデルの構成要素に教育信条、授業実践や教育目標に一致が見られ、モデルの構成要素が一致している。批判的で省察的な思考や具体的な事例は、教育信条、授業実践や教育目標に執筆者の考えが顕著である。 **普通**：執筆者は、わずかの関連事項に関する授業哲学の記述に多様な構成要素に示すメタファや重要な出来事をTPSに組み入れている。執筆者は、モデルのわずかな構成要素に教育信条、授業実践や教育目標に一致が見られ、モデルの構成要素がわずかに一致している。省察的な事例は、教育信条、授業実践や教育目標に執筆者の考えが顕著である。 **不十分**：執筆者は、関連事項に関する授業哲学の記述に多様な構成要素に示すメタファや重要な出来事をTPSに組み入れていない。執筆者は、モデルの多くの構成要素において教育信条、授業実践や教育目標の一致が見られないうえ、モデルの構成要素とほとんど一致していない。省察的な事例は、教育信条、授業実践や教育目標に執筆者の考えが欠落している。

出典：D.J. Schönwetter, L. Sokal, M. Friesen, and K. L. Taylor, "Teaching Philosophies Reconsidered: A Conceptual Model for the Development and Evaluation of Teaching Philosophy Statements," *The International Journal for Academic Development*, Volume 7, Number 1, May 2002, pp. 92-3

　これを**図4-2**「授業哲学ステートメントをデザインするためのモデル」で示すと以下のようになる。要するに、授業哲学に関するステートメントでは「一貫性」を持たせることが重要である。

4章 ティーチング・フィロソフィー（授業哲学）のためのルーブリック　55

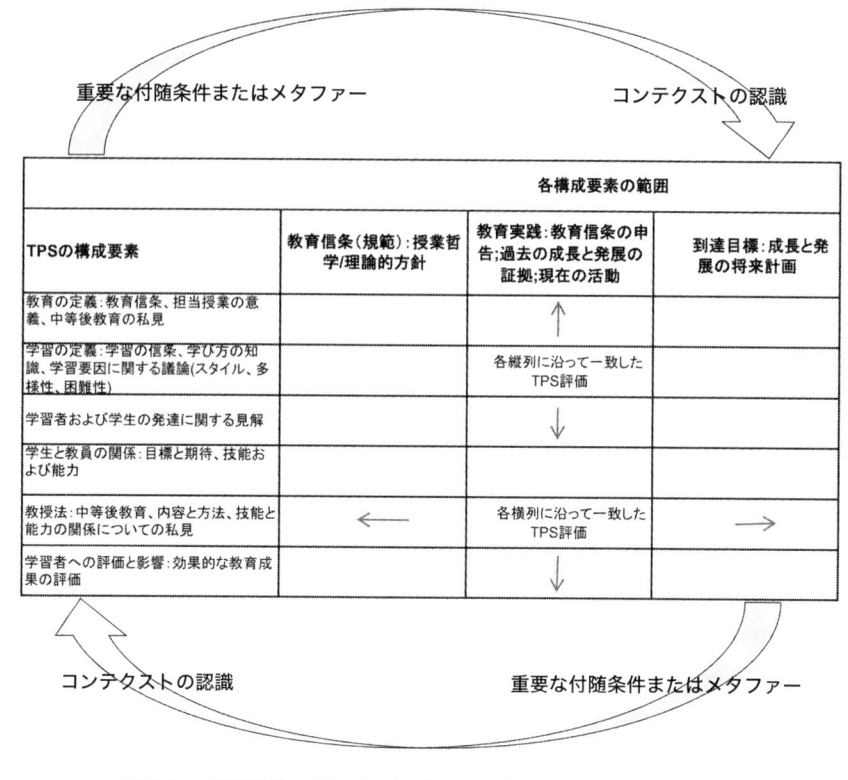

各構成要素の範囲

TPSの構成要素	教育信条（規範）：授業哲学/理論的方針	教育実践：教育信条の申告；過去の成長と発展の証拠；現在の活動	到達目標：成長と発展の将来計画
教育の定義：教育信条、担当授業の意義、中等後教育の私見		↑	
学習の定義：学習の信条、学び方の知識、学習要因に関する議論（スタイル、多様性、困難性）		各縦列に沿って一致したTPS評価	
学習者および学生の発達に関する見解		↓	
学生と教員の関係：目標と期待、技能および能力			
教授法：中等後教育、内容と方法、技能と能力の関係についての私見	←	各横列に沿って一致したTPS評価	→
学習者への評価と影響：効果的な教育成果の評価		↓	

重要な付随条件またはメタファー　　コンテクストの認識

コンテクストの認識　　重要な付随条件またはメタファー

図4-2　授業哲学ステートメントをデザインするためのモデル

出典：D.J. Schonwetter, L. Sokal, M. Fiesen, and K. L. Taylor, "Teaching philosophies reconsidered: A conceptual model for the development and evaluation of teaching philosophy statements" The International Journal for Academic Development elopment, Volume 7, Number 1, May 2002

2　授業哲学の作成準備

　アメリカの大学院では授業哲学の書き方のためのワークショップが行われる。大学院時に最初のティーチング・ポートフォリオを書かせるが、多くの場合、授業哲学が上手く書けないのでトレーニングを必要とする。以下に紹介する図4-3「授業哲学ステートメントを採点するためのルーブリック」は、インディア大学大学院で実践している事例である[2]。

局　面	基準	優秀（=3）	十分（=2）	改善の必要（=1）	不可（=0）	コメント
教育目標：あなたは学問分野において何に興味がありますか。あなたの学問分野はどのような意味合いを持ちますか。学生にあなたの学問分野の何を最も評価してほしいですか。あなたの学問分野で学生が成功するには、どのような知識、技能、態度が重要になりますか。これらの学問分野の知識、技能、態度は、学生の学業、個人、そして専門家としての成功にどのように繋がりますか。	学問分野の動機づけ	著者の学問分野の研究についての評価を明らかにしている。	漠然としているが、著者の学問分野の研究について評価している。	学問分野の研究について著者の評価が漠然としている。	学問分野の研究について著者の評価が述べられていない。	
	授業への動機づけ	著者の授業で評価できるものは何かを明らかにしている。	漠然としているが、著者の授業が評価されている。	著者の授業の評価が漠然としている。	著者の授業の評価が述べられていない。	
	特性	学習目標が学問分野に具体的に繋がっている。	学習目標が学問分野を明確にしているが、あまりにも大雑把である。	学習目標に焦点が合わず不完全である。	どの学問分野でも応用できるほど学習目標が広がりすぎている。	
	バランス	学問分野の知識（「覚える」）、技能（「行う」）、そして態度（「信じる」）のバランスが取れている。	バランスを欠いているが、学問分野の知識、技能、態度が述べられている。	知識、技能、態度に関する学問分野の専門知識のわずかな要素に焦点が当てられ、他の要素が無視されている。	学問分野の知識、技能、態度について述べられていない。	
	学問上の関連性	学習目標が他の学問分野の学生の学習に繋がっている。	繋がりが漠然としているが、他の学問分野の言及や学習目標を説明している。	他の学問分野の学習目標の繋がりが弱い。	特定の授業や学問分野の成功にのみ向けられている。	
	学生の成長	学生の学問的、個人的、専門的な成長と調和している。	バランスを欠いているが、学生の学問的、個人的、専門的な成長に対応している。	学問的、個人的、職業的に学生の成長のわずかな要素に焦点が当てられ、他の要素が無視されている。	学生個人の成長に対応していない。	

図4-3　授業哲学ステートメントを採点するためのルーブリック（56〜60頁）

出典：Kearns, KD, C. Sullivan, M. Braun, and V. O'Loughlin. (in press) A Scoring Rublics for Teaching Statements: A Tool for inquiry into Graduate Student Writing about Teaching and Learning. *Journal on Excellence in College Teaching*.

4章 ティーチング・フィロソフィー（授業哲学）のためのルーブリック 57

局　面	基準	優秀 (＝3)	十分 (＝2)	改善の必要 (＝1)	不可 (＝0)	コメント
教授法：学生と教員の関係をどのように見ますか。学生と教員の責任をどのように見ますか。これらの関係や責任があなたの教授法にどのように反映されていますか。学生や学習目標のためにあなたの教授法はどのように貢献しますか。なぜ、この教授法はあなたの学問分野において適切なのですか。あなたの教授法は、学生の期待やニーズにどのように配慮されていますか。あなたの個性と価値観は、教授法の選択や実施にどのような影響を与えますか。	特異性	具体的な学習活動（たとえば、講義、討論、グループワーク）の説明を取り入れている。	より詳細な活動が必要であるが、具体的な学習活動の説明がされている。	学習活動の説明が、あまりにも大雑把で一般的過ぎる。	具体的な学習活動が記述されていない。	
	統合	学習活動を学問分野、アカデミック、個人、専門の学習目標に繋げている。	繋がりが十分ではないが、学習活動を学習目標に繋げている。	学習活動の相互関連が乏しく、思慮に欠け、学習目標への繋がりがほとんどない。	学習活動が学習目標に繋がっていない。	
	バラエティ	学習活動の説明が多様な学習目標や多様な環境を表している。	サンプルが学習目標や環境の適応に類似しているかもしれないが、学習活動の説明は多様な学習目標と多様な環境を表している。	学習活動の事例は、学習目標に類似しているか、別なところに向けられている。	学習活動の多様性が提示されていない。	
	多様性	学習活動を多様な学生のニーズや期待に繋げている。	繋がりが十分でないが、学習活動を多様な学生のニーズに繋げている。	学習活動や多様な学生のニーズへの繋がりが弱く漠然としている。	学習活動を多様な学生のニーズと関連づけていない。	
	対人関係	学習活動を望ましい教員／学生との関係に繋げている。	繋がりが十分でないが、学習活動を望ましい教員／学生との関係に繋げている。	学習活動と望ましい教員／学生との関係が弱く漠然としている。	学習活動を望ましい教員／学生との関係と関連づけていない。	
	ティーチングのスカラーシップ	学習活動を支援する具体的な学問分野や教育学的資源（たとえば、テキスト、研究、人間、経験）への参照を取り入れている。	事例が限定的で、一般的過ぎるが、具体的な学問分野と教育学的資源への参照がなされている。	学問分野と教育学的資源への参照が、あまりにも大雑把で一般的過ぎる。	学習活動を支援する学問分野や教育学的資源を結びつけていない。	

局面	基準	優秀（＝3）	十分（＝2）	改善の必要（＝1）	不可（＝0）	コメント
学生の学習に関するアセスメント：あなたの教授法を用いることで、どのような学習目標が達成されたかを知ることができますか。どのような学習アセスメントツール（たとえば、テスト、レポート、ポートフォリオ、ジャーナル）を用いますか。それはなぜですか。学習アセスメントには、あなたの授業についてどのようなことが表れていますか。	特異性	フォーマルやインフォーマルな具体的な課題（たとえば、テスト、レポート、ポートフォリオ）の説明が取り入れられている。	より詳細な課題が必要かもしれないが、具体的な課題の説明が取り入れられている。	課題の説明が、あまりに大雑把で一般的に述べられている。	具体的な課題の記述がない。	
	統合	課題が学問分野、アカデミック、個人的、専門的学習目標に繋がっている。	繋がりが十分でないが、課題を学習目標に繋げている。	課題の説明は、一般的で思慮に欠け、学習目標への繋がりがほとんどない。	課題を学習目標に繋げていない。	
	多様性	フォーマルやインフォーマルな課題（たとえば、テスト、レポート、ポートフォリオ、ジャーナル）の説明が、多様な学習目標や環境を表している。	事例は、学習目標や環境に類似しているかもしれないが、課題の説明が多様な学習目標や多様な環境を表している。	課題の事例は、一般的に学習目標や環境に類似している。	学習課題に多様性が見られない。	
	対人性	課題のデザインを多様な学生のニーズや期待に繋げている。	繋がりが十分でないかもしれないが、課題のデザインを多様な学生のニーズに繋げている。	課題のデザインを多様な学生ニーズに繋げず、繋がりも弱くて漠然としている。	課題のデザインを多様な学生のニーズと関連づけていない。	
	学習成果	具体的な課題の成果（たとえば、試験の成績や事例プロジェクト）の説明を取り入れている。	より詳細な成果が必要かもしれないが、具体的な課題の成果の説明を取り入れている。	課題の成果の説明は、あまりに大雑把で一般的に述べられている。	課題の成果を提示していない。	
	成果の分析	課題の成果を用いた学習目標の達成が評価され、分析がなされ、省察的である。	分析が十分でないかもしれないが、課題の成果を用いた学習目標の達成が評価されている。	課題の成果を用いた学習目標の評価は、基本的過ぎて思慮に欠ける。	課題の成果を用いた学習目標の達成を評価していない。	

4章 ティーチング・フィロソフィー（授業哲学）のためのルーブリック

局面	基準	優秀（＝2）	十分（＝2）	改善の必要（＝1）	不可（＝0）	コメント
授業アセスメント：どのような授業アセスメントを用いているか。授業アセスメントから授業についてどのようなことが言えるか。教員としてのあなたの強みは何か。どのようにして、学生の学習目標の達成を改善するか。現在、授業のどのようなところに取り組んでいるか。	特異性	学生、同僚、スーパバイザーのコメントと学生アセスメントから具体的な授業アセスメントデータを取り入れている。	より詳細な事例が必要であるが、具体的な授業アセスメントデータを取り入れている。	授業アセスメントデータの記述が広がりすぎ、一般的過ぎている。	授業アセスメントデータが具体的に記述されていない。	
	多様性	授業アセスメントデータ（量的・質的；学生、同僚、スーパーバイザー）の複数のフォームを取り入れている。	授業アセスメントデータのフォームが、少し限定的で不均等である。	授業アセスメントデータのフォームが、きわめて限定的で不均等である。	授業アセスメントに多様性が見られない。	
	分析	授業アセスメントデータを用いた授業・学習目標（たとえば、学生／教員の関係、学生の学習）の達成が評価され、分析も十分で省察的である。	分析が十分でないが、授業アセスメントデータを用いた授業・学習目標の達成を評価している。	授業アセスメントデータを用いた授業・学習目標の評価が平凡で思慮に欠ける。	授業アセスメントデータを用いた授業・学習目標の達成が評価されていない。	
	授業開発	開発（たとえば、テクノロジーの取り入れ、討議リーダーシップを向上させる）のために、具体的な授業状況を明らかにしている。	授業状況が大雑把で一般的かもしれないが、授業状況の展開を明らかにしている。	授業状況の展開が広すぎて一般的である。	授業状況の展開が明らかにされていない。	
	開発の統合	授業開発計画を授業や学習目標に繋げている。	繋がりは十分でないかもしれないが、授業開発計画を授業・学習目標に繋げている。	授業開発計画の記述が平凡で思慮に欠け、授業・学習目標への繋がりがほとんど見られない。	授業開発計画を授業・学習目標に関連づけていない。	
	ティーチングのスカラーシップ	授業開発を支援する具体的な学問分野や教育学的資源（たとえば、テキスト、研究、人間、経験）への参照を取り入れている。	事例が限定的で、あまりにも一般的であるかもしれないが、授業開発を支援する具体的な学問分野や教育学的資源を取り入れている。	授業開発を支援する学問分野や教育学的資源への参照が限定的で広すぎて一般的である。	教授開発を支援する学問分野や教育学的資源が明らかにされていない。	

局面	基準	優秀（＝3）	十分（＝2）	改善の必要（＝1）	不可（＝0）	コメント
スタイル：構造、レトリック、言語：読者がどのように関わっているか。ステートメントに主題がどのように構築されているか。使用される言語は、学問分野と聴衆に適切であるか。	構造	読者と組織構造、テーマ、論点やメタファーが繋がっている。	組織構造が弱いかもしれないが、組織構造やテーマでステートメントの考えを繋げている。	記載の組織構造やテーマは、ステートメントで論じた考えが弱々しく、安定して繋がっていない。	全体的な構造を明らかにしていない。ステートメントは授業に繋がりのないことを寄せ集めたものである。	
	専門用語	学問分野や教育学的な専門用語を避け、教育用語（たとえば、批判的思考法）は教員の学問分野のコンテクスに応じて具体的に定義づけられている。	学問分野や教育学的な専門用語の使用が制限されている。	学問分野や教育学的な専門用語が含まれているかもしれない。	学問分野や教育学的な専門用語が多く使われ、具体的な定義や例題が裏づけられていない。	
	対人関係	ステートメントは個人の見解で書かれ、全体を通して、「私」「私たち」「私の学生」の表現になっている。	受動的な表現の事例が少しあるかもしれないが、ステートメントは基本的に個人的な見解から書かれている。	ステートメントは能動的もしくは受動的な表現で交互に書かれている。	ステートメントは完全な受動態で書かれ、味気ないスタイルになっている。	

　以上のように、「授業哲学ステートメントを採点するためのルーブリック」を示して、どのようなものが優れた授業哲学かを考えさせるワークショップを行っている。
　次のワークショップは、はじめに授業哲学の「草稿」部分を読ませ、そこでの問題点を探させ、その後に、「最終稿」を読ませて両者の違いを理解させるトレーニングである。はじめに「草稿」を読んで、次に「最終稿」を読んでどのような違いがあるかを考えてみよう！

ティーチング・フィロソフィー
——何をどのように書けばよいか——（草稿）

なぜ、教えるか。教育の情熱はどこから生まれるのか

私の教育の情熱は、アメリカ市民が平均して科学にひどく無関心であるという事実から生まれるものです。アメリカの一般市民は、『ニューヨーク・タイムズ』や『ヘラルド・タイムズ』紙に書かれた科学セクションの記事を読んでも、その内容がほとんど理解できません。しかし、私は学生に科学について興味を持たせることができます。学生が授業で学んだ科学を職業として持ち続けなかったとしても、授業で生物学の基礎を学んでくれるならば、他の仲間よりも、なぜ、植物がグリーンかを理解できる知的世界に送り出すことができると信じています。学生を取りまく世界をより良く理解させるために授業で学んだことを応用させるようにしています。市民に教養があれば、互いに世界がどのように関連しているか、政治や政策についての明確な判断ができます。科学は強力なツールです。科学で誤解や恐れをなくすことができます。学生が「なぜ、これが重要ですか。いつこれが必要ですか」と尋ねることで世界のもっと多くのことを知ってもらい、人間として優れた人に成長してもらいたいと考えています。科学を職業とする学生を教えるとき、世界や高いレベルにおいて役立つ専門的な技術を身につけさせます。そうすれば、新たな課題に直面したときも、単に暗記した事実を網羅しただけで終わらないはずです。私は、学生に教えた内容を統合でき、新たな課題やトピックに応用してもらいたいと考えています。

学習を励ますために、授業でどのような手法や実践を行いますか。学習に影響を与える最も重要なものを一つか二つあげてください。

私が授業で最も重要だと感じていることは情熱です。学士課程の学生に授業する10%が新しい教材についてで、20%がすでに知っていることを教えること、そして70%が「演出 (Theatre)」です。冗談を言ったり、実験室で2時間実験させたりすることは、学生が教科書に書かれた内容を鵜呑みするよりも、楽しみながら何かを探索して欲しいと考えるからです。私が最も大切にしていることは、学生の時間を無駄にしないことです。興味があるわけでもないのに学生は学ぶ時間を無駄にしません。私は、学生に役立たない時間を無駄にしないし、学生にも無駄にさせません。

課題は、具体的な事例から複雑な概念を説明する方法が最善だとわかりました。学生に「難しくはない、少し複雑なだけだ」と理解させるようにしています。遺伝子に関する実験で最も理解が難しいのは、四価元素をどのように測定するか、なぜ、それが重要なのかということです。学生は、四価元素が4つの有糸分裂を意味することは理解できますが、スクリーングしたり、マーカーで比較したりすることが苦手です。私は、「プレート」のイメージの配付資料を作成して、各々の組み合わせの成長が何を意味するかを説明します。授業が終わるころまでに、ほとんどの学生が理解できるようになりました。

L113の授業は、少し違います。この授業は生物学実験の導入科目で、生物学のバックグランドが学生間で違うことがわかりました。この場合、高学年のグループに編成することが有益であることがわかりました。通常、少人数グループに分けて概念を考えさせます。前回は、生物学の複雑な専門用語を教えました。黒板に15の用語を書き、3〜4のグループに分けます。その結果、学生は教科書を使用することなく、各用語の共通の定義をまとめることができるようになりました。学生が10〜15分間学習した後、クラスを回り、グループの定義をもらいました。授業終了までに、学生は授業や他からの知識を用いて定義づけができるようになりました。私は、学生に定義づけるのに、どれが最も難しい用語であったかを説明させます。

この方法は、学習バックグランドや多様な枠組みのクラスでもうまくいくことがわかりました。高学年の学生は、教材を「良く」知っていますが、誰かに教えることを強いられるとつまずくことがあります。このことは、低学年の速度を速めるのではなく、高学年の学生を強化する必要があることを示唆します。

> 学生が授業を理解しているかどうかどのように知ることができますか。選考委員会にどのような学習証拠を提示できますか。

学生に頻繁にクイズをします。簡単な5分間のクイズをすれば、どこが理解できたか、何を繰り返し教える必要があるかのヒントを得ることができます。また、学生がどのような質問をするかで学生の理解度を測ることもできます。

> 現在、どのような授業改善に取り組んでいますか。学生が、現在直面している学習の問題はなんですか。どのように対応したいと考えますか？

私の授業は二つの弱点があります。一つ目は、早口で喋ることです。とくに、熟知していない教材を教えるときはそうです。二つ目は、時々、学生が理解「していない」ところを見落とすことです。あるいは、むしろ、理解していると思っていたが、学生のレポートやクイズを見るとそうでないことがわかりました。早口を改善する最善の方法として、教室で教える前に可能な限り準備することが役立つことがわかりました。二つ目に関しては、学生が尋ねる内容だけでなく、質問の「仕方」、すなわち、答える学生の反応にもっと耳を傾けるようにしたいと思います。学生の「はい、わかります」や「はい、わかります。どうかかまわないでください。まだ、わかりませんが、テスト前までにはわかるようなります」の違いがわかるようになりました。

L113の授業の学習困難な現状は、準備不足や最後まで引き延ばしていることから生じるものです。学生の実験準備を確かなものにするために、実験室の計画を学生に準備させ、実験の概論を読ませます。実際、フローシートを採点します。そのことで基本的な手続きに費やす時間が減らせ、実験やデザイン概念の説明に多くの時間が取れるようになりました。私は、討論の前に、事前に読んだかどうかを確かめるクイズをします。最初、読むことが十分でなかった学生も、読んできたことが評価されることがわかれば、驚くほど読むようになりました。これは、本当に良かったと思います。なぜなら、50分の講義で授業をやり直す必要がなくなり、マニュアルに書かれた生物学の基礎よりも、もっと面白いトピックに時間を費やすことができるようになったからです。

出典："New Threads of Inquiry into Statements of Teaching Philosophy," by Katie Kearns and Valerie O'Loughlin, Indiana University at POD 2008

上記の「草稿」を、以下のような「最終稿」に書きなおすことができる。

ティーチング・フィロソフィー
──何をどのように書けばよいか──（最終稿）

　私の教育の情熱は、アメリカ市民が平均して科学にひどく無関心であるという事実から生まるものです。市民に教養があれば、互いに世界がどのように関連しているか、政治や政策についての明確な判断ができます。生物科学の教員として、学生に知識を教えるだけでなく、教材にも関心を持たせることができる恵まれた立場にあります。私は、学生が職業として科学に関わる

か、単に社会の教養ある一員となるかに関係なく、学生を取りまく世界に触れる楽しさを与えたいから教えるのです。教員としての仕事は、科学の研究と一般的な学生間のギャップを埋める架け橋となることが理想です。私の経験から、学生を関与させ、感動させる最善の方法は自分自身も関与し、感動することが教室での情熱を生み出すことになると考えています。教員として効果的な授業ができるかは教材にどれだけのエネルギーや情熱を注ぐかであると思います。授業で新しい教材について教えるのは10％で、20％は学生がすでに知っていることを教えることで、70％が演出です。

　私の教育経験の大部分は実験室で行います。生物学実験序論と上級生の遺伝学実験の二つを教えています。遺伝学実験のカリキュラムのほとんどが実験室で行われるのに対して、生物学実験学序論は実験と討議／講義からなります。この生物学実験序論は、基本科目です。連続的希釈剤の適切な方法から、光合成、行動、遺伝子の継承や集団遺伝学の双方が含まれます。このクラスは一年次学生を対象としますが、多数の二年次と三年次学生も含まれます。この授業の最大の挑戦は、多様なバックグランドを持つ学生を教えることです。たとえば、ある学生は別の生物学序論の講義を登録し、ある学生はその授業を終了しようとしていますし、ある学生は実験を終えるまでに2年もかかりました。この挑戦は、実験時間外に設けられた週50分の授業の討論部分にあたります。この授業では教科書を使わずに遺伝子の用語を定義づけさせ、反応を観察するために、単純な実験をデザインすることに挑戦させ、その後に短時間を小さなグループで討議させます。グループの学生が学んだことをクラスの議論へと導くとき、上級生が少なく教えることで、学生が材料を十分理解するということがわかりました。

　私が教えた遺伝学実験の授業は、二年次／三年次の授業です。この授業の実習は、一般に多様な共通モデルシステム（バクテリア、イーストやこれまでに人気のミバエ）の遺産、染色体力学や突然変異の基本をカバーして授業の前提条件となる特定の組み合わせをした上級生用です。難しくない授業の概念も、複雑で前の授業で学んだ知識に依存することがあります。学習を促進するために、複雑な手順や概念の説明を配布資料やオーバーヘッドで行います。たとえば、イーストで四価基分析を教えるとき、学生の実験中にスクリーニングしたプレートのタイプの「モックアップ」を含んだオーバーヘッドや配布資料の演習をデザインします。授業で一緒に四価基の各々のセットを抜き出すようにします。私と一緒に群体の各々のグループで何が正しい分類であると考えたかについて学生に説明させます。私は、学習過程で学生に活発に

発言させることが概念を理解させるのに効果的であることがわかりました。

> これらのケースの双方において、学習過程を批判することで学生が教材をどのように理解したかを正しくアセスメントできます。学生の能力を測定するために形成的アセスメントとして、しばしばクイズを行います。これらのクイズは5ポイント制で、必須の教材の基礎知識を知ることができます。1つの質問は、技術を考えるより高度なオーダーを必要とします。たとえば、どのように学生は既知の事実のメカニズムや多項選択式の概念の質問等に答えるために、速い実験をデザインするかということです。これらのクイズが提出された後、どのようなタイプの質問が尋ねられたかを調べます。そして何人の学生が満足したか、不満であったか、どのように学生が教材を理解したか、そして、全体としてどのような授業が最も効果的であったかを判断することができます。

私の授業には弱点があります。それを改善するためには2つの方法があります。一つ目は、全体として早口になることです。この点は、私の授業評価の中で「改善を必要とする」との唯一のコメントにも反映しています。これは精通しない教材を教えるときにその傾向が見られます。二つ目は、「おしゃべりな学生」をなくす最善の方法は、授業の前に周到な準備をすることであることがわかりました。さらに、黒板やオーバーヘッドにトピックや定義の概略を書くことで遅くしゃべるように努力します。第2は、理解力を測るクイズに関して学生の動作に注意するのに加えて、学生の質問の仕方や答え方にどのように反応するか注意する必要があることがわかりました。私は、「はい、わかります！」や「はい、わかります。どうかかまわないでください。まだ、わかりませんが、テスト前までにはわかるようになります」の違いをわかるように努力しています。

私は、学生に単に授業の評価のために、卒業証書のために、仕事につくために学んでいるのではないことを知ってもらいたいのです。学生に自分を取りまく世界をより良く理解することは、人間としてより良く成長することであることを知って欲しいのです。私は、学生をより良い社会や生活に導き出すためのツールキットを備えて世界に送り出せるようにしています。そして、学生が科学の分野で職業を続けるかどうかに関わりなく、学んだ知識を応用することで新しい課題やトピックを統合できるようになってもらいたいと考えています。

出典："New Threads of Inquiry into Statements of Teaching Philosophy," by Katie Kearns and Valerie O'Loughlin, Indiana University at POD 2008

「草稿」と「最終稿」を比較するといくつかの違いが見られる。ティーチング・フィロソフィーをどのように評価するかは難しい。なぜなら、模範解答となるものがないからである。「草稿」は準備しやすいように項目がゴシック体で示され、それに従って書いているが説得力に欠ける。その大きな要因はどのような授業を実践しているか、どのような科目内容なのか、そこでの学生の取組み反応が「具体的」できないところにある。ティーチング・フィロソフィー（授業哲学）は、教員がどのような信念で授業を教えているか、そのことが授業方法や学習成果にどのように反映されているかをわかりやすく記述したものでなければならない。その点で「最終稿」はより具体的であるといえる。そこでは、冒頭の教員のティーチング・フィロソフィーがどのように授業実践に繋がっているか一貫している。すなわち、「最終稿」を読んだ選考委員会は、その教員がどのような授業実践をしているか、教室内での学生の反応がイメージできる。

　ティーチング・フィロソフィーを作成することで授業シラバスを具体的することができる。

　もともと、ティーチング・ポートフォリオは証拠資料に裏づけられたドキュメントであるが、すべての項目が証拠によって裏づけられるとは限らない。たとえば、上記の授業哲学の記述の場合には、証拠の裏づけができない。授業哲学は、教員の信念にもとづくもので証拠で裏づけることができない。ティーチング・フィロソフィーに関するワークショップでは、どのように書けば説得力を増すかの方法を学ぶに過ぎない。授業が学生のためであるという認識が重要である。そのためには、どのような授業をしたいのか、どのような学生を育てたいかの教員自らが「省察」して主体的にまとめることである。

5章　ラーニング・ポートフォリオを活用した学生の学習向上と能動的学習の実践

1 「ラーニング・ポートフォリオを活用した学生の学習向上」に関する講演

　前述のように、弘前大学は、文部科学省から平成20年度特別教育研究経費「ティーチング・ポートフォリオを活用したFD活動の展開」の一環として、この分野の権威者であるアメリカ・コロンビア・カレッジのファカルティ・ディベロップメント・センター長ジョン・ズビザレタ教授を招聘してFD講演会が実施された。彼の講演の内容は以下の通りである[1]。

　最近、ラーニング・ポートフォリオが世界的に広まり、多くの大学で活用されています。私は、学生のラーニング・ポートフォリオを活用して学習向上に関心をもち、学生と積極的に接しているので、このような高いステージから一方的に話をするのは不慣れであることをはじめにお断りします。
　最初のスライド（3章第1節の図3-2と同じ）は、どの教室でも見られる評価のあり方を描いたイラストです。たとえば、「これから30秒間であなたの授業を査定します！　さあ、はじめてください！」という具合です。もし、イ

図5-1　ラーニング・ポートフォリオの標題

図5-2　管理者の突然の査定通告

図5-3 漫画『Dennis the Menace』の一コマ

図5-4 ライニング・ポートフォリオとは何か

ラストのような評価方法が唯一のものであるであるなら、学生の学習を向上させる多くの視点が失われることになります。もし、このような形でのみ評価がなされるのであれば、表面的な知識しか測ることができないことになります。次のスライド(図5-3参照)は、アメリカの有名な漫画『Dennis the Menace』からの抜粋です。「ニュートンは、リンゴが頭に落ちたときに何を発見しましたか」を生徒に尋ねているシーンです。正解は「万有引力」ですが、デニスは、平然と、「フルーツ！」と答えました。もちろん、正しくないので間違いになるのですが、これは「学力」をどのように捉えるかを考えるヒントを与えてくれるもので、「なぜ、リンゴが頭に落ちたことが万有引力なのか」の疑問を抱かせることで、深い学びに繋げるものでラーニング・ポートフォリオにとっての重要な要素となります[2]。次のスライド(図5-4参照)は、ラーニング・ポートフォリオが学生の学習について知ることができる強力なドキュメントとなるもことを述べたもので、3つの要素から構成されます。すなわち、一つ目が「リフレクション(省察)」です。二つ目が「ドキュメンテーション（証拠資料）」で学生の学習過程を知ることができる資料、すなわち証拠資料となるものです。三つ目が「コラボレーション（共同作業）」で学生が単独ではなく、互いに協力しながら学習するものでメンターリングの働きもします。これらの3つがラーニング・ポートフォリオの中心となります。その中でも重要なものが、最初のリフレクションです。すなわち、学生が自らの学習過程を「省察」し、何を、なぜ、どうしてと問いかけながら学習過程を振り返ることに繋がります[3]。

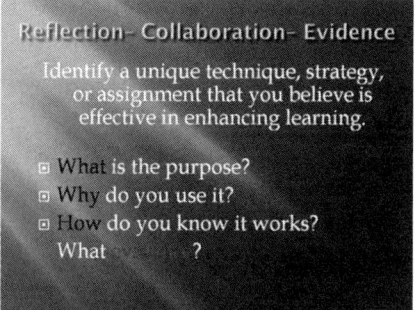

5章　ラーニング・ポートフォリオを活用した学生の学習向上と能動的学習の実践　69

図5-5　「定義づけの重要性」の漫画の一コマ

図5-6　省察・コラボレーション・証拠資料の説明

　次のスライド（**図5-5**参照）は興味深いものです。ラーニング・ポートフォリオは、学生が学んだことを断片的に集めたスクラップ・ブックではありません。そこでの学習過程が重要であって、それが深い学びに繋がるのです。何を学んだかだけではなく、学習プロセスを振り返ることで学びが深まることになります。そのためには、ラーニング・ポートフォリオとは何かを正しく定義づける必要があります。たとえば、図5-5の漫画は「なぜ、定義づけが重要なのか」をコミカルに描いたイラストです。夫婦がドライブ中に「ガス欠」になり、道路沿いの「GAS」というサインを見つけ、ポリタンクを抱えて飛び込んだら、GAS は GAS でも安っぽい道路沿いのレストランのことで、食事をしたらお腹が張って「おなら（GAS）」が出たという意味のものです。これは、正しい定義づけがいかに重要であることをコミカルに説明した例です。（時間の関係で一部のスライドの説明を省略する。）

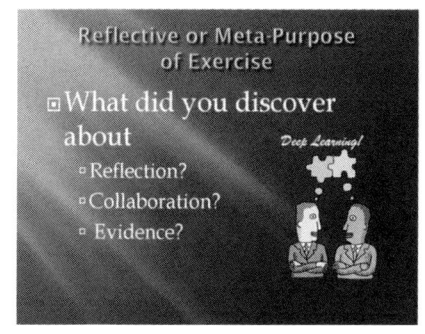

図5-7　省察・コラボレーション・証拠資料の発見

図5-8　動画投稿サイト『5分間大学』の一コマ

図5-9　省察・コラボレーション・
　　　証拠資料の関連図

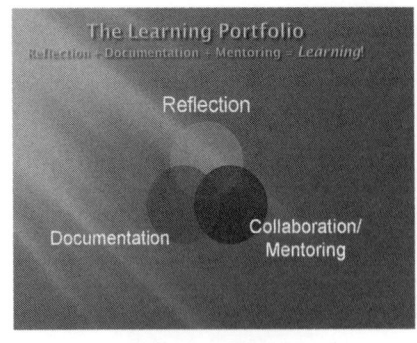

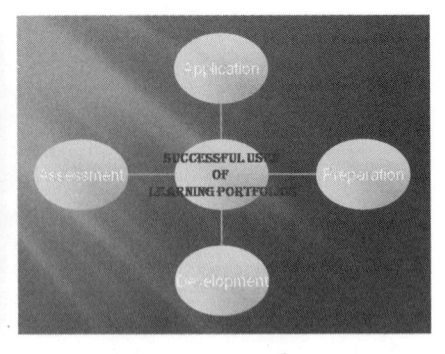

図5-10　ラーニング・ポートフォリオ
　　　　の効果的な使用法

　次のスライド（図5-9参照）は、ラーニング・ポートフォリオの3つの要素を示したものです。すなわち、リフレクション、ドキュメンテーション、そしてコラボレーション（この中にメンタリングが含まれます）です。アメリカでは学習成果を測るのに試験の結果だけでは不十分だという認識があります。なぜなら、前述の漫画（図5-2）のように、30秒間で評価することと同じことになるからです。なぜ、どうして、どのように学んだか学習過程を省察することで深い学びに繋がるからです。これが、ラーニング・ポートフォリオの中での重要な「リフレクション（省察）」の部分です。すなわち、「学び方を学ぶ」ということになります。

　次のスライド（図5-10参照）は、ラーニング・ポートフォリオの効果的な使用法についてのものです。ラーニング・ポートフォリオには多様な使用方法があり、学生の学習成果を測定する評価（アセスメント）の目的にも使用できます。また、ラーニング・ポートフォリオは卒業前の進学や就職の準備（Preparation）にも使用でき、成績だけでなく、多くの情報を含むことができます。さらに、ラーニング・ポートフォリオは、卒業後の社会での応用（Application）としてインターンシップや留学などに使用することができます。そこでは、表面的な結果だけで終わらせるのではなく、どのようなことを学んだかの内容も記述することができます。私のような教育者にとっては、ラーニング・ポートフォリオを通して、学生の成長（Development）が見られることが最も意義のあることだと考えています。たとえば、学生がどのような学習者であるか、なぜ、どのように学んだのかを知ることができます。

5章 ラーニング・ポートフォリオを活用した学生の学習向上と能動的学習の実践　71

図5-11　ラーニング・ポートフォリオに関する漫画の一コマ

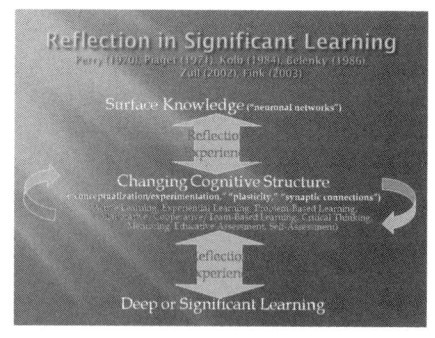

図5-12　重要な学習における省察

　次のスライド（**図5-12**参照）は、パワーポイントの悪い使用例で、スライドに多くのことを盛り込みすぎて画面が読みにくくなっています。しかし、重要なことは2点だけです。「浅くて表面的（事実のみ）な知識」では学びは深まらない。記憶として残らないということです。「深く意義ある学び」にするためには2つのことが求められます。一つが、「リフレクション（省察）」で、もう一つが知識を「活用あるいは経験（Experience）」することです。事実を暗記するだけでは不十分です。学びについて「省察し、経験する」ことが重要です。この2つのことができて、はじめて意義のある学習が実現できます。学生に学習過程を省察させ、能動的学習を促進する方法をFDから学ぶことができます。

　ラーニング・ポートフォリオが、どのような形のものか知らない人もいるかと思いますが、紙媒体のもの、CDやDVD、さらにはインターネットを

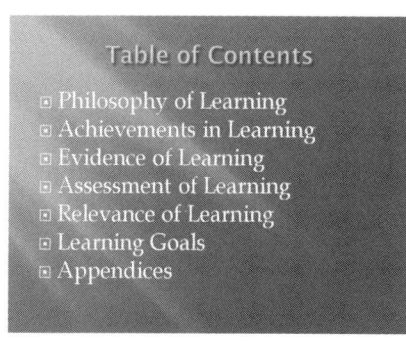

図5-13　ラーニング・ポートフォリオの内容

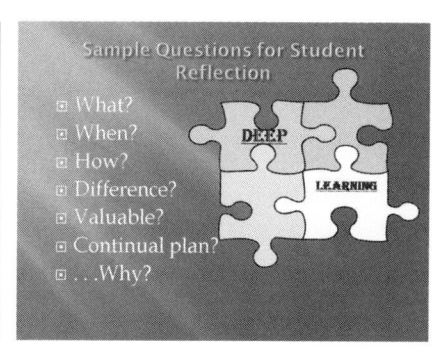

図5-14　学生の省察を促す質問方法

利用したものなど、いろいろな形態のものがあります。どのような媒体であろうとも、ラーニング・ポートフォリオの中に必ず含まなければならない情報があります。それらは、次のスライド（図5-13参照）に示した7つの項目です。最初の重要な項目は、「学習哲学 (Philosophy of Learning)」というもので、学生が学習について考えることです。どのような学習者であるか、どのようにすれば最善の学びができるか、いつ、どのような状況で最善の学びができるか、最も重要なことは、なぜ学ぶのか、学んだことをどのように応用するのか、学びの目標は何か、これらのすべてを私は「フィロソフィー・オブ・ラーニング（学習哲学）」と呼んでいます。次の「学習業績 (Achievements in Learning)」とは、達成した標準的なもののことで、たとえば、レジメ、成績証明書あるいはオーナー（優秀）学生として表彰されたことなど、学生の学習業績（アチーブメント）に関わることです。次の「学習証拠 (Evidence of Learning)」は、学習業績と同じようなものですが、証拠となる「ラーニング・アウトカム」のことです。実際には、学生の学習成果（作品）のことで、エッセイ（卒業論文）、試験、実験レポート、インターンシップ・レポートがそうです。次の「学習アセスメント (Assessment of Learning)」は、ポートフォリオの中で重要なもので、学生が学習哲学にもとづいて、何をどのように学んだかを省察させるとともに、そのことを証拠で裏づけさせるというものです。たとえば、学習過程の省察を通して、何が達成されたか振り返らせ、アセスメントさせることです。次が、「学習の関連づけ (Relevance of Learning)」ですが、これは教室で学習したことを実際にどのように応用しているかということです。学生は、学んだことをどのように関連づけているか、学習をどのように応用しているかです。どのような形のポートフォリオにおいても、次の「学習目標 (Learning Goals)」という将来像を掲げます。学生がどのようなことを達成したいか、学んだことを将来どのように繋げたいかの目標のことです。媒体は何でも構いません。すべての証拠資料は、次の「付録 (Appendices)」の中に含まれます。ポートフォリオでは学習過程の「省察」が重要であって、数値結果だけが証拠資料ではありません。すなわち、何を学んだか、いつ学んだか、どのように学んだか、学んだことでどのような変化がみられたか、学んだことにどのような価値を見いだせたか、そのことは将来においても持続可能なことか、などを省察さ

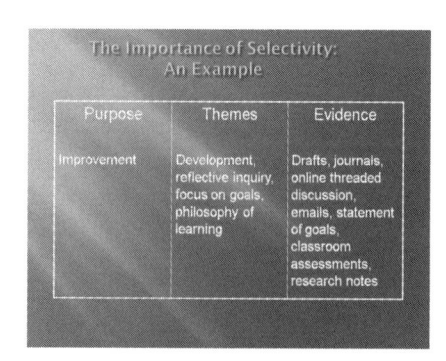

5章　ラーニング・ポートフォリオを活用した学生の学習向上と能動的学習の実践　73

図5-15　選択の重要性（美術の例） 　　図5-16　ガーフィールドの漫画の一コマ

せることです。

　スライドを飛ばして、スライド（図5-16参照）のガーフィールドの漫画の説明をします。私は、ガーフィールドのように何もしないで、ただ「ボー」と眺められるスペースがあれば良いと考えるのではなく、積極的に関われるような教育環境を作ることが望ましいと考えています。

　次のスライド（図5-17、18、20〜21参照）は、アメリカの大学のホームページで公開される電子媒体のポートフォリオです。学生の情報をウエブで公開しますが、個人情報に関する箇所はパスワードがないと開けられないなどの技術面でも向上しています（具体的な個別大学の紹介は割愛する）。

　次のスライド（図5-23参照）は、「学生の学習を高めるのに他にどのような方法が考えられるでしょうか」を問うたものです。ラーニング・ポートフォ

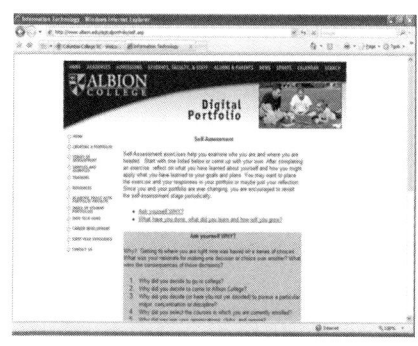

図5-17　Albion College電子ポートフォリオの事例 　　図5-18　LaGuardia Community College電子ポートフォリオの事例

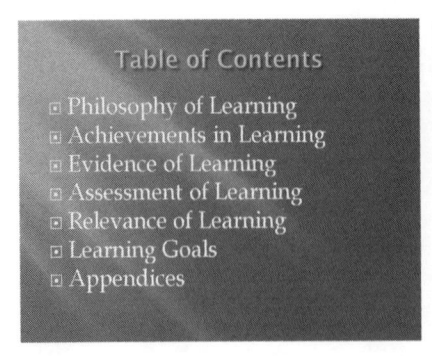

図5-19　ラーニング・ポートフォリオの内容

図5-20　LeBow College of Business 電子ポートフォリオの事例

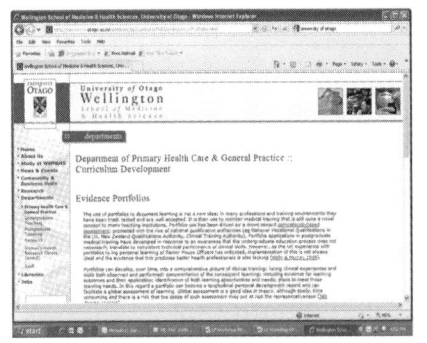

図5-21　University of Otago 電子ポートフォリオの事例

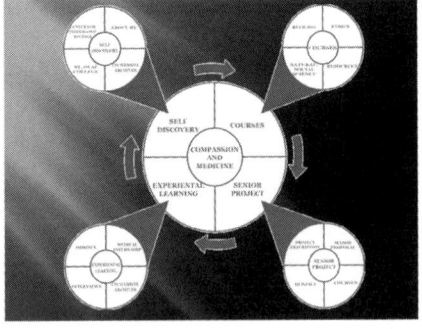

図5-22　Compassion and Medicine に関する事例

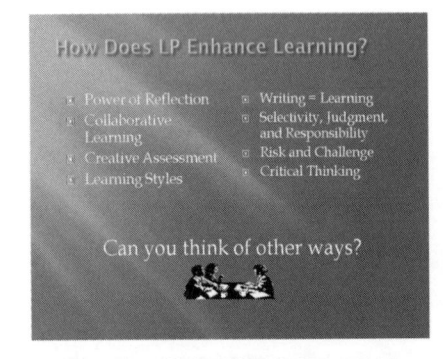

図5-23　学生の学習を高める方法

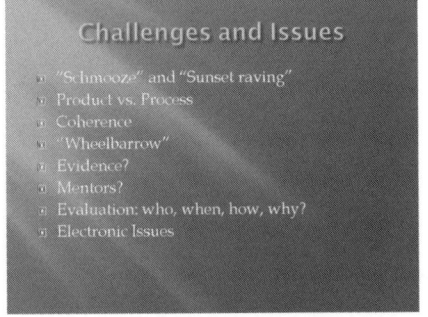

図5-24　挑戦と課題

5章　ラーニング・ポートフォリオを活用した学生の学習向上と能動的学習の実践　75

リオは、私の経験から、学生の学習を向上する最も優れた方法であると考えています。なぜなら、学生の「自己省察力 (Power of Reflection)」を引き出すことができるからです。コラボレーションを通して学びを深めることができます (Collaborative Learning)。上級生がメンターとなり、コラボレーションによる学習活動ができます。その結果、教員の負担も軽減します。広範で創造的なアセスメントの方法 (Creative Assessment) についても考えさせます。学習方法 (Learning Styles) も総括的な学びについて考えるようになります。すなわち、学習成果ではなく、学習過程（プロセス）が重視されます。これ以上、学生の学習を向上する優れた方法があるのでしょうか。もちろん、ラーニング・ポートフォリオにも問題がないわけではありません。それについては、次のスライド（**図5-24**参照）「挑戦と課題 (Challenges and Issues)」で説明します。最初の英語の"Schmooze"（賢くてずるい）という問題であります。学生は、教員が何を望んでいるか事前に察してラーニング・ポートフォリオを表面的にまとめる「ずるさ」がありますので、十分に証拠づけられた内容であるかどうかを吟味する必要があります。すなわち、表面的なデザインに惑わされないことです。時間がないので、すべての項目について説明することはできませんが、他にもいろいろなことが考えられます。授業で最初から優れたポートフォリオを書かせることは、学生にとっても、教員にとっても時間がかかり骨の折れる仕事です。また、教員にもストレスがたまりますので、すべての授業に導入するというのではなく、一部の授業において少しずつ導入して慣れてい

図5-25　時間とストレス解消のためのチップス (1)　　図5-26　時間とストレス解消のためのチップス (2)

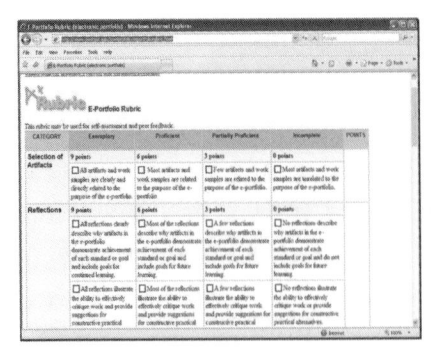

図5-27 電子ポートフォリオの
　　　　ルーブリック

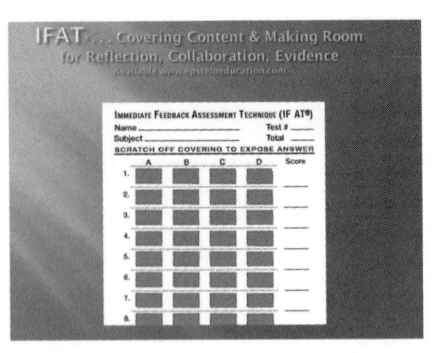

図5-28 スクラッチ・クイズ

くことが必要です。

　次のスライド(図5-27参照)は、アセスメントにルーブリックを用いることです。これはテンプレートでチェックリストのサンプルを活用することで簡単にはじめることができます。

　最後のまとめとして、ラーニング・ポートフォリオの意義としてあげられるのは、学生が省察することで学びを深め、学習を持続できるということです。また、同窓会としての役目もあります。たとえば、学生が卒業後も継続してネット上でポートフォリオを更新し続けることで大学との連携が保たれ、アメリカの大学のように「寄付金」に繋がるというメリットもあります。残りは、配布資料を参考にしてもらいますが、最後のスライド(図5-32参照)は、前出のアメリカの有名な漫画『Dennis the Menace』からの抜粋です。これは、「知

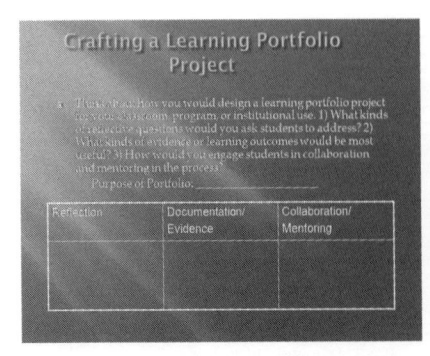

図5-29 ラーニング・ポートフォリオ・
　　　　プロジェクトのデザイン

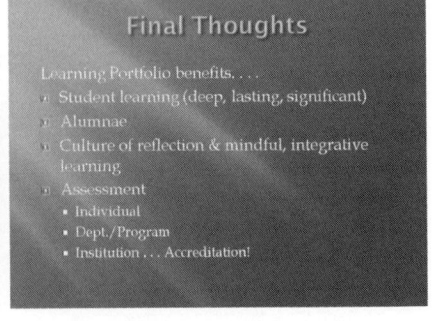

図5-30 「最後の一言」

図5-31　リソース　　　　　図5-32　漫画『Dennis the Menace』
　　　　　　　　　　　　　　　　　　のコマ

識」と「理解」の違いを示唆したものです。デニスが、「マーガレットは知識が豊富だが、ジーナの方が内容を良く理解している」と悪口を言っています。私は、これに「なぜなら、ジーナはラーニング・ポートフォリオを書いているからだ！」と付け加えるようにしています。

(文責　土持ゲーリー法一)

2　ラーニング・ポートフォリオを活用した能動的学習の実践例

　筆者の「ラーニング・ポートフォリオと『指定図書』を活用した授業実践」について以下に紹介する[4]。

　2009年7月、京都大学で『大学生研究フォーラム2009』が開催され、「大学生の何が成長しているか、その中身を考える」と題して重要な問題提起が行われた。これは、中央教育審議会『学士課程教育の構築に向けて(答申)』(2008年12月24日)において(教員が)「何を教えるか」よりも、(学生が)「何ができるようになるか」を重視する視点とも共通したもので、現在の大学教育改善の重要な課題であるといえる[5]。

　学生に「何が育っていて、何が育っていないのか」は、「単位制度の実質化」とも密接に関わる問題である。戦後日本の大学は、アメリカの大学をモデルにして単位制度が採用された。すなわち、1時間の講義に対して2時間の教室外学習を合わせた3時間で1単位と規定される。しかし、大学の現状を見れば、講義のみで単位が与えられている。換言すれば、教室内授業による「知

識」は育っているが、教室外学習が不十分なために、深い学びに繋がっていない。

同上『答申』は、第2章「学士課程教育における方針の明確化」第2節「教育課程編成・実施の方針について——学生が本気で学び、社会で通用する力を身に付けるよう、きめ細かな指導と厳格な成績評価を——」が必要であるとして、国際的に通用する授業シラバスの留意点として、「準備学習の内容を具体的に指示すること」「成績評価の方法・基準を明示すること」をあげている。

これは、授業形態の抜本的な見直しを促すもので、「一方的に知識・技能を教え込むのではなく、豊かな人間性や課題探求能力等の育成に配慮した教育課程を編成・実施する」ことを求めたものである。その原因の一つに、授業シラバスと単位制度が連携していない点があげられる。たとえば、授業シラバスに、2/3の教室外学習にあたる「準備学習等についての具体的な指示」を盛り込んだ大学は約半数に過ぎず、学生が必要な準備学習等を行ったり、教員がこれを前提とした授業を実施したりする環境にないと同『答申』は批判的に分析している。

筆者の授業では、2/3の教室外学習時間を1/3の講義に繋げるための授業を実践し、学生にラーニング・ポートフォリオ（学習実践記録）を書かせている。筆者の授業実践を図式で示せば、**図5-33「『学士力』を育てる授業実践」**のようになる。同上『答申』によれば、学士課程で育成する21世紀型市民の能力を「学士力」（学士課程共通の学習成果）との認識を示している。具体的には、知識・理解、汎用的技能、態度・志向性、そして総合的な学習経験と創造的思考力の4つである。紙面の関係で下記の図表の詳細な説明はできないが、授業は4つの枠組み（教室内授業、教室外学習、ラーニング・ポートフォリオ、MIT方式試験）から構成される。これらの4つが結合して「学士力」に繋がるとの考えである。「学士力」とは、学士課程教育共通の学習成果で個々の授業ではない。この図式は、授業方法論を示したもので、どの授業科目でも応用することができる。

筆者の授業の最終目標は、学生がラーニング・ポートフォリオをまとめることができるようになることである。「学士力」をどのように育てれば良いか、同『答申』は具体的な方法まで言及していないが、実は、知識・技能・態度、

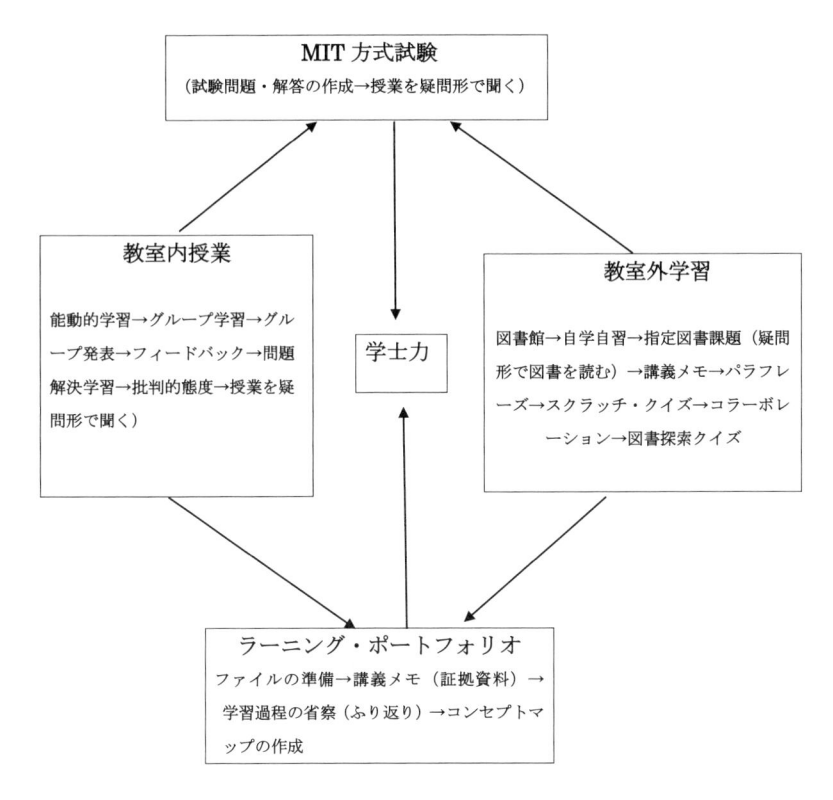

5章 ラーニング・ポートフォリオを活用した学生の学習向上と能動的学習の実践 79

```
                    ┌─────────────────────┐
                    │    MIT方式試験        │
                    │(試験問題・解答の作成  │
                    │ →授業を疑問形で聞く) │
                    └─────────────────────┘
                      ↑         ↑
                      │         │
┌──────────────────┐  │         │  ┌──────────────────────┐
│   教室内授業      │  │         │  │    教室外学習         │
│                  │  │         │  │                      │
│能動的学習→グルー  │  │ ┌────┐ │  │図書館→自学自習→指定  │
│プ学習→グループ発  │──│学士力│──│図書課題（疑問形で図書 │
│表→フィードバック │  │    │ │  │を読む）→講義メモ→パ  │
│→問題解決学習→批  │  └────┘ │  │ラフレーズ→スクラッチ・│
│判的態度→授業を疑  │      ↑   │  │クイズ→コラボレーショ │
│問形で聞く）      │      │    │  │ン→図書探索クイズ     │
└──────────────────┘      │    │  └──────────────────────┘
             ↓            │    ↓
             ┌────────────────────────────┐
             │    ラーニング・ポートフォリオ  │
             │ファイルの準備→講義メモ（証拠 │
             │資料）→学習過程の省察（ふり返 │
             │り）→コンセプトマップの作成   │
             └────────────────────────────┘
```

図5-33 「学士力」を育てる授業実践

　総合力の4つの能力は、ラーニング・ポートフォリオで測定できる。たとえば、下記の**図5-34**「評価方法と分類目標との関係」からも、ポートフォリオが4つのすべてを網羅し、測定範囲も広範であることがわかる。

　授業は、可動式机と椅子を備えた教室でグループ活動を中心とする能動的な授業形態を取り、学生によるグループ活動を促すためにウエブ版シラバスとは別に、履修学生用に約19頁の授業シラバスを作成して配布している。筆者は、シラバスを授業のシミュレーションと位置づけ、準備学習から各単元の到達目標まで明確に指示してあり、教員がいなくても「自学自習」できるようにしている。

　学生は、授業前に指定された図書を読んで、「指定図書課題・講義フィー

方法	知識			技能	態度	測定範囲
	想起 (知識)	解釈 (理解)	問題 解決			
論述試験（ペーパーテスト）	I	II	III			I
口頭試験	I	II	III			I
客観試験	III	III	I			III
Simulation Test						
筆記型	I	II	III			I
模擬患者・模擬来談者モデル			I	II	III	I
コンピューター	III	III	III			II
実施試験			I	II	III	II
観察記録			I	III	III	II
レポート	I	II	III	II	I	
ポートフォリオ	I	II	III	II	III	III

Grading: －＜＝＜Ⅰ＜Ⅱ＜Ⅲ　　　狭Ⅰ＜広Ⅲ

図5-34　評価方法と分類目標との関係

出典：「第11回北海道大学ワークショップ：単位の実質化を目指して」(71頁)
備考：拙著『ラーニング・ポートフォリオ―学習改善の秘訣』東信堂、2009年、117頁、
　　　能動的学習などの授業改善については、拙著『ティーチング・ポートフォリオ―授業改善の秘訣』
　　　(東信堂、2007年) を参照。

ドバック」(用紙) にまとめ、図書館カウンターで「図書印」(ゴム印) を押して授業に臨む。すなわち、「ソクラテス・メソッド」にもとづき、「予習しないで授業を受けてはならない」を原則とする。準備学習は、予習・復習のためだけで終わらない。授業内容と密接に繋がっている必要がある。たとえば、指定図書課題 (毎週2問) は、授業への導入である「スクラッチ・クイズ」で活用され、「遊び」から授業がはじまり、自然にグループ討論に入り、グループごとで指定図書課題を討議して意見をまとめ、他のグループと議論しながら、意見を共有して理解を深める一連の作業となっている。それはコミュニケーション能力も高める「仕掛け」となっている。グループ討論での意見を、翌週の「指定図書課題・講義フィードバック」にまとめることで、授業を「省察 (振り返る)」する時間を与え、自分の言葉にパラフレーズできるように指導している。学生がまとめる「指定図書課題・講義フィードバック」は、ラーニング・ポートフォリオのファイルに綴じられ、15回の学習過程をリフレクションしながらラーニング・ポートフォリオにまとめる一連の作業に繋がっている。

5章　ラーニング・ポートフォリオを活用した学生の学習向上と能動的学習の実践　81

　ラーニング・ポートフォリオは、下記の図5-35「ラーニング・ポートフォリオ・モデル」のように、「省察＋証拠資料＋共同作業＝学習」の一連の作業を文章化したものである。証拠資料とは、筆者の授業では「指定図書課題・講義フィードバック」のことで、共同作業とはグループ活動のことである。グループ活動がメンターリングのはたらきをする。

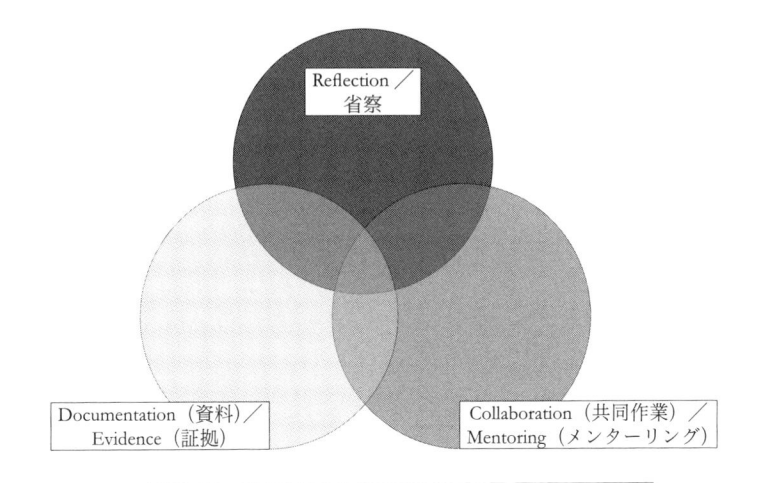

```
                    Reflection／
                      省察


Documentation（資料）／          Collaboration（共同作業）／
   Evidence（証拠）                Mentoring（メンターリング）

       Reflection（省察）＋ Documentation（証拠資料）＋
       Mentoring（メンターリング）＝ Learning（学習）
```

図5-35　ラーニング・ポートフォリオのモデル

出典：John Zubizarreta, *The Learning Portfolio: Reflective Practice for Improving Students Learning* Second Edition (San Francisco: Jossey-Bass, 2009), p.25.

　以下は、ラーニング・ポートフォリオのテークホーム課題である。学生には省察的な記述が求められる。

課題

　授業における「到達目標」がどのように達成できたといえますか、省察的記述 (Reflective Statement) のラーニング・ポートフォリオ（A4、2～3頁、ワード文書）にまとめてください。「指定図書課題・講義フィードバック」（①～⑫）を証拠資料として、ワーキング・ポートフォリオ・ファイルに綴じて一緒に

提出してください。

　ラーニング・ポートフォリオの採点基準については、採点指針・ルーブリック（配布資料）を参照にしてください。提出期限は、2008年1月24日（木）授業時とします。

授業の到達目標
1) アメリカにおけるリベラルアーツの教養教育が研究にもたらす影響についての理解を深めることができる。
2) 日米の大学を比較して、両国における「教育と研究」の違いを理解することができる。
3) 学習実践記録（ラーニング・ポートフォリオ）をまとめることができる。

　ラーニング・ポートフォリオをまとめるにあたって、以下の問いに答える形で学習過程を省察してください。
1) この授業から何を学ぶことができましたか。あるいは、逆に、学ぶことができませんでしたか。
2) どのような状態で最も学ぶことができましたか。あるいは、逆に、学ぶことができませんでしたか。
3) なぜ、学ぶことができましたか。あるいは、なぜ、学ぶことができませんでしたか。
4) 学習者として何をどのように学びましたか。
5) この授業は、他の授業の学習や人生にどのような繋がりがありましたか。
6) この授業は、実践的な学習に役立ちましたか。
7) この授業を楽しむことができましたか。それはどのような意味においてですか。
8) この授業をやり直すとしたら、学習を高めたり、向上したりするために何か違ったことをしますか。

　上記のすべての問いに応える必要はありませんが、授業における学習過程を省察するヒントを与えてくれるはずです。

さらに、**表5-1**のようなルーブリックを作成して、ポートフォリオの課題と一緒にして学生に渡している。「ルーブリック」は、学生のみならず、教員の評価指針としても役立つ。また、ラーニング・ポートフォリオの採点後、学生に返却するときにも、同じ「ルーブリック」にマークをつけて返すことで、学生はどの点が評価されたかがわかり、今後の学習改善に繋げることができる。

表5-1 ラーニング・ポートフォリオ採点指針（ルーブリック）

弘前大学21世紀教育テーマ科目：「国際社会を考える（D）——日米大学の比較から見た教育と研究の現状」ラーニング・ポートフォリオ評価 ルーブリック（採点指針）

項目／評価基準	A＋（60点） A （50点）	B＋（40点） B （30）	C（20点）	D（10点）
内容	ポートフォリオに要求されているすべての資料（指定図書課題など）が含まれている。	ポートフォリオに要求されているほとんどの資料（指定図書課題など）が含まれている。	ポートフォリオに要求されているいくつかの資料（指定図書課題など）が含まれている。	ポートフォリオに要求されている資料（指定図書課題など）がほとんど含まれていない。
証拠資料の選択	証拠資料が学生の進歩や到達目標（授業シラバスの3項目）のすべてを示している。	証拠資料が学生の進歩や到達目標（授業シラバスの3項目）の一部を示している。	証拠資料が学生の進歩や到達目標（授業シラバスの3項目）のわずかしか示されていない。	証拠資料がでたらめである。
構成	ポートフォリオが完全かつ緻密に構成され、事柄を容易に見つけることができる。	ポートフォリオが上手に構成されているが、事柄を見つけるのに少々困難である。	ポートフォリオがある程度上手に構成されているが、事柄を見つけるのに少々困難である。	ポートフォリオの構成が試みられているものの、事柄を見つけるのに困難である。
文体	スペル、句読点、文法に関してエラーがない。	スペル、句読点、文法に関して若干のエラーがある。	スペル、句読点、文法に関してエラーが明らかである。	スペル、句読点、文法に関してエラーが多すぎる。
省察	省察（学習に対する反省）のすべてに個人的反省が含まれ、記述的・洞察的である。	省察（学習に対する反省）のほとんどに個人的反省が含まれ、記述的・洞察的である。	省察（学習に対する反省）の一部に個人的反省が含まれ、記述的・洞察的である。	省察（学習に対する反省）のわずかに個人的反省が含まれ、記述的・洞察的である。

注：平常評価 ポートフォリオ（60点満点）＋出席（10点満点）＝合計70点〕
出典：http://www.umes.edu/education/exhibit/docs/PORTFOLIO%20RUBRIC.doc の "Portfolio Rubric" を参照して作成。拙著『ラーニング・ポートフォリオ―学習改善の秘訣』東信堂、2009年、148頁。

次に、能動的学習を促す MIT 方式試験について紹介する。筆者の授業では、最後の授業の1週間前に、学生に単元ごとの試験問題（解答も含めて）を作成させて提出させる。それらを参考に筆者が最終試験問題を作る。これは、MIT（マサチューセッツ工科大学）が推奨する方式で、授業に学生を能動的に関与させるねらいがある。学生は、試験問題を作成するために授業に集中し、考えながら授業を受けなければならない。学生から提出された試験問題の傾向を見るだけでも、学生がどのようなことに関心を持って授業を聞いたかがわかる。学生は、試験問題を作成することで授業内容をより深めることができる。期末試験は、学習過程を評価する一つの方法であることから、学生が授業で何を学び、何に興味をもったか学生から提出された試験問題から知ることができ、教員の授業改善にも繋がる効果がある。

　学生は、学習過程を省察しながらラーニング・ポートフォリオをまとめるが、もし、15回の授業をうまく繋げることができれば、さらに深い学習に繋げることができる。

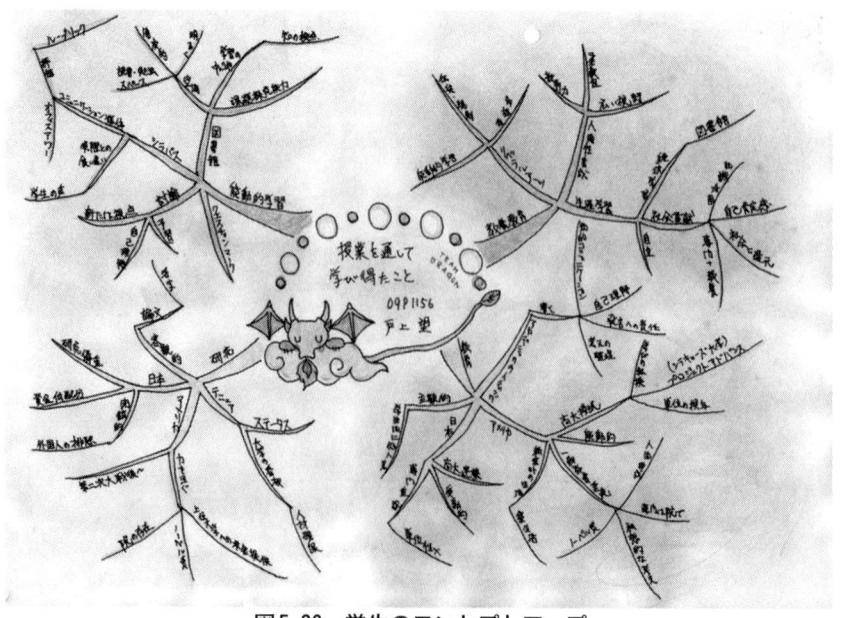

図5-36　学生のコンセプトマップ
出典：戸上望　弘前大学教育学部学校教育教員養成課程1年

そのような反省から、2009年度から学生にポートフォリオを書かせる前に**図5-36**のような「コンセプトマップ」を作成させ、全体像を把握させたうえでラーニング・ポートフォリオを作成させるように指導している。これは教員にも学生が授業全体をどのように理解しているかを知るうえで役立っている。

学生から提出されたラーニング・ポートフォリオの内容を十分に紹介できないが、事例を少し紹介すれば、たとえば、「学習過程の省察」に対して、「課題図書を読む、仲間と討論する、ほかのグループの意見を聞く、先生からの内容について詳しく説明をもらう、授業が終わった後でその回を振り返る、……という様々な過程を経て学んでいた。それぞれの過程において、とても充実した学びの時間を過ごせていたと思う。だがこの中で最も学んでいたと感じた状態は、やはり討論の場において互いに意見をぶつけ合うことだった」（教育学部学校教育教員養成課程1年女子学生）あるいは「いつ、学ぶことができたかと言えば、この授業に関する学習を行っている時間全てにおいてである。

写真5-1　ジョン・ズビザレタ教授を囲んだ学生と筆者、2009年11月

備考：ラーニング・ポートフォリオの詳細については、拙著『ラーニング・ポートフォリオ―学習改善の秘訣』（東信堂、2009年）を参照。

なぜなら、自ら疑問を持ちながら、文献を調べ、討論をすることがとても楽しいからである。自学自習する力の大切さに気付いたとか、教師になって授業するときに参考になるといったこともももちろんあるが、なによりもこの授業では、楽しみながら学習することができ、とても満足している」(教育学部学校教育教員養成課程1年男子学生)というフィードバックがあった。

　最後に、2009年11月、ラーニング・ポートフォリオの権威者・アメリカのジョン・ズビザレタ教授（コロンビア・カレッジ）を筆者の授業に招いて日米大学の学生比較やラーニング・ポートフォリオについて学生と一緒に語り合った経験は大きな収穫であった。

6章　ティーチング／ラーニング・ポートフォリオを活用した授業評価と授業改善への取組み

　弘前大学は、文科省特別教育研究費「ティーチング・ポートフォリオを活用したFD活動の展開」を受け、ティーチング／ラーニング・ポートフォリオを活用した授業評価および授業改善に取り組んでいる。本章は、弘前大学が「教育者総覧（弘前大学版ティーチング・ポートフォリオ）」や「同僚によるメンターの役割」などの活動を通して、授業評価や授業改善に取り組んでいる事例を紹介したものである[1]。

1　弘前大学6月FDワークショップ

　これは、弘前大学21世紀教育センターおよび教育・学生委員会主催による1泊2日の研修における授業改善のために授業シラバスを見直しや改善のためのワークショップである。テーマを「単位制度の実質化を図るための能動的学習の実践——ラーニング・ポートフォリオの活用」と題して、「第7回弘前大学FDワークショップ日程表」（巻末資料を参照）にもとづいて実施された。
　周知のように、『大学設置基準』の一部改正により、大学が授業の内容及び方法の改善を図るための組織的な研修及び研究を実施するファカルティ・ディベロップメント（FD）が義務化されたことを踏まえ、中央教育審議会大学分科会は「学士課程教育の構築に向けて」（平成20年12月24日）を答申した。同答申は、国際的な大学改革の流れに対応すべく「学習成果」を明確にし、教員が「何を教えるか」よりも、学生が「何ができるようになるか」に力点を置いたもので、大学の授業形態の抜本的な見直しを促したものである。具体的には、教育課程において「一方的に知識・技能を教え込むのではなく、豊かな人間性や課題探求能力等の育成に配慮した教育課程を編成・実施する」ことが求められている。9割以上の大学でシラバス作成が実施されているに

もかかわらず、十分に機能していないのが実情である。その原因の一つに、授業シラバスと単位制度が連動していないことがあげられる。たとえば、授業シラバスに「準備学習等についての具体的な指示」を盛り込んだ大学は約半数に過ぎず、学生が必要な準備学修等を行ったり、教員がそれを前提とした授業を実施したりする教育環境にない現状を省みて、授業シラバスの抜本的な改善を提言した。単位制度の実質化のためには、能動的学習の実践が不可欠であり、そこでの授業評価は、従来の筆記試験やレポートによる評価だけでは不十分であり、ラーニング・ポートフォリオの活用が強く望まれる。

平成21年度弘前大学FDワークショップは、同中教審『答申』を踏まえ、国際的に通用する授業シラバスのあり方を視野に入れ、授業目標、授業方法、さらに成績評価についての相互研修を行い、学生の視点を授業シラバスに反映させるために、学生参加型を採用し、教員と一緒に10名の学生が参加した。10名のうち5名の学生は、授業でラーニング・ポートフォリオを作成した経験があり、自らが作成したラーニング・ポートフォリオを配付資料で紹介しながら、各テーブルに分かれて授業シラバスと成績評価を関連づけながら、学生側からの意見を積極的に述べるなど重要な役割を担った。とくに、同日

写真6-1　第7回 弘前大学FDワークショップ参加者

夕方（巻末資料「日程表」を参照）の学生による話題提供「学生から見た『学ぶ』とは何か――ラーニング・ポートフォリオを書いてみて――」(50分) は、学生からのフィードバックを直接に聞くというユニークな試みであった。これまでは、授業評価や授業改善が教員の視点からだけのものであったが、学生の視点を通して「学ぶ」とは何かについて自由闊達な意見が出された[2]。

　FDワークショップに対するアンケート調査によれば、学生と教員が授業について自由に討論できたことの意義をあげるものが多く見られた。たとえば、「やる気のある学生が参加していて、その意見は非常に参考になった」あるいは「学生が参加したことは客観性が保たれたという点でより良いFDワークショップとなっている。具体的な改善点も見えてきたと思われる。特にラーニング・ポートフォリオ」などと学生参加型の意義を評価する記述が見られた。また、「講義に対する意識が少し変わりました。色々と講義で試してみたくなりました」というように、自らの授業を見直す機会になったとの記述もあった〔詳細は、『21世紀教育センターニュース』（弘前大学）第15号（平成21年9月）を参照〕。

写真6-2　学生を中心とする各グループ作業の風景

2　弘前大学11月FDワークショップ

　11月FDワークショップも、21世紀教育センターおよび教育・学生委員会主催による1泊2日の研修プログラムで、内容は「メンターリングと教育者総覧」をテーマとしたもので、弘前大学独自の授業改善への取り組みであると位置づけている。

　優れたティーチング・ポートフォリオが書けるかどうかは、偏にメンターにかかっていると言っても過言ではない。2009年3月21日の京都大学高等教育研究開発推進センター主催「第15回大学教育研究フォーラム」のラウンドテーブル「ティーチング・ポートフォリオ作成ワークショップから見えた今後の課題と可能性」で、東京農工大学大学教育センター・加藤由香里准教授は、「メンターの役割」と題して発表し、以下のような図表を紹介した。

　なぜ、ティーチング・ポートフォリオにおいてメンターが重要なのか。それは、教員に授業を「振り返らせ」、教員の授業哲学（Teaching Philosophy）がどのようなものであるかを考えさせる働きをするからである。「メンター」は、

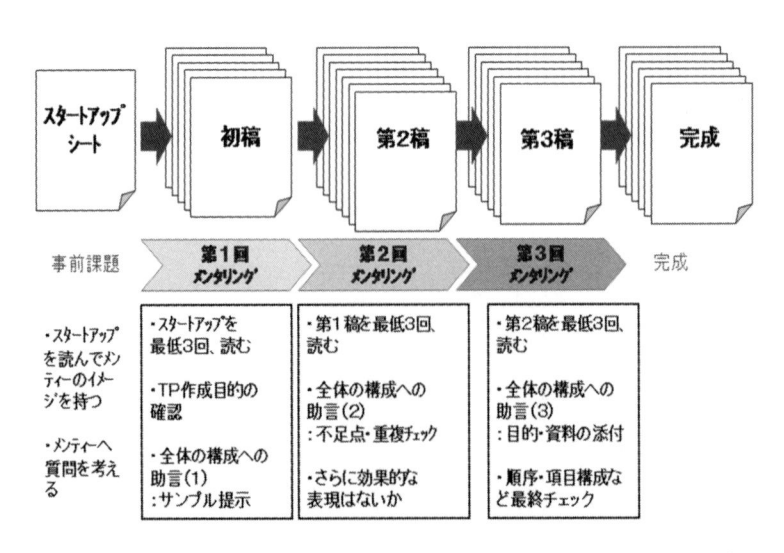

図6-1　ティーチング・ポートフォリオ作成の流れ（メンターの役割）

出典：加藤由香里「メンターとして」『第15回大学教育研究フォーラム』ラウンドテーブル「ティーチング・ポートフォリオ——作成ワークショップから見えた可能性と課題——」

「コーチング」と同じように使われるが、厳密には違う。詳細は、拙著『ラーニング・ポートフォリオ──学習改善の秘訣』(東信堂、2009年)を参照してもらいたいが、コーチングが外からの「変化」を促すのに対して、メンターは内からの「省察」を促すものである。

どのようにメンターを養成するかは、今後のティーチング・ポートフォリオの展開とも関連して重要な課題である。

メンターは、もともと経験豊かな先輩教員が後輩教員(メンティー)に助言・指導を与えるもので、ティーチング・ポートフォリオの作成だけに限ったものではない。北米のように、FD/EDデベロッパーがいるところでは、彼らがメンターの役割を果たすことができるが、日本のように教員がFD/EDを兼ねる場合は、どのようにメンターを養成するか重要な課題である。徳島大学・大学開放実践センターでは、10年以上の教育経験者で他の教員にメンターとして接することのできる教員の能力を向上するための「FDリーダーワークショップ(1泊2日の合宿研修)」を行っている[3]。ティーチング・ポートフォリオのメンターになるには、自らティーチング・ポートフォリオを作成した経験を有していることが望ましいことは言うまでもない。カナダのダルハウジー大学のティーチング・ポートフォリオに関するワークショップでは、メンターのとして資格が与えられる教員は、ベスト・ティーチャー賞を受賞したり、評価審査委員会委員を歴任したりした経験者あるいは学部長経験者が含まれることが一般的である。メンターは、ティーチング・ポートフォリオの書き方のノウハウを指導するのではなく、教員自身に「振り返らせ」、気づかせるためにメンタリングをする。経験豊富なメンターであれば、上手に引き出すことができるだけでなく、どのような点が審査委員に注目されるかも熟知している。一人のメンターが、メンタリングできる人数は3〜5名程度である。

2009年8月3日、大学評価・学位授与機構主催による大学評価フォーラム「内部質保証システムの充実をめざしたアカデミック・リソースの活用──個性ある大学づくりのために──」が開催された。同フォーラムのパネルディスカッションでは、先駆的な取組みで注目される愛媛大学・柳澤康信学長が「ティーチング・ポートフォリオ導入に向けた取り組み」と題して事例報告を

した。この中で愛媛大学におけるメンター養成に関するワークショップの事例が紹介された。専門職としてのメンターを養成することは重要であるが、膨大な時間とエネルギー、そしてコストがかかる。同パネルディスカッションで、国際基督教大学における「昇進のための自己評価報告書」の事例も紹介されたが、同大学ではメンターリングの指導は行っているが、必ずしも専門職としてメンターがいるわけではなく、専門家がいなくてもできる事例も報告された。

　弘前大学では、弘前大学版ティーチング・ポートフォリオ「教育者総覧」をウエブ上で公開していることが『読売新聞』「教育ルネサンス」で紹介されたことがある。「教育者総覧」の記入項目は、①授業に臨む姿勢、②教育活動自己評価、③授業改善のための研修活動等、④主要担当授業科目の概要と具体的な達成目標、⑤具体的な達成目標に対する達成度で、最近、学生の自由記述アンケートに対応するために、新たに、⑥学生からの要望への対応のための項目を加えた。

写真6-3　ダルハウジー大学テイラーセンター長を囲んで／2008年11月FDワークショップ参加者

6章　ティーチング／ラーニング・ポートフォリオを活用した授業評価と授業改善への取組み　93

　これはティーチング・ポートフォリオとしては不十分である。なぜなら、教員の自己申告にまかせるため、メンターによるメンタリングのプロセスを経ていないからである。そのような反省から、弘前大学 FD ワークショップでは、昨年度(2008年) 11月、カナダのダルハウジー大学リン・テイラー博士を特別講師に迎え、ティーチング・ポートフォリオの核心であるティーチング・フィロソフィー(授業哲学)に関するセミナーを行った。セミナーの後、カナダのダルハウジー大学でティーチング・ポートフォリオ・ワークショップに参加して「認定書」が授与された教員(8名)がメンターとなって、各学部から参加した教員(15名)のメンタリングを行った。今年(2009年)11月は、ラーニング・ポートフォリオに関するアメリカの権威者コロンビア・カレッジのジョン・ズビザレタ教授を招聘して、ラーニング・ポートフォリオに関する全学 FD 講演会「ラーニング・ポートフォリオを活用した学生の学習向上」(Enhancing Student Learning with the Learning Portfolio)、そして FD ワークショップでは、「ティーチング・ポートフォリオ──省察的実践と授業改善と授業評

写真6-4　同僚教員メンターからメンタリングを受ける同僚教員メンティー

価のためのメンタリング」(The Teaching Portfolio: Reflective Practice & Mentoring for Improvement and Assessment of Teaching) のセミナーを行い、それを受けて、昨年と同様、同僚教員によるメンタリングを行う。今年は、昨年メンタリングを受けた教員もメンターとして加わり、徐々にメンターとなる同僚教員の数を増やしていくことにしている。このように、本学では全国の大学に先駆けて、同僚教員がメンターとして重要な役割を担い、自らの授業を「振り返り」、改善と向上に努めている。

　メンタリングを受けた結果、どのような変化が見られるようになったか。「ワークショップ前」と「メンタリング後」を比較することで、メンターの役割およびメンタリング機能がどのようなものかを知ることができる。たとえば、「教育者総覧」の項目の①授業に臨む姿勢は、教員の授業哲学に相当する最も重要な部分であるが、以下の事例は、メンタリングを受けた後の変化を示した参加教員からのものである。

【FD ワークショップ前】

　心理学はひとつの答えがある学問ではなく、ものの見方や考え方そのものについての学問であり、そこが面白いところだと考えています。

　授業では、単に既存の理論や法則を学んでもらうのではなく、さまざまな見方や考え方に触れ、また自分なりの考えを持つことができるようになることを目指し、実験や実習、討論などを取り入れていきたいと考えています。

【FD ワークショップ後】

　心理学はひとつの答えがある学問ではなく、ものの見方や考え方そのものについての学問であり、そこが面白いところだと考えています。

　授業では、単に既存の理論や法則を学ぶのではなく、ディスカッションを出来るだけ多く行いたいと考えています。これは、さまざまな見方や考え方に触れ、また自分なりの考えを持つことができるようになることを目指しているからです。

　このような授業を通して、客観的で柔軟で謙虚な(独りよがりや思い込みではないという意味で)ものごとの捉え方や他者とのふれあい方、さらには自分

自身のあり方を感じ、考え、それを身につけるきっかけになればと考えています。

　なお、主要担当授業科目は教育学部の自己形成科目群に位置づけられる「心理学演習」です。

【メンターリング後】

　心理学はひとつの答えがある学問ではなく、ものの見方や考え方そのものについて学ぶ学問であり、そこが面白いところだと考えています。そのことについて学生にもっと知ってもらいたいので、学生の主体性・能動的学習を尊重したいと考えています。

　具体的には、学生に単に既存の理論や法則を学ばせるばかりでなく、ディスカッションなど双方向授業、参加型学習を目指しています。これが私の授業哲学でもあり、物事のさまざまな見方や考え方に触れ、自分自身のあり方に気づき、自分の考えを確立してもらいたいと考えています。これは、学生が社会に出てからもアイデンティティに基づいての社会貢献につながるものだと考えるからです。

　以上の弘前大学の事例からも、同僚教員がメンターとしての役割を担うことができる。ティーチング・ポートフォリオの作成には、省察、共同作業（メンターリング）、証拠資料の3点が重要である。すなわち、そこでは共同作業がメンターリングの役割も果たす。優れたメンターの必要条件としては、傾聴 (Deep Listening) と効果的な発問 (Powerful Questioning) が求められ、メンティーに「振り返らせ」、考えさせることが重要であり、メンターの価値観を押しつけることではない。そのために、専門分野外の人がメンターになることが望ましいこともある。

　弘前大学においは、ティーチング・ポートフォリオを教育業績評価だけに限定するのではなく、積極的に授業改善に活用するために、学生参加型のFD ワークショップを通して教員の授業実践を「振り返らせ」、授業改善に繋げるように努めている。また、学生の成績評価にラーニング・ポートフォリオを活用することは、学生が何を主体的に学び、どのように学習成果に繋げ

ているかのバロメーターとしても機能している。まさしく、ティーチング／ラーニング・ポートフォリオの活用は、授業評価および授業改善にとって不可欠であり、今後、どのように継続・展開させていくかが大きな課題である。

添付資料

第7回弘前大学FDワークショップ日程表
会場：青森ロイヤルホテル（大鰐町）

月日 時間	第1日 平成21年 6月13日（土）
8：30	弘前大学総合教育棟前集合 受　付
8：40	弘前大学総合教育棟前発→青森ロイヤルホテル到着（9：20） （バス乗車）研修開始：オリエンテーション
9：15	青森ロイヤルホテル到着　玄関前で記念写真　撮影後ワークショップ会場へ
9：30	挨　拶「教員の夢と希望」　　　　　　　　　　　副学長　須藤新一
9：45	挨　拶「学士力（学士課程の学習成果）の育成と成績評価の厳格化」 センター長　木村宣美
10：00	ミニレクチャー「21世紀教育のFD活動」 FD・広報専門委員長（副センター長）大高明史
10：35	ミニレクチャー「FDの動向：ファカルティ・デベロップメント（FD）から エデュケーショナル・デベロップメント（ED）への移行」 FD・広報専門委員（副センター長）土持法一
11：10	休　憩（10分）
11：20	研修のオリエンテーション「初任者研修－ティーチング・フィロソフィー（授業哲学） と教育者総覧」　　FD・広報専門委員（副センター長）土持法一
11：45	昼　食（60分）
12：45	ミニレクチャー「学習目標」－「中央教育審議会『答申』と単位制度の実質化」 （25分）　グループ作業Ⅰの課題説明（5分）
13：15	グループ作業Ⅰ「授業の設計1：授業の副題・目標の設定」（60分）
14：15	各グループ発表・全体討論（50分）　司会進行：FD・広報委員　長南幸安
15：05	休　憩（15分）
15：20	ミニレクチャー「学習方略」－「中央教育審議会『答申』と授業シラバス」 （25分）　グループ作業Ⅱの課題説明（5分）
15：50	グループ作業Ⅱ「授業の設計2：（目標の手直し）と学習方略」（60分）
16：50	各グループ発表・全体討論（50分）　司会進行：FD・広報委員　田名場美雪
17：40	休憩（5分）
17：45	話題提供「学生から見た『学ぶ』とは何か－ラーニング・ポートフォリオを 書いてみて－」（50分）　　FD・広報専門委員（副センター長）土持法一
18：35	休憩（宿泊室の鍵渡し）（15分）
18：50 21：00 22：00	夕食・懇親会

	第2日　平成21年　6月14日（日）
7:30	朝食
8:30	ミニレクチャー「評価」—「ラーニング・ポートフォリオと評価基準」（25分）　グループ作業Ⅲの課題説明（5分）
9:00	グループ作業Ⅲ「授業の設計3：(学習方略の見直し）と評価」（60分）
10:00	各グループ発表・全体討論（50分）　司会進行：FD・広報委員 内海　淳
10:50	休憩（10分）
11:00	参加者の個人的感想や意見（60分）司会進行：大高FD委員長、土持委員
12:00	昼食（60分）
13:00	青森ロイヤルホテル発（バス乗車）
13:40	弘前大学総合教育棟前着

3　学生のラーニング・ポートフォリオ

(事例①)

　　　　　　　ラーニング・ポートフォリオ——変化の過程——

教育学部　学校教育教員養成課程　小学校教育専攻
橘　翔子

1) アメリカにおけるリベラルアーツによる教養教育が研究にもたらす影響について

　私はアメリカの教育体制についてほとんど無知だったので、この授業を通して学んだことはたくさんある。まず、日米の大学の授業体制でもっとも違うことはアメリカの大学は学生がとても能動的であること、そして日本の大学の学生は受動的であるということだ。私たちが学問に対して能動的になるためにはアメリカの授業体制を真似る必要があるのではないだろうか。普段、私たちは講義形式の授業が多いがその講義に対して「？」を付けて聞くことはない。私がこの授業を通して一番変わったことは講義や指定図書に対して常に「？」を付けて聞いたり読んだりするようになったことだ。そうすることにより授業に対してとても能動的になった。アメリカの研究が世界のトップクラスである背景には一般教育が関与している。私は大学とは専門教育を学ぶところだと思っていた。だから、4月に大学に入学して自分で時間割を作る際に「21世紀教育」を必ず履修しなければならない意味がわからなかった。私は小学校教師になりたいのだから、そのための専門知識を学ぶべきだとこの授業を受けるまで思っていた。

しかし、そうではないのだ。一般教育は他の科目に幅を与え、視野を広げさせる。その土台の上で専門知識を深めて初めて「学ぶ」ということとなるのだ。アメリカにおけるリベラルアーツによる教養教育が研究に影響を与えているのは、学生が大学四年間を一般教育に費やしているからなのだ。教育と研究はバランス良くなければならない。良い教育を受けなければ良い研究は生まれないのだ。それでは良い教育とはどんな教育なのだろうか。教授の講義をひたすらメモを取ることだろうか。それは違うと思う。学生が能動的に授業に参加する授業こそ良い教育をしているということではないだろうか。私はこの授業で相手の意見を聞き入れることを覚えた。自分の意見を誰かに聞いてもらい、共感し合い、話し合った上で新しい意見が生まれる。一見簡単なことのように見えるが、意見を聞き入れること、伝えることがこんなにも難しいことだとは思わなかった。他の授業ではこんな貴重な体験は出来ないだろう。確かに、毎週図書館に通い、指定図書を読んで自分の意見を考えることは大変であった。予習なしでは受けることの出来ないこの授業は、毎週私に良い緊張感を与えた。講義ノートを1回から12回分まで目を通してわかるように、最初は指定図書の内容をただ丸写ししていた講義ノートが後半は自分の意見や「？」をつけた疑問文しか書かれていなかった。たった3ヶ月で自分でも自分の変化に気付くほど、私は授業に対する姿勢が変わった。アメリカではこのような変化が良い教育、研究に繋がっているのだろう。「？」を付けて聞くこと、人を自由にする学問という伝統的な教育精神を持つリベラルアーツによりこんなにも能動的になれるのだ。この授業をこれから生かす方法を考えた。それは自分が教師になってこれからの未来を担う子供たちにこの授業で学んだ知識を伝えることだ。これが「還元する」ということだと私は考える。

2) 日米の大学における「教育と研究」の違い

　日米で研究にレベルの違いが生じる原因は、両国の教育の形態の違いによるものだ。これは教える側にも大きな責任を伴う。大学教授が学生に対して何を教えるかという考えは通用しない。学生にとって何が出来るようにするかということに力を入れるべきなのだ。この分野においてシラバスの存在の意味はとても重要だ。シラバスを教師と学生間の契約書だという考えに私は感銘を受けた。そういう考え方もあるのかと驚かされた。

　日米いずれにしても教育で大切なことは省察することと熟考することだ。自分自身を見極め、知るための媒体が省察である。熟考は読んで字の如くである。日本の学生はこの二つが足りないのかもしれない。社会には様々な媒体があり、反省しなければならないことがたくさんある。そのためにポートフォリオがあり、ポートフォリオは学習過程や自分自身を振り返る能力を求めている。今、

自分もポートフォリオを作成するにあたって学習過程を振り返り、反省したりしている。アメリカではティーチング・ポートフォリオという教師たちのためのポートフォリオが普及している。そうして教師と学生が互いに互いを振り返り、改善することによって教育とともに研究も向上しているのだ。学習者として実際に経験してわかるが、きっとこの授業もポートフォリオという課題を出されない限り学習過程や自分自身を振り返ることなどしなかったと思う。他の教科も同様だ。結局は受動的な授業を受けていることと同じになってしまう。それでは時間を無駄遣いしているということになる。私たちはもう生徒ではなく学生なのだから、時間をもっと有効利用しなければならない。

　日米の大学における教育と研究の違いは、1) でも述べたとおり専門教育と一般教育を受ける期間に相当していると思われる。一般教育に時間を費やすアメリカと早い段階から専門教育を始める日本。アメリカでは四年間の教養教育が大学院での研究にも繋がっているが、日本では大学院には繋がらないと主張している。しかし、実際に教育や研究において成果を上げているのはアメリカである。日本の教育は型にはまりすぎている。もっと視野を広げ、様々な国の教育制度を取り入れてみてもいいのではないだろうか。束縛されない自由の精神を持つリベラルの考えをもっと日本の大学に広めてほしい。

　私も今思い返せば小学生の頃からずっと型にはまった学習をしていたのかもしれない。どんな疑問に対しても答えは一つしかないと思っていたし、先生の言うことが全て正しいと思っていた。しかし、この授業を受けてわかった。答えなど決まっていないし、一つしかないわけではないのだ。実際、全員が同じ指定図書課題を読んできているのにそれに対する意見は私の想像範囲を超えるものばかりだった。自分と同じ意見を持っている人などほとんどいなかった。今さらだが、学生になってやっと他の人の意見に共感するということを覚えた。たくさんの人の意見を聞き、自分の中で考え方の視野が広がった。その点ではこの授業はとても楽しかったし、受けて価値のある授業だった。

　この授業のもう一つの素晴らしさはこのラーニング・ポートフォリオだ。これを書くことにより今までの学習過程を振り返ることができるとともに自分の変化にも気付かせてくれる。そしてこれからの課題発見にも繋げてくれる。自分にとってプラスになることばかりである。しかし、ラーニング・ポートフォリオは主観的になりがちなのでやはり第三者の手助け、または評価が必要になる。

　この授業を還元するためにも、この授業で学んだ知識を忘れないようにし、これからの生活に活かしていきたい。

(事例②)

ラーニング・ポートフォリオ
学びとは——私の変化——

教育学部　養護教諭養成課程
豊崎ひかり

はじめに

　昨年(2008年)10月から始まった「国際社会を考える(D)」の授業も終盤を迎え、こうしてまとめのポートフォリオを書く時期になってしまった。思えばこの授業を取ったきっかけは去年(2007年)の4月「教育学の基礎」でゲーリー先生に出会い、初めの授業を聞いた時から、後期にはこのテーマ科目を取ろうと決めていた。そうして待ちに待ったこの授業が始まり、半年ほど学んできた中で私が得たことを、学習への省察と併せて記していくことにする。

　1) この授業から何を学ぶことができたか

　大きく言うと、アメリカの大学事情、特にリベラルアーツについて学ぶことができた。第1回の授業で出た指定図書課題は『モナリザ・スマイル』という洋画で、ジュリア・ロバーツ演じる美術教師がリベラルアーツ・カレッジに赴任し、そこで奮闘するというストーリーである。私はそれまでリベラルアーツ・カレッジについては全く知らなかったが、この映画を見ることで、大学の雰囲気や授業の進め方など大まかな概要が理解できたように思う。授業を疑問視し、たくさん質問をすることで、自ら学ぶという姿勢が育まれていくのだ。この姿勢から私も、ただ一方的に授業を受けるだけではなく、自分から能動的に受けるように心掛けようという意識が生まれた。これは授業開始時から今まで学んで来た中でだんだんと大きくなっていった気持ちであり、また他の教科にも当てはまっていったと感じる。この教科を取ったおかげで、高校生からは成長し変化した大学生としての学び方をも体得することができた。

　また、第4回、第5回、第11回の授業で取り扱った「研究と教育」の関係についても大きな発見があった。私は今まで日本の研究重視の課程に疑問を持ったことはなかったが、アメリカの教育重視の課程を見て行くにつれ、教育という大きな指針を持つことの大切さを知った。特に私は教育学部に所属しており、教育については前期から様々な授業で学んできている。しかし、ゲーリー先生の話を聞き、教授の立場や大学院の立場から「研究と教育」のバランスの取り方を自分なりに考えた結果、どちらかに偏るのではなく、両立させることが重要なのだと気がついた。特に第11回の大学院について学んだ際には、ジョンズ・ポッ

プキンズ大学の信念「研究と教育の相互依存」に感動し、これが理想の大学なのだと感じた。日本でこの状態を確立するために改善点は多々あるが、まずは学部で一般教育にもっと力を入れ、リベラルアーツ的な要素をもっと組み込んでいくと良いのではないだろうか。

　何より、こうして授業を吸収して自分の意見をより良く変化させ、授業で終わらず次へつなげようとする姿勢が、一番大きな学びだと考える。

　2）どのような状態で（なぜ）学ぶことができたか
　まずこの授業の大きな特徴は、21世紀教育の中で唯一と言っても良いだろう、グループ学習が行われているということだ。最初にグループ分けをしたときには知り合いもいないし、どこのグループに入ればいいのか分からなかったが、結局は人文と理工の入り交じる班に唯一の教育学部生として入ることになった。最初は不安でいっぱいだったが、こうして学期の終わりに授業を振り返ってみると、今までの授業の中で様々な角度から物事を見、それを班員全員で共有できたことは素晴らしかったと思う。文系か理系かで見方は異なるし、男性か女性かでも意見は異なるが、国際社会という目線で考えてみると本当に数え切れないほどの見方が現れるのだ。例えば第4回の授業では、「人種のるつぼ」と呼ばれるほど多彩なアメリカの新入生たちを対象に授業の案内をする大学独自のオリエンテーションについて、第8回の授業では、様々な人種や国籍の学生らに正しく授業を理解してもらおうと授業改善を行うファカルティ・デベロップメント（FD）の取り組みについて扱われた。学生一人ひとりに合わせた授業というのは本当に難しいことだが、予習という作業を行うことで学生側からも授業目的の達成に近づいていくことができるのではないだろうか。教授と学生の両方向からの歩み寄りが大切なのだと私は考える。

　その予習のために、先生から毎週「指定図書課題」をもらっていたことも学習の大きな手助けとなった。第7回の授業で取り扱った図書館の役割についてのグループ共有の中でも出ていたのだが、この授業で課題が出ていることによって、図書館に行き自主学習をするという癖を身につけることができた。最初の授業の際先生からに言われたソクラテス・メソッドは、この課題のおかげで成り立っていたといっても過言ではないだろう。

　3）学習者として何をどのように学んだか
　予習と共に復習がなされていたことが、学習者としての基本になったと思う。次の回の予習をする前に前回のまとめとして講義ノートを記したことで、前後との繋がりを把握しながら進めていくことができた。物事の関係性を作っていくという点で大事なことだと考える。

また、第10回の授業で大学は「書物の機関」と称されたが、当に書物の機関である図書館に出入りできたことが、私にとってはとても嬉しいことである。「故きを温ね新しきを知る」という言葉があるように、図書館という場所には古くからの知恵がたくさん詰まっている。アメリカの大学生ほどではないが、図書館を身近に感じられ、よく足を運ぶようになった。図書館という貴重な場所について学んだことは、真の学習者として基礎基本になるのではないだろうか。

　4）この授業は、他の授業の学習やこれからの人生にどのようなつながりがあったか
　他の授業に対しても、自ら学ぶという姿勢を持つようになった変化を上記したが、ここではもう一つ挙げておきたい。それは自分の専門教科に対する評価の仕方について、である。この授業を受けるまで私は、専門教科内で教わることに何の疑問も感じずにいた。また21世紀教育の時間内で、専門で教わった内容と多少異なった見解を述べる教授に対して、それは違うのに、などと生意気にも思ってしまっていた。しかしこの授業を通して、特に第5回の授業で一般教育について学ぶと、専門と一般は深いところで繋がっており、決して無関係でないことを知った。そして一般教育を学ぶことは専門教育への予備知識であると同時に、専門教育への批判としても利用していかなければならないと知り、本当に驚いた。私が今まで確固たるものだと思っていた専門がぐらぐらになってしまったような気持ちだったが、よくよく考えてみるとその通りだと気づいた。情報は刻一刻と変わっていく。独りよがりに正しいと思いこんで外部からの情報を遮断するのは、その分野の成長を阻害することになり本当に危険だ。上で述べたように、様々な意見を出し合い共有することは、専門教科のみならず自分自身をもより良く変化させてくれるものなのである。
　これを1年のうちに知ることができたことが私にはとても有意義だった。これからまだ21世紀教育を受けることができるし、それを専門教科に活かすことができるからだ。これからは常に物事にクエスチョンを付けつつ、固定観念を変化させつつ、楽しみながら学びたい。

　5）この授業を楽しむことができたか。それはどのような意味においてか
　弘前大学に限らず日本中の大学を探して、授業にスクラッチ・クイズを使う先生が他にいるだろうか。毎回、課題のチェックのために行われたスクラッチ・クイズを、私はとても楽しみにしていた。時には親切な易しい問題、時にはグループ6人の誰も分からないような難しい問題を。私たちのグループは中盤まで全問正解だった。これは最後まで全問正解を目指そうとグループで盛り上がっていたのだが、残念ながらその目標は達成することができなかった。しかし間違え

た問題は悔しくて、今でも問題と答えをしっかり覚えている。公立はこだて未来大学のユニークな学習は「プロジェクト学習」だし、1984年にアメリカの大学生が最も参加したボランティア活動は寄付活動である。

　楽しみながら、ゲーム感覚で勉強ができるなら、こんなに効率の良いことはないだろう。ただひたすら板書を移すだけの授業に比べて、学ぶ意欲も実際に学んだことも遥かに大きい。グループのメンバーで顔をつきあわせ、「あーだこーだ」と言いながら考えていく過程には、楽しい以上の結果がついてきた。

6) この授業をもう一度やり直すとしたら、学習を高めたり、向上したりするために何か違ったことをするか

　この授業で私は多くの発見をし、たくさんの変化を感じてきた。グループのメンバーにも恵まれて、自分だけでは絶対気付けないことを教えてもらったりもした。

　私はこの授業に十分満足しているし、悔いはない。もう一度やり直したとしても今と同じ結果になるし、そのように最大限努力してきたつもりである。

　おわりに
　こうして今までの資料を全て読み返し、ひとつひとつ省察してみると、短い間でとても濃い内容をやったんだと実感する。

　「国際社会を考える」というタイトルではあったものの、私にとっては「自分自身を見つめ直す」ものであったようにも思える。無我夢中で課題を読み、必死に自分の考えをひねり出し、グループで共有することで、一番感じられたのは「変化」の二文字だ。自分の意見が、態度が、姿勢が、想いが、変化していく様を映していたのが毎回の講義ノートだった。このポートフォリオは、その総集編なのである。

7章　アカデミック・ポートフォリオ──教育・研究・社会貢献の3分野における総合的な教員業績評価システム

はじめに

　中央教育審議会『学士課程教育の構築に向けて』(2008年12月)の答申は、FD実質化のために適切な教育業績評価も不可欠との認識を示した。教育業績の評価は、研究業績の評価に比べて難しい面もあるが、北米では教育業績が正当に評価される現状を紹介したうえで、日本は未だ普及途上にあるが、教員による教育業績記録ファイル(通称、ティーチング・ポートフォリオ)等の活用による多面的な評価の導入・工夫が必要であると提言している。具体的な改善方策として、教員人事・採用に当たっての教育業績評価については、研究面に偏することなく、教育面を一層重視するとして、「授業改善に向けた様々な努力や成果を適切に評価する観点から、教員が教育業績の記録を整理・活用する仕組み(いわゆるティーチング・ポートフォリオ)の導入・活用を積極的に検討する」ことを提言すると同時に、「教員の役割の機能分化(教育・研究・社会貢献など)に対応した教員評価の工夫について研究する」ことが必要であるとして、「アカデミック・ポートフォリオ」の検討も促した。

　教員の役割の機能分化(教育・研究・社会貢献など)に対応した教員評価の取組みは、最近、多くの大学で見られる。たとえば、弘前大学でも2008年度から大学情報データベースシステムを利用して、「教員業績評価報告書」をスタートさせた。評価対象は教育分野、社会貢献分野、管理運営分野及び診療分野、それに過去5年間を対象とした研究分野から構成される。はたして、このような方法で教員業績評価を正しく審査できるのだろうか。これでは、各分野の活動の自己評価をポイント制に換算しただけで、真の教員業績評価にも、授業改善にも繋がらない。教員業績評価は、ポートフォリオによるものでなければ意味がない。すなわち、証拠資料(学生による授業評価など)にもとづき、教員自らが授業実践の「振り返り」を通してまとめる省察的記

述（Reflective Statement）でなければならない。授業担当数や研究論文数の多寡は何ら本質を問うものではない。

　教員の教育業績評価に関しては、中央教育審議会の答申の影響もあって、ティーチング・ポートフォリオが積極的に導入されているが、教育分野、研究分野、そして社会貢献の3つの分野にもとづく総合的な教員業績評価システムである「アカデミック・ポートフォリオ」は未だ構築されていない。

　本章では、アカデミック・ポートフォリオについて、この分野で先駆的な取組みをしているオーストラリアのクイーンズランド大学における調査および担当者への単独インタビューにもとづき、教員業績評価が実際にどのように運用されているのかを紹介する。

　最近、アメリカでもアカデミック・ポートフォリオが注目されているが、アメリカとオーストラリアの違いも明らかにする。最後に、日本の大学におけるアカデミック・ポートフォリオの取組みの現状を大学評価・学位授与機構主催の2009年度大学評価フォーラムを中心に紹介する。

1　アカデミック・ポートフォリオの先駆的な取組み
　　　──クイーンズランド大学における事例

1）アカデミック・ポートフォリオを1997年より導入

　アメリカではファカルティ・ディベロップメント（FD）、カナダではエデュケーショナル・ディベロップメント（ED）と呼んでいるのに対して、オーストラリアではアカデミック・ディベロップメント（AD）と位置づけている。また、アメリカではティーチング・ポートフォリオ、カナダではティーチング・ドシエーと教育を重視しているのに対して、オーストラリアでは教育・研究・社会貢献の3つの分野を総合したアカデミック・ポートフォリオを早くから導入している。

　なかでも、クイーンズランド大学はどの大学よりも早く、アカデミック・ポートフォリオを1997年から実施し、現在、紙媒体から電子媒体のポートフォリオに移行中である。他の大学もクイーンズランド大学の影響を受けて導入の検討をはじめている。

2) 教員の身分に応じた教員業績評価システム

　クイーンズランド大学では、教員業績評価はアカデミック・ポートフォリオにもとづいて厳正に行われる。また、大学教員の身分および職務内容もアメリカや日本と大きく違い、教員評価も身分や職務内容で異なり、地位が高くなれば要求も高くなる。オーストラリアの大学は、ほとんどが州立大学なので、教員給与等の人件費は、連邦政府がほとんどを負担していることから、教員の身分・雇用条件等の大枠は全国的に同じである。州立大学の教員は、AからEレベルまで5段階等級に分けられ、それぞれに対応して職位が決められる。たとえば、Aレベルは講師以下、Bレベルは講師、Cレベルは上級講師、Dレベルは准教授、Eレベルは教授という具合である。職務内容にも区分が設けられ、研究専念教員 (Research Only, RO)、教育・研究担当教員 (Teaching/Research, T/R)、教育重点教員 (Teaching Focus, TF) に種別化される。研究専念教員とは、文字通り、研究に専念する教員で教育担当の義務はない（教育活動への参加が奨励される）。主に研究重点大学に配置される。教育重点教員とは、教育活動を重点的にする教員のことで、研究活動は基本的に求めない。教育・研究担当教員とは、これらの2種類の中間に位置するもので、教育と研究がともに職務内容に含まれる。大学教員の最も多くがこの分類に該当する[1]。教員は、種別で採用されるのではなく、採用後、自らの業績で教員評価を受ける。詳細については、後述する。

　2009年7月3日、オーストラリア高等教育研究開発協会 (HERDSA) (Higher Education Research and Development Society of Australasia, Inc.) の年次大会への途中、ブリスベンのクイーンズランド大学 (UQ) に立ち寄り、アカデミック・ポートフォリオを管理する教員業績評価担当部署の責任者ロンダ・サーマン (Rhonda Surman, Manager, Continuing Appointments and Promotions) に単独インタビューして詳しい説明を聞くことができた。

　彼女によれば、クイーンズランド大学だけがオーストラリアの大学で本格的にアカデミック・ポートフォリオの導入に成功し、現在、紙媒体から電子媒体に移行中である。アカデミック・ポートフォリオは、教員業績アセスメントとして有効に機能していると高く評価した。膨大な時間とエネルギーをかける教員業績審査ではあるが、同大学の質を向上するうえで不可欠なもの

写真7-1　筆者とサーマン、2009年7月クイーンズランド大学

で多大な貢献をしている。

　クイーンズランド大学の教員業績審査システムの特徴は、どの大学よりも早くから教育重点教員 (TF) という独自の枠を設けて教員業績審査を行っているところからも、とくに教育に重点を置いている点である。これは、研究専念教員 (RO) のように、研究だけに専念すれば良いのではなく、ティーチングのスカラーシップ (Scholarship of Teaching) が強く求められる証でもある。スカラーシップの解釈は多岐にわたるが、クイーンズランド大学では、特定分野における研究成果を指すのではなく、ティーチングのスカラーシップのことを意味する。実際、審査委員がどのように教員業績を審査するか部外者は知る機会がないが、審査委員の一人の教員に電話インタビューすることができた。審査委員は、学部長が任命する教育経験が豊富な学識者から選ばれる。この教員は、最近、審査委員に任命されたばかりであったが、任務に誇りをもっていると話した。また、審査委員としての経験から自らも多くのことを学ぶことができたと振り返った。審査委員としての経歴は、自らのアカデミック・ポートフォリオの中に業績として加えられる。この教員もアカデ

ミック・ポートフォリオによる教員業績評価システムは、有効に機能していると満足していた。

3) クイーンズランド大学「学生による授業評価調査」

クイーンズランド大学は、オーストラリアを代表する高等教育機関で約2,400人の教職員が教育と研究に専念し、学生総数が約37,900人(約120カ国からの7,500人の海外留学生を含む)の総合大学である。

同大学の授業・教育開発を担うのがTEDI (The Teaching and Educational Development Institute) と呼ばれる研究所である。TEDIは、大きく4つの部門(評価部門、スタッフ・ディベロップメント、教育工学開発部門、高等教育研究とスカラーシップ・アカデミック部門)から組織され、約33名のスタッフがいる。TEDIは、授業およびコース評価に関する多様な調査を支援する。最も一般的な授業評価として使用されるのが、「学生による授業評価調査」(The Student Evaluation of Teaching Survey, TEVAL) と呼ばれるものである。他にも、「コース評価に関する調査」(The Institutional Course Evaluation Survey, iCEVAL) や「クイーンズランド大学学生経験に関する調査」(The University of Queensland Student Experience Survey, UQSES) がある[2]。以下に、「学生による授業評価調査」(TEVAL) について紹介する。この調査の目的は、講師およびチューターの授業改善や契約および昇任審査のためのデータを収集することである。質問項目については後述するが、設定項目以外に自由記述も含まれる。これまでは質問形態は紙媒体で行われていたが、現在、オンラインを利用したフォームを優先させ、授業を登録する学生から講師およびチューターが評価グループを選ぶことができる。調査結果は、評価対象の講師およびチューターに報告される。報告書には、比較標準値および基準が示され、統計的に分析される。同データは、契約や昇任審査において求められる。「学生による授業評価調査」の評価項目は、担当する教科内容ごとに異なり、必須項目が含まれる。教員は、自らに最も適した項目を選ぶことができる。たとえば、以下のようなものがある。

> 講義
> チューターリング
> 臨床授業
> 遠隔／フレックス授業
> 個別プロジェクト（学士課程教育）
> PBL (Problem-based learning) チューター（一般）
> 論文指導（大学院―優秀学生／修士／博士）
> アドバイザー（大学院―優秀学生／修士／博士）
> 音楽指導―楽器
> 音楽
> 視察コース

たとえば、最初の「講義」の場合は、以下の必須項目が含まれる。
1) クラスをうまくまとめた。
2) 資料を上手に紹介した。
3) 学習に対して適切なフィードバックをした。
4) 学生を尊重した。
5) コースを熟知した。
6) コースに熱意が伝わった。
7) 記憶よりも考えさせることを強調した。
8) 説明が明白であった。
9) コンサルティングをした。
10) 学習技術の改善を手助けた。
20) 総合的に判断して、大学教員としてどのように評価するか。
　　備考：11)〜19)には各自で自由選択項目を加えることができる。

名前を隠した教員のデータを見せてもらったが、図式化されて全体の位置づけが明白であり、審査委員の判断を容易にするものであった。
同大学がウエブサイトで紹介するフォーマットは以下のようである[3]。

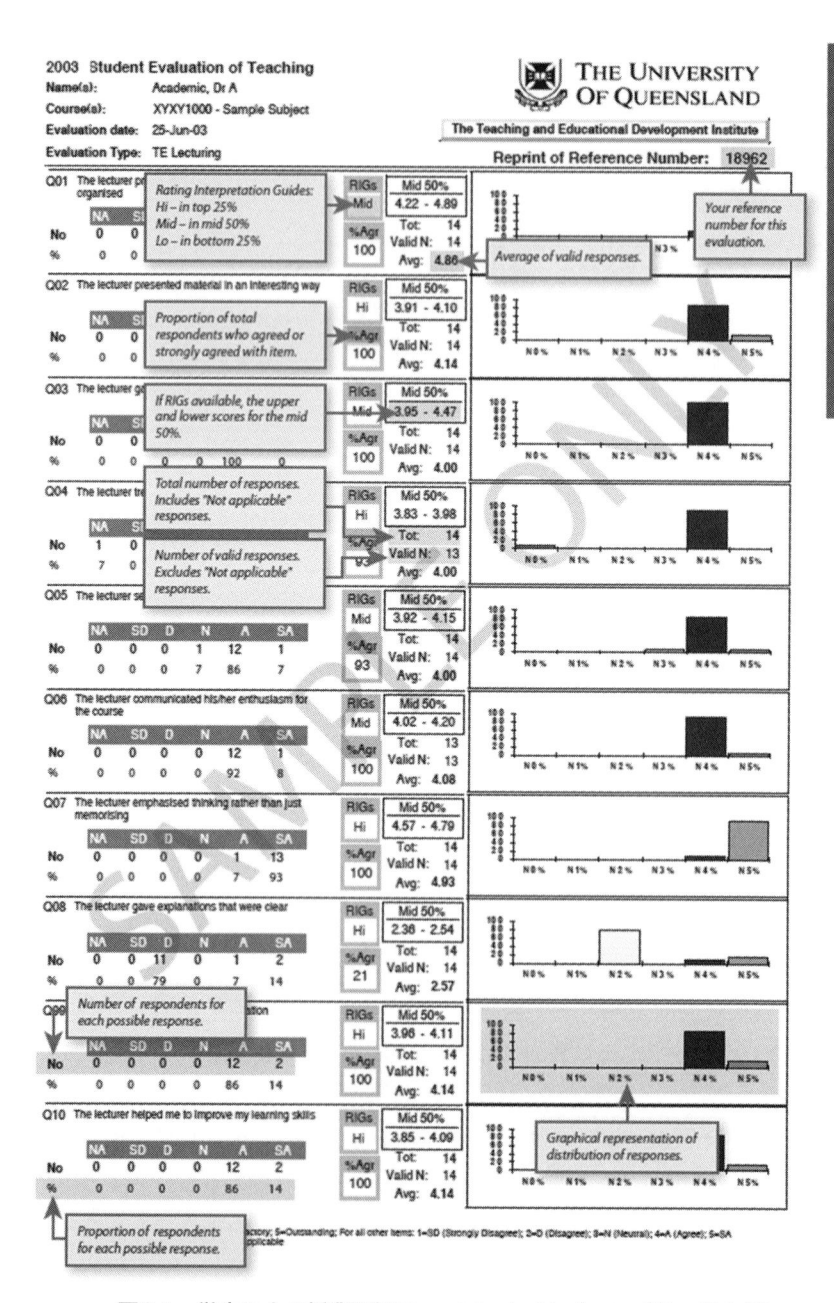

図7-1　学生による授業評価フォーマット（クイーンズランド大学）

4) アカデミック・ポートフォリオ関連のフォリオ

クイーンズランド大学ウェブサイトによれば、アカデミック・ポートフォリオに関連して、以下の9つのフォリオがある[4]。

フォリオ（その1）履歴書
1) 個人の詳細
2) 現在の職務
3) 前歴の職務
4) 資格、受賞、会員

フォリオ（その2）教育活動
1) フォーマルな授業担当：学部および大学院（不定期な講義、遠隔教育、集中講義、臨床実習など除く）
2) インフォーマルな授業担当：不定期な講義、遠隔教育、集中講義、臨床実習
3) 授業評価
4) 指導：優秀学生、大学院の授業担当および研究指導
5) 臨床および実施指導
6) 活動および成果
7) 優れた授業実践の証拠およびインパクト
8) コメント／教育の役割・授業実践への省察（1000字以内）

フォリオ（その3）ティーチングのスカラーシップ
1) テーマの概要（過去・現在・将来のテーマ）
2) 優良性およびインパクトの基準（証拠を含む）
3) コラボレーション

フォリオ（その4）研究・創作活動
1) テーマの概要（過去・現在・将来のテーマ）
2) 優良性の基準
3) インパクトの基準
4) コラボレーション

フォリオ（その5）助成金、契約および著書目録

1) 現在の助成金および契約
2) 助成金および契約の明細
3) 申請中の助成金およびプロジェクト
4) その他
5) レフリー付き刊行物 (印刷中を含む)
6) ノン・レフリーの刊行物 (印刷中を含む)
7) 提出刊行物
8) 将来の刊行物に関する情報
9) 発表

フォリオ (その6) 貢献および関与

1) 学部、センター、研究所、大学への貢献
2) 専門分野／学問分野への貢献
3) 地域社会への貢献
4) コンサルテーションおよび学外活動 (無償のもの)

フォリオ (その7) 専門職発展および他の関連活動

1) 専門職発展のための活動
2) 他の関連活動

フォリオ (その8) 特別研究休暇プログラム (18か月以内に申請予定のもの)

1) 個人の詳細
2) プログラムの詳細―旅程
3) 期間中の休養休暇の詳細
4) 活動および利益の大学への還元についての提案
5) 授業責務 (期間中の授業責務の措置)
6) 大学院指導責務 (期間中の大学院指導の措置)
7) 臨床上の措置 (該当者のみ)
8) コメント
(プログラム完了後の報告)
9) 個人についての詳細
10) プログラムの期間
11) 期間中の休養休暇の詳細 (該当者のみ)

12) プログラムの概要
13) 大学海外旅行報告義務の提出の有無（該当欄にチェック）
14) プログラムの報告

フォリオ（その9）審査委員の指名
1) 教育・研究担当教員
    2名の教育に関する審査委員
    1名の研究・創造活動に関する審査委員
    1名の社会貢献活動に関する審査委員
    自由選択：ティーチングのスカラーシップに関する審査委員
2) 教育重点教員
    2名の教育に関する審査委員
    2名のティーチングのスカラーシップに関する審査委員
    1名の社会貢献活動に関する審査委員
    自由選択：研究・創造活動に関する審査委員
3) 研究専念教員
    2名の研究・創造活動に関する審査委員
    1名の社会貢献活動に関する審査委員
    自由選択：教育に関する審査委員。ティーチングのスカラーシップに関する審査委員

5）アカデミック・ポートフォリオの評価基準

　クイーンズランド大学では、教員の年次評価、昇進などの申請に教育と指導、ティーチングのスカラーシップ、研究・創作活動・貢献・関与を含んだアカデミック・ポートフォリオの提出が求められる。とくに、アカデミック・リーダーシップとしての資質が問われる[5]。

　大学教員の審査は、教員業績に関する基本的な評価基準にもとづいて厳正に行われる。この評価基準は、教員の業績に対する期待度を表すものである。評価基準は、授業(大学院指導を含む)、ティーチングのスカラーシップ、研究・貢献活動に用いられる。評価基準は、誰にでも明らかになるように、大学ウエブサイトで公開される。詳細な評価基準の分類と説明は、同大学ウエブサ

イトを参照してもらいたいが、以下に概略を紹介する[6]。

教育・研究担当教員
Aレベル（講師以下）
　学生の学習成果や調査において教育資質があり、フィードバックにおいて向上や改善があった。研究・創造活動において一貫して研究プログラムを開発し、研究グループで働き、外部資金を申請し、学問分野の実践で同僚と協力して優れた成果を発表した。社会貢献活動における役割分担において効果的なパフォーマンスをし、アカデミックや社会貢献活動における責任を分担し、教育委員会に貢献し、学問分野やコミュニティに貢献した。

Bレベル（講師）
　Aレベルの要求に加えて、以下のことが求められる。
　学部学生、優秀学生、大学レベルの教育に貢献し、その準備やコースモジュールの責任を取り、一つ以上のコースにおいて調整した。研究・創造活動において優れた発表に関する出版や展示の記録があった。この分野において全国的に認められた業績があり、外部研究資金、とくに該当学問分野の競争資金申請の調査委員において経験豊かな研究者と一緒に重要な役割を担った。社会貢献活動において専門分野／学部レベルの管理部門において能力を発揮し、職業と地域社会に積極的に貢献した。

Cレベル（上級講師）
　Bレベルの要求に加えて、以下のことが求められる。
　教育において多様な教育能力を発揮し、カリキュラム、教育資源や方法で継続的な改善に努めた。研究・創造活動において独立した研究能力を発揮し、新たな洞察力や機会の主要な調査者（協力者を含む）として貢献し、外部研究資金の獲得および管理において優れた。優れた発表の出版や展示を通してフィールド研究において全国的評価と国際的プロファイルを収めた。専門分野、学部や大学レベルの高水準サービス任務で効果的な業務を遂行した。より広い地域社会とともに職業・学問分野、そして関連活動で著しい貢献があった。

Dレベル（准教授）
　Cレベルの要求に加えて、以下のことが求められる。

すべてのレベルの教育において優れた業績記録を維持し、多くの学際的分野およびアカデミック・プログラムを主導した。研究・創造活動において国際的に承認された発表の出版や展示を通して、品質と影響力ある国際的な評判を獲得し、外部研究資金の申請を率先した。社会貢献活動において経験豊かでないスタッフに優れたメンターリングや大学管理および大学生活に著しい貢献があり、学問分野／職業分野や地域社会でリーダーシップを発揮した。

Eレベル（教授）

Dレベルの要求に加えて、以下のことが求められる。

教育においてすべてのレベルと該当分野全体にわたり学術的上の教育やリーダーシップの優れた記録を残した。研究・創造活動において優れた成果とリーダーシップを発揮した。とくに、若い研究者に対して大きな資金獲得のイニシアティブやリーダーシップ、知識貢献や研究または創造的活動の特定地域を越えて知的リーダーシップを発揮した。社会貢献活動において大学の管理運営と大学生活、継続教育と研究方針においてリーダーシップに貢献し、学問分野で国際的なリーダーシップが認められた。

教育重点教員

Aレベル（講師以下）

学問分野の知識に長け、多様な知識形態が見られた。教材やカリキュラム開発に関するコース調整で他のスタッフと効果的なコラボレーションや教育開発を行った。学生の成果、アンケート調査結果、そして教育改善や教育革新に関するフィードバックにもとづいて教育の質を維持した。

学問分野における貢献活動の範囲を広げた。

優等学生や（必要に応じて）大学院研究の指導をした。

専門職や臨床分野において、とくに学部レベルの効果的な臨床教員となり、臨床診療の発達に共同で働いた。

ティーチングのスカラーシップにおいて効果的な学問分野特有の教育学実践の知識を深め、改善された教育学を探索し、テストを実施し、コミュニケーションの優れたプロジェクト開発に共同で働いた。プロジェクトの外部資金申請をした。

社会貢献活動において与えられた役割で効果的なパフォーマンスを発揮し、責任をもち、学内委員内の成果に貢献し、コミュニティや職業への外部貢献があった。

専門や臨床分野に関して患者の症例の管理を助けて専門の協会活動に関与した。

Bレベル（講師）

Aレベルの要求に加えて、以下のことが求められる。学問分野の研究に相応しい教育、教授学識、そして専門業績に関する発展と明白な記録を残した。学問分野における他のスタッフとの活動を調整し、指導した。また、教育と学習においてリーダーシップを発揮した。

専門および臨床分野において職業上の業務と専門知識を通して積極的に貢献した。

学部レベルの教育に貢献し、必要に応じてコラボレーション、カリキュラム・デザインや講演を含む一つ以上の実質的なコースモジュールで責任を負った。

学問分野の現状維持に貢献・活動した。優等学生と（必要に応じて）大学院研究の指導に関与した。

ティーチングのスカラーシップにおいて優れたプロフィールがあった。地域での活動は、学問分野関連の専門知識と教育学的な内容知識の高水準を達成して、同僚評価を受けた。個々あるいは共同プロジェクトで活動を支持するための資金獲得に活発な役割を担った。

社会貢献活動において学校／学部レベルの役割で効果的なパフォーマンスを発揮し、職業とコミュニティ（とくに、教育と学習に関連して）に活発な外部貢献をした。専門および臨床分野で臨床コンサルテーションと専門医の紹介を含む専門活動における実質的な役割を担った。

Cレベル（上級講師）

学問分野における教育とティーチングのスカラーシップにおいて重要な貢献が全国的に認められた。学問分野における知識および実践に最初から貢献した。

多様な教育において著しい教育実践や学究的アプローチを発揮した。さら

に、カリキュラム改善、教育資源とアプローチを成し遂げた。大学の主要研究分野や受賞プログラムを調整でき、大学や学部において教育と学習の革新に関与した。

ティーチングのスカラーシップにおいて、教員業績の全国レベルの学問分野に関連して、優れたリーダーシップの役割を果たした。独自の知的な証拠と新たな洞察と機会に繋がるコラボレーションに貢献した。高い品質の同僚評価でのティーチングのスカラーシップに関する出版の実績があり、学問分野での教育を強化し発展させるプロジェクトを遂行する資金を獲得した。学問分野の現状維持に貢献する活動範囲を広げた。優等学生と（必要に応じて）大学院研究の指導に関与した。

社会貢献活動において職業、学問分野、そしてコミュニティに関連する活動におけるリーダーシップを発揮し、学校、学部や大学レベルで効果的により高水準のサービス任務を実行した。専門と臨床分野において専門職内でより高水準の責任のもとで専門職の実践に大きな貢献をした。

Dレベル（准教授）

Cレベルの要求に加えて、レベルDの教育重視の教員は、全国的および国際的レベルで影響を与える組織的リーダーシップ教育やティーチングのスカラーシップにおける優秀さを維持する記録を残した。教育分野、ティーチングのスカラーシップと社会貢献活動の一つで卓越したレベルに達した。

教育においてすべてのレベルの教育の質における優秀性を維持していることが証明された。学際的分野、研究分野またはアカデミック・プログラムのリーダーシップが見られた。

ティーチングのスカラーシップにおいて全国的に評判が高く、国際レベルで発表し、共同事業し、外部の競争的教育資金を継続して獲得した。

学問分野での現状維持を確立する記録を残した。優等学生と（必要に応じて）大学院研究の指導に関与した。

社会貢献活動において大学内外で管理および大学の社会活動に対して顕著に貢献して、大学内外で教育と学習においてリーダーシップを発揮し、とくに教育と学習に関連してコミュニティとの関わりがあった。専門および臨床分野において臨床あるいは職業上の実践でのリーダーシップや職業上の全国

Eレベル（教授）

　Dレベルの要求に加えて、レベルEにおける教育重視の教員は、教育およびティーチングのスカラーシップにおける顕著なリーダーシップの国際的な評判を有し、学問分野での権威が認められた。

　すべてのレベルの学究的な教育、教育や学習における全国的および国際的なリーダーシップとしてプロフィールの優れた実績があった。継続して学問分野における若手スタッフと効果的なメンタリング、ティーチングのスカラーシップにおける国際的な権威者として認知され、教育政策とカリキュラムへの大きな影響、これらの分野での国際的な議論と実践で重要な貢献をした。優等学生と（必要に応じて）大学院研究の指導をした。

　教育や学習に関する議論および助言と政策と実践の発達における専門的能力で全国的に最も高いレベルで関わった。

　専門および臨床領域において継続して優れた貢献をし、卓越したリーダーシップが認められ、専門的実践を行った。

研究専念教員

Aレベル（講師以下）

　上級アカデミック・スタッフのサポートやガイダンスのもとで仕事をした。研究や自主性を増やすことで専門的な知識と新しいプロフィールの開発が見られた。

　研究・創造活動において優れた研究プロジェクトを展開し、外部資金獲得を申請し、しばしば、学問分野の実践で同僚と協力して優れた発表や展示が見られた。

　優等学生や（必要に応じて）大学院研究の指導に何らかの関与が見られた。サービスおよびエンゲージメントの内部サービスの役割で効果的なパフォーマンスを発揮して学問分野とコミュニティへの貢献が見られた。

Bレベル（講師）

　Aレベルの要求に加えて、レベルBにおける教員は、研究における成長のプロフィールがあり、他のスタッフの活動を調整・指導した。

独立した研究あるいはチーム研究に係わり、優れた作品の出版や展示において確立した記録を残した。全国的に承認された分野で成功し、学問分野の必要に応じて外部研究資金（とくに競争的資金）への申請で主たる調査者の役割を担った。

優等学生や大学院研究生の指導を行った。

教育が行われる場合、レベルBの教員は、学生の成果やアンケート調査結果にもとづいて教育の質をあげ、フィードバックに応じて適切な改善や革新をした。

社会貢献活動において内部サービスの役割において効果的な管理能力を証明し、職業および学問分野とコミュニティに積極的に貢献した。

Cレベル（上級講師）

Bレベルの要求に加えて、レベルCにおける教員は、独立した研究において顕著な業績記録を残した。

研究・創造活動において知的独立を実証し、新たな洞察と機会を与える協同の主要な調査者として貢献し、外部の競争的研究資金を獲得し、管理した。全国的に知名度を高め、優れた作品の発表の出版や展示を通してその分野における研究の発展的や国際的なプロフィールを有した。研究トレーニングや監督を含む研究においてリーダーシップを発揮した。

大学院生への周到な指導記録があった。

教育が行われる場合、レベルCの教員は、学生の成果やアンケート調査結果にもとづいて教育の質をあげ、フィードバックに応じて適切な改善や革新をした。

大学内において効果的な高水準サービスの任務を実行した。職業および学問分野とコミュニティに関連する活動において優れたリーダーシップを発揮した。

Dレベル（准教授）

Cレベルの要求に加えて、レベルDにおける教員は、研究分野に対して顕著な貢献が見られた。

研究・創造活動において国際的に認められた作品の出版や展示を通して優れた業績と影響力で国際的な評判を獲得し、外部研究資金獲得に一貫して率

先した。研究チームをリードした。

他の研究活動を促進する際に教員の所属機関と学問分野において顕著な役割を演じた。大学院での院生の学位取得に継続した指導記録を残した。

教育が行われる場合、学生からの調査結果や学習成果に示されるように、教育の高い品質をあげ、フィードバックに応じて適切な改善や革新をした。

経験豊富でないスタッフに優れたメンタリングを含む機関の管理や大学生活に優れた貢献をし、学問分野／職業分野においてリーダーシップを発揮し、地域コミュニティと関わった。

Eレベル（教授）

Dレベルの要求に加えて、レベルEにおける教員は、学問分野において優れた研究とリーダーシップを維持する国際的な承認を得た。

大きな研究資金のイニシアティブ、知識や知識の有益な応用、研究プログラムとチーム管理の貢献や研究または創造的活動の特定の地域を越えて知的リーダーシップを発揮し、多くの若手の研究者の成長を導く顕著なリーダーシップを証明した。

大学管理や大学生活、そして国内的および国際的な研究のトレーニングや研究方針に顕著な貢献をした。そして、リーダーシップとしての国際的な評価を学問分野で達成した。

教授昇進は、以下のように詳細に規定される[7]。

概要

すべてのアカデミック・スタッフの教育・研究担当教員、教育重点教員、あるいは研究専念教員の教授昇進は、教授昇進委員会（Professorial Promotions Committee）評議会（Senate）において管理される。通常、委員会は候補者が昇進を申請する年度ごとに開かれる。昇任が認められた申請者には、教授の称号を翌年1月1日から授与される。

説明

教授の地位は、優れた業績記録を有する個人を確保するためである。教員の資質が基準の鍵となる。教授の数は規定されないが、教授昇進は毎年の総数で制限される。

教授昇進評議委員会の構成メンバー
1) 総長 (Vice-Chancellor)（議長）
2) シニアー副総長 (Senior Deputy Vice-Chancellor)
3) 副総長（教育担当）
4) 副総長（研究担当）
5) 学長、教育委員会 (Academic Board)
6) 評議会が指名する2名
7) 以下の各学部の学部長 (Executive Dean) あるいは任命者
　①芸術
　②科学
　③ビジネス、経済、法律
　④エンジニアリング、建築と情報テクノロジー
　⑤健康科学
　⑥天然資源、農業と獣医科学
　⑦社会行動科学

適格性
　すべてのアカデミック・スタッフは、3つの任務カテゴリー（T＆R、TFとRO）のどのレベルでも教授昇進の申請ができる。しかし、申請者は同じ年に別のレベルでの申請をすることはできない。

基準
　教授昇進基準は、HUPP指針5.70.17に含まれる（「アカデミック・パフォーマンス基準」を参照）。候補者は、特定の任務カテゴリーを規定した基準に合致していることの証明が求められる。特定の任務カテゴリーに関連する分野における学術的なリーダーシップにおいて国際的評価が重要な条件となる。
　すべての基準で顕著でなくとも、一つの分類で突出した業績がある場合、他を補うことができる。

2　アカデミック・ポートフォリオ——アメリカの挑戦

1) PODネットワークでのピーター・セルディンの発表

　1976年に設立された全米ファカルティ・ディベロップメント担当者の高等教育の教授・学習支援に関する最も古い専門職的・組織的開発ネットワーク (The Professional and Organizational Development Network in Higher Education, POD) がある。2008年の年次大会が、10月22日～25日ネバダ州レノ市で開催された。FDに関するワークショップ、セッションが数多く提供された。2008年度は、

世界各国から約600名が参加した。FD義務化の影響もあり、日本からの参加者は27名と多数であった。2004年度がわずか1名であったことを考えれば、画期的な増加といえる。

　ピーター・セルディンは、大学評価・学位授与機構の招聘で2009年8月にアカデミック・ポートフォリオについての基調講演を予定されていたが、同PODネットワークの年次大会で一足先に、『アカデミック・ポートフォリオ』の出版に合わせて、「アカデミック・ポートフォリオ――革新的な教員評価方法」(Academic Portfolios: A New, Innovative Faculty Evaluation and Development Technique) と題して発表した。タイトルからもアカデミック・ポートフォリオを革新的な教員評価方法と位置づけた。アカデミック・ポートフォリオ (AP) は、教育 (T)、研究 (R)、社会貢献 (S) の3つの分野のドキュメント (証拠資料) にもとづいてまとめる点ではオーストラリアの大学と大差がない。

　セルディンによれば、アカデミック・ポートフォリオの3つの分野のウエイトを教員にまかせるのは授業改善には適しているが、人事評価には不向きである。なぜなら、判定基準が一定しないからである。人事評価に用いるには、共通となる評価基準を予め決めたうえで、証拠資料を提出させることが重要である。たとえば、「学生による授業評価」や具体的な業績サンプルがそうである。どのような証拠資料が人事評価の判定基準となるかを事前に決めておく必要がある。

　セルディンは、「教育・研究・社会貢献」に対して、どのようにウエイトを置くかは各大学のポリシー、ビジョン、そしてミッションとも密接に関連すると述べた。大学としてのポリシーが明確でなければ、アカデミック・ポートフォリオの評価基準が不明瞭となり、教員は適格な業績評価を受けられない。どのような社会貢献ができるか、大学としての「機能分化」が求められる。当然のことながら、教員評価もそれに対応したものでなければならない。すなわち、所属大学としての評価が問われる。

　アカデミック・ポートフォリオは、人事評価としても優れている。なぜなら、3つの分野がバランス良くまとめられているからである。

　アカデミック・ポートフォリオを教員の授業改善の目的で使用するのであれば、必須項目というものはなく、教員が重要と考える証拠資料と一緒に提

出すれば良い。たとえば、ティーチング・フィロソフィー、教授法、同僚からのコメントなどである。人事評価のためのアカデミック・ポートフォリオは、個別の大学で違うので判定基準を明確にしたテンプレートが必要になる。アカデミック・ポートフォリオは、証拠資料を羅列するのではなく、教員の省察を加えて記述したものでなければならない。そのためには、たとえば、「学生による授業評価」などのデータを図表化することが効果的である。

アカデミック・ポートフォリオでは、ティーチング（教育）の部分が最も重要となる。なぜなら、ティーチングには「省察」という教員の授業哲学あるいは授業に対する信念が含まれるからである。評価委員（学部長など）は、必ずしも審査対象者の専門分野でないことが多いので、ジャーゴン（専門用語）で書かれたものは十分に理解されず不利になることがある。「素人」の評価委員にもわかるように簡潔に約5〜6ページにまとめることが望ましい。

アカデミック・ポートフォリオのリサーチ（研究）の部分は、教員の研究が学問分野において、なぜ、重要であると考えるのか評価委員を説得させるものでなければならない。選択したサンプルのみに限定すべきである。なぜなら、大半は付録として含むことができるので、重要なものを約3〜4点選択するだけで十分である。とくに、なぜ、それらのサンプルを選択したか明確な理由づけが必要である。サンプルも外部評価や研究資金を獲得したものであれば、客観的で説得力がある。また、共同研究なのか、研究成果として公刊されたものであるかも重要となる。

アカデミック・ポートフォリオの社会貢献の部分は、教育や研究よりも重要度が低く、約2ページ程度でよい。

最後は、TRSの3つを統合（Integration）した部分である。すなわち、そこでの業績（Accomplishment）が所属大学で重要とされる点を中心にまとめ、なぜ、重要なのかを説明しなければならない。アカデミック・ポートフォリオは、あくまでも、所属大学として評価されることに留意する。

「展望」のところでは何が達成され、何が達成されなかったか。なぜ、達成されなかったことが重要と考えるのかを説明する。

最後が、添付資料の証拠資料一覧である。

以下に、セルディンの著書に含まれるテンプレートを紹介する[8]。

アカデミック・ポートフォリオ (14〜19頁)

教員名

所属学科／学部
大学名
作成日

目次
目的

教育 (5〜6頁)
　教育活動の責任範囲についての説明
　教育の理念、目的、方法
　講義の改変について
　代表的なシラバスおよびその他の教材
　教育改善につながる活動
　学生による授業評価のデータ
　同僚による授業観察報告

研究 (5〜6頁)
　研究の特徴および当該学問領域における自分の研究の重要性に対する他者
　　からの意見
　書籍／査読付学術誌での発表論文または作品の代表例
　獲得した学外資金・研究補助金、審査中の研究補助金申請
　学術誌編集委員への任命／専門領域の学協会の役員
　学会発表、パフォーマンス、展示の厳選した事例
　大学院生への監督指導

社会貢献活動 (2〜3頁)
　学科／大学委員会および特別作業部会の事例
　委員会と特別作業部会の役割／貢献についての説明
　学生への助言、若手教員のメンタリング、サービス・ラーニング活動

専門職的活動および目標の統合 (1〜2頁)
　教育、研究・学究活動、社会貢献活動が自分の専門的成長および能力開発
　　にどのように貢献しているかについての説明

> 特に誇りとする3つの専門的成長
>
> 3つの専門的目標
>
> 添付資料（証拠資料のリスト）

写真7-2　筆者とピーター・セルディン、2008年10月PODネットワーク年次大会にて

　アカデミック・ポートフォリオは、現在、アメリカの多くの大学でパイロット的に実施されているが、将来、大いに発展するとセルディンは明言した。
　彼によれば、電子ポートフォリオ（e-Portfolio）は、授業改善には役立つが、人事評価には不向きであると述べている。なぜなら、昇進やテニュア審査には一定の評価基準が同時に求められ、電子ポートフォリオでは難しいからである。
　従来のアカデミック・ポートフォリオとどこが違うか。セルディンによれ

ば、3つが結合 (Cohesive) される点である。これまでは、証拠資料を羅列したものに過ぎなかった。しかし、彼の著書では、なぜ、それらが選択されたか、なぜ、重要だと考えるかを一つにまとめて記述することを求めている。

3　日本におけるアカデミック・ポートフォリオの動向

1) 大学評価・学位授与機構におけるピーター・セルディンの講演

　大学評価・学位授与機構は、2009年8月3日、2009年度大学評価フォーラム「内部質保証システムの充実をめざしたアカデミック・リソースの活用——個性ある大学づくりのために——」と題してセミナーを開催した。セミナーでは、アカデミック・ポートフォリオの第一人者のピーター・セルディンが「アカデミック・ポートフォリオとは——教員の諸活動を効果的に文章化するための新たな手法——」と題して報告した。以下が概要である[9]。

　アカデミック・ポートフォリオの考えが生まれるまでは、教員評価は単に業績をリストアップしたものに過ぎなかった。そこでは、なぜ、どのように業績が達成されたかは記載されなかった。すなわち、教員自身の省察がなされなかった。さらに、なぜ、そのことに意義があるかも示されず、教員業績が大学や学部のミッションとどのように関わるかも明らかにされなかった。それは、単に業績リストの一覧に過ぎなかった。しかし、セルディン自身が評価する立場の学部長になって、教員から提出された業績リストが大学のミッションにどのように繋がり、サポートされるか記述されていないことに気がついた。

　何か良い方法はないかと考えたとき、芸術家が用いるポートフォリオのことを思い浮かべた。彼らは、自らの作品をポートフォリオに収めて持ち運んでいる。アカデミック・ポートフォリオには、教員の教育・研究・社会貢献のすべてが含まれ、さらに、それについて説明を加えるべきだと考えた。そして、ポートフォリオに含まれる業績をエビデンス（証拠資料）で裏づけるべきであると考えた。すなわち、3つのポートフォリオを一つにまとめて文書化したものがアカデミック・ポートフォリオである。

　アカデミック・ポートフォリオが、他のものとどのように違うというこ

7章　アカデミック・ポートフォリオ　127

写真7-3　筆者、ピーター・セルディン、エリザベス・ミラー、川口昭彦・大学評価・学位授与機構、2009年8月4日

とであるが、多くの点で違いがある。大きなものを2つあげるとすれば、1つ目が「選択された情報」であるということである。すなわち、教員のすべての業績を「羅列」したのではなく、重要と思われる業績を3つの項目（教育・研究・社会貢献）の中から「選択」し、的確な証拠資料で裏づけることである。2つ目が、自己省察(Self Reflection)の形を取っていることである。アカデミック・ポートフォリオを作成することは、教員に自己省察を促し、教育の価値を自覚させる。たとえば、なぜ、そのような教授法を用いるのか、なぜ、そのような授業シラバスの形態を取るのか。また、研究は教育ほどではないにしても、なぜ、その分野の研究に焦点を当てるかなど自己省察を促すことである。

　教員は誰しも多忙であり、アカデミック・ポートフォリオ作成のために膨大な時間を費やすことを望んでいない。それにもかかわらず、ポートフォリオを作成する最も重要な理由は、(1)人事を決定するためである。昇進やテニュアを決定する際、合理的で公平な根拠を評価委員に提供できるからである。教員は、大学で3つの仕事（教育・研究・社会貢献）をしている。これらはすべ

て数値的な評価が可能である。ポートフォリオにおける優先順位を教員に任せることもできるが、これは教育改善のパフォーマンスとしては優れているが、人事評価としては不適切である。なぜなら、評価基準を一定に保つことできないからである。人事決定に用いる場合、基準となる必須項目が不可欠となる。テニュアや昇進の審査では、たとえば、「学生による授業評価」のデータ概要 (Summary) や研究業績評価などが含まれる。

　ポートフォリオが人事決定に利用される機会は限られる。ポートフォリオが最も多く利用されるのは、教育改善の目的のためである。アカデミック・ポートフォリオは、教育改善のための最も効果的なツールである。なぜなら、3つの領域を網羅しているからである。教育改善のためには、ポートフォリオに必須という項目はなく、教員が自由に選択できる。教員は、教育改善のために授業哲学や授業方法に関する項目を自由に選択できる。また、同僚からのコメントも含むことができる。

　アカデミック・ポートフォリオには3つの分野 (教育・研究・社会貢献) が含まれ、教育 (40%)、研究 (50%)、社会貢献 (10%) という具合になる。評価委員に任命され、昇進やテニュアを評価するとき、最も重要と思われる情報を3つあげ、何について知りたいか3つのリストをあげて順位をつけさせる。次に、なぜ、そのリストを選択したかを互いに説明しあう。このようなエクササイズは、アカデミック・ポートフォリオの「モデル」がどのように開発されたかとも密接に関わるもので、アカデミック・ポートフォリオ・テンプレート第9版にもとづいている。

　200名以上の学部長、学科長、教員がこの開発に貢献してくれた。重要なことは、大学の方針や文化が同じでないにもかかわらず、アカデミック・ポートフォリオとして評価する項目において共通点が見られたことである。すなわち、ポートフォリオは、次の5つの主要なカテゴリーから構成された。1) 前置き、2) 教育、3) 研究、4) 社会貢献、5) 専門的な活動と目標の統合、そして添付資料で説明部分の裏づけ証拠を提示することである。これは、あくまで標準的モデルであって、ウエイトの置き方は大学によって異なる。すなわち、大学としての「期待度」が反映される。

　アカデミック・ポートフォリオに関して、最も頻繁に尋ねられる質問は、

①何ページか、②作成にどのくらいの時間を要するかである。①は、15〜20頁と付録である。②は、大まかに15〜20時間を数日間かけて行うということになる。

　次に、提言モデルについてであるが、1) 前置きでは、作成の具体的な目的 (たとえば、昇進やテニュアあるいは改善など) について記述する (0.5頁)。2) 教育セクションは5〜6頁になる。ここでは、①教育の責任範囲のステートメントで論文指導なども含まれる。②教育の理念、目的、方法論では、たとえば、授業哲学について、なぜ、どのような理念にもとづくものか、どのような方法で教えるか、どのように学生を評価するかを記述する。③カリキュラム改訂に関する記述では、たとえば、新しいテクノロジーを用いたか、なぜか、などについて記述する。④主な科目シラバス、その他の科目教材である。授業シラバスは添付資料につけるが、ハイライトのところは本文でも記述する。物語風の記述 (Narrative) の部分は、付録の添付資料を参照できるようにする。授業シラバスは、自分の授業がどのようなものかについて説明するもので、授業哲学や授業方法がどのようなものか記述する。⑤教育改善活動の記述では、たとえば、授業改善の活動にどのように取り組んでいるか、どのようなFDセミナーやワークショップに参加したかなどを記述する。⑥学生による授業評価データはクラスごとのもので、とくに顕著なものを紹介する。

　次に、研究／学究活動についてであるが、これも5〜6頁になる。重要なことは、アカデミック・ポートフォリオは評価のために提出するということである。さらに、重要なことは評価委員には当該教員の専門分野とは異なる委員も含まれる可能性があるということである。そのため、ポートフォリオの記述は、簡潔で専門外の人にもわかりやすい記述が求められる。たとえば、①研究／学究活動の性質であるが、これは研究セクションの冒頭で書くもので、教員の研究について、なぜ、そのような研究活動をしているか理由を専門外の人でも理解できるようにわかりやすく説明する必要がある。なぜ、その研究が教員にとって意義があると考えるか、また、それがティーチングや専門分野にどのようなインパクトを与えるかについても記述する。②書籍／専門誌での発表または創作物のサンプルでは、選択されたサンプル(たとえば、著書や発表論文など3〜4項目) について文書化する。完全な業績リストは、付

録の添付ファイルに収録する。なぜ、これらのサンプルを選択したかを説明することでどのような意義があるのか。教員として効果的に教えているか、もし、そうだと言うのであればどのような方法で教えているかも記述する。③獲得／提示された外部資金／補助金についてであるが、大学によっては教員の研究業績が決定的な要素となる場合もある。とくに、科学、医学、エンジニアリング分野においてそうである。このセクションでは、外部資金を獲得したか、代表者としてか、それとも協力者としてか。研究成果はどのようなものかを記述する。④学界における編集者としての任命／地位についても記述する。⑤学会での発表、講読、パフォーマンス、または展示サンプルについては、教員の専門分野で異なる。なぜ、これらのサンプルを選択したか、なぜ、それが重要だと考えるのか記述する。⑥大学院生の指導について、とくに大学院生のいる大きな大学の場合は重要である。科学、医学、エンジニアリングの分野において共同研究が重視され、研究資金の獲得も重要な評価対象となる。このセクションで重要となるのは、何名の院生を指導し、どのくらいの資金を獲得したかである。

最後が社会貢献についてである。これは、教育や研究に比べて重要度が低いため、アカデミック・ポートフォリオでは数ページを割く程度である。たとえば、①学科／大学委員会および作業部会のサンプル、②委員会または作業部会での役割／貢献である。委員会の規模や役割、会議の開催日数など、どのくらいの貢献があったか記載する。

専門的な活動／達成目標の統合についてであるが、①自身が特に誇る3つの専門的な成果について記述する。これは、教育・研究・社会貢献のセクションを振り返って記述する。②3つの専門的な目標は、これまで達成できなかったもので、これからも目指したい専門的な目標についてである。なぜ、そのことが重要と考えるのかも記述する。

次に、添付資料の部分である。すべてのポートフォリオは、物語風の記述（Narrative）でなければならない。そのことを裏づける証拠資料は、付録の添付資料に収めなければならない。添付資料に含まれる代表的なものは、たとえば、学生による授業評価データ、授業シラバス、刊行物、学会での発表、外部資金獲得に関する書類、編集委員への任命に関する書類などである。添

付資料は、6〜7のカテゴリーで十分である。すべてのポートフォリオはバインダー綴じて収録される。

最後に、アカデミック・ポートフォリオは新しい概念でわずか1年足らずであるにもかかわらず、アメリカ全土で広く受け入れられている。ポートフォリオは、現在、パイロット的にアメリカ、イギリス、台湾などで用いられている。

2　おわりに

以上、オーストラリアとアメリカのアカデミック・ポートフォリオについて見たが、両者には顕著な相違がある。アメリカは、ティーチング・ポートフォリオにしても、アカデミック・ポートフォリオにしても「後進国」である。ティーチング・ポートフォリオは、もともと、ティーチング・ドシエーとしてカナダで生まれたものをティーチング・ポートフォリオとして発展させたものである。アカデミック・ポートフォリオも、最近、新たな教員業績評価システムとして誕生したもので、オーストラリアの方が「先進国」である。

アメリカのティーチング・ポートフォリオは、1997年にピーター・セルディンの著書を中心に普及し、「省察」「共同作業（メンターリング）」「証拠資料」の3点が重視された。セルディンを中心に再び、アメリカでアカデミック・ポートフォリオが開発され、「教育」「研究」「社会貢献」と3つの項目に分類されているが、基本的な考えはティーチング・ポートフォリオと同じである。ピーター・セルディンの説明からもわかるように、ポートフォリオにおいては物語風の記述 (Narrative) に重点が置かれる。すなわち、教員に「省察」させて物語風に記述させるものである。文章化することで自らの教育実践を「振り返る」ことができるので、単なる、教員業績評価のためだけでなく、授業改善に適している。

一方、オーストラリアは、クイーンズランド大学の事例からも明らかなように、教員評価は大学の基本的な評価基準にもとづいて厳正に行われる。したがって、アカデミック・ポートフォリオによる評価体制が確立され、すべての教員業績が客観的に評価できるようにシステム化されている。

西オーストラリア大学アドバンスメント・オブ・ティーチング＆ラーニングセンター長デニス・チャルマーズ (Professor Denise Chalmers, Director, Centre for Advancement of Teaching and Learning, The University of Western Australia) は、アカデミック・ポートフォリオを導入するには、大学としての組織的な取組みと評価体制の確立が重要であると述べている。たとえば、アカデミック・ポートフォリオは、教員評価とリンクしていなければ意味がない。クイーンズランド大学では、1997年から実施され、教員評価と密接にリンクしているから効果を上げている。

　クイーンズランド大学の場合、スーパーバイザー（指導教官）が2年に1度レビューを行う。新任教員の場合、1年に1度、そして5年間継続して行われる。証拠となる資料の蓄積が教育改善に繋がるとの認識を共有している。

　オーストラリアの各大学に付置されたセンターの役割は、評価基準を明確にして評価委員の学部長等に共通認識をもたせるための研修を行うことである。そうでなければ、公平で適格な評価はできない。しかも、教員の評価基準は、多くの媒体を通して公開される。評価委員には、専門分野について審査できる教員も含まれるので最終的な判断は委員会に委ねられる。

　アカデミック・ポートフォリオを導入して変化が見られるまでに少なくとも5年はかかる。クイーンズランド大学でも評価されるまでに約10年を要した。

　アカデミック・ポートフォリオを導入するには、教員が早くから証拠資料を集めて準備することが重要で、メンターとなるシニアー教員の役割が大きい。アカデミック・ポートフォリオを大学として組織化するには、上層部の影響力が大きい。たとえば、西オーストラリア大学の場合、教育担当副学長 (Vice-Chancellor of Education) が強いリーダーシップを発揮し、ティーチング・アワードの表彰制度を導入した。

　西オーストラリア大学を含め、オーストラリアのトップレベルの研究大学でも教育や学習分野において高い評価を受けた教員を専門職レベルの教授として昇進させる。この場合、全国レベルの教育賞の受賞や刊行物が求められる。専門分野での刊行物の評価や研究資金の獲得は、客観的な証拠資料となりやすい。とくに、オーストラリアでは、全国レベルで優秀な教員が表彰さ

写真7-4　筆者、デニス・チャルマーズ、ジョージ・クー（George Kuh）／NSSE 会長、2009 年 HERDSA 年次大会

れたり、研究資金が与えられたりするシステムが発展しているので、客観的な評価の証拠資料となりやすい。

　オーストラリアの大学では、教育賞や同僚評価がシステム化されているので、ティーチング・ポートフォリオの証拠資料も集めやすい。同僚評価は組織的に導入され、評価されるかチェック項目が一定であるので公平であり、教員はチェック項目にどのように対処したかについてポートフォリオの中で具体的に記述できる。たとえば、Professional Development に関する研修を受けて、授業改善に繋げたなどのようである。

8章　大学教員養成プログラムにおけるティーチング・ポートフォリオの役割

1　大学教員養成プログラム (PFFP) とは

　拙著『ティーチング・ポートフォリオ——授業改善の秘訣』(東信堂、2007年) の中で、2005年9月22日のミネソタ大学教育・学習サービスセンターでの調査を踏まえて、PFFP (Preparing Future Faculty Program) が日本の大学におけるFDを考えるうえで参考になると提言した。同大学のPFFPは、「大学教育に関する理論 (Teaching in Higher Education)」3単位の講義と「大学教育に関する実習 (Practicum in Higher Education)」の3単位で構成され、修了者には認定書が授与される。さらに、筆者は「アメリカの大学におけるPFFを大学教員の教員資格として『義務づける』ことを提言したい。これは、アメリカで将来、大学の教壇に立つものを対象として行われているもので、基本的な大学での教授法や授業運営について講義するだけでなく、臨床的に教える技術を身につける単位制プログラムで、修了者には『認定書』が与えられ、教員業績として評価される」と紹介した。

　最近、日本の大学でも大学教員養成プログラム (PFFP) への取組みの動きが活発である[1]。本章では、アメリカおよびカナダの大学の事例を紹介し、今後の日本におけるPFFPの発展に繋げたい。とくに、本書との関わりから、PFFPにおけるティーチング・ポートフォリオの役割について言及する。

2　アメリカの PFFP ——ミネソタ大学の事例

　ミネソタ大学授業・学習サービスセンターでPFFPを開発し、授業も担当するビル・ローザイティス (Bill Rozaitis) によれば、PFFPの歴史は浅く、同大学のPFFPは先駆的な事例の一つである[2]。

1) 単位制PFFPとは

PFFPの目標は、将来の大学教員を養成するため、大学機関がカレッジや大学キャンパスにおいて大学院生に大学教員としての教育方法を授け、準備させるもので、主たる目標は将来の大学教員を養成することである。具体的には、

- 多様な大学教育機関における教育、学習過程や大学教員としての役割の情報を収集する。
- 大学教員として成功するための必要な技能を修得させる。
- 大学教員としてのキャリアに必要な計画を立てる。
- ファカルティ・メンターとともに地域のカレッジや大学あるいはミネソタ大学において大学教育に関する実習を行う。
- 授業技術の記録や相談、省察を行わせる。
- 大学教員ポストや他の専門職へ斡旋をする。

ミネソタ大学PFFPは、主専攻あるいは副専攻に直接に関わる正規のプログラムではないが、大学院の単位として認定され、成績表の備考の欄に履修

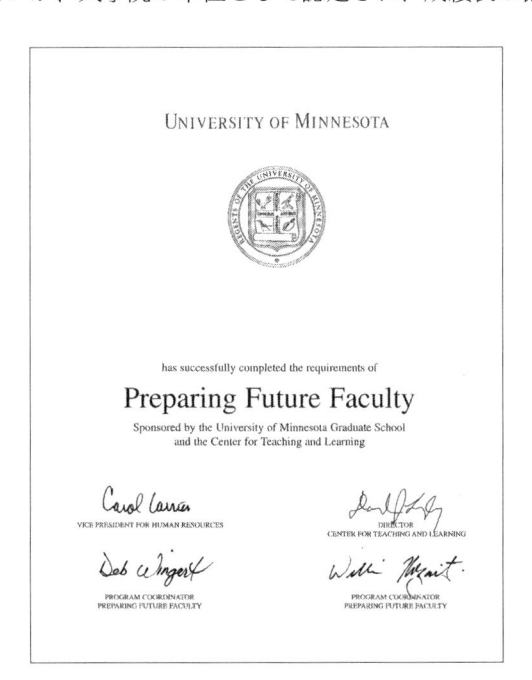

記録が記載される。修得単位は、卒業単位として加算される。これは大学院生と指導教員とが互いに協議して決める。修了者には「認定書」のほかに、大学教員としてキャリア準備が完備したことを承認した「認定状」が同大学センター長から履修者に送られる。前頁が「認定書」のコピーである。

2) GRAD8101「大学教育に関する理論」授業シラバス

このコースは、大学院生とポスドクが省察的教員になれるように設計されている[3]。教員と大学院生は、多様な能動的学習戦略(たとえば、共同学習、問題設定、ケーススタディ、対話的講義、議論、批判的思考、ロールプレー)をモデル化して、教育理論や実践に対応した議論を行う。行動と分析を行うことで大学院生は多様な設定を通して、多様な学生の学習を促進する授業技術を身につける。教育と学習に関する調査では、教員が授業哲学や経験から学生の学習に影響を及ぼす方法について議論する。

このコースは、学習環境に「変化」を与えることを意図して設計および指導されたもので、学問分野の外から考えられるようにする。省察的に授業実践の重要性が理解できるようにする。コースやカリキュラム・デザインに心がけ、教育と学習について教員と大学院生が互いに協力しながら活動する「学習パラダイム」への展開を目指す。

コースの到達目標は、以下のことができるようになる。

・授業哲学(ティーチング・フィロソフィー)を明確にできる。
・履歴書の中でアカデミックあるいは専門家としての経験を統合できる。
・形成的および総括的評価を形成し応用でき、学生の学習や教育を効果的に測定できる。
・コースの目的、内容、方法の関係を明らかにして一貫性のある授業シラバスを設計できる。
・教室において能動的学習戦略を適用することで学習理論や実践に関する知識を深めることができる。
・学生の学習と教員の授業形態に関連して教室環境の分析や管理ができる。
・教育技術によって学生の学習を高めたり、あるいは阻害したりする原因

を明らかにできる。
・授業技術に自信を持つことができる。

3）GRAD8102「大学教育に関する実習」授業シラバス

　このコースは、GRAD8101「大学教育に関する理論」やPFFPで承認された学部での教授法の理論や方法が応用できるように設計されている[4]。大学教育における教員の役割、制度への適合や大学ポストに関するジョブ・サーチ（求職）に対する大学院生の理解を高める。大学院生は、同僚と共にクラスあるいは教室外においてファカルティ・メンター、PFFPスタッフと緊密に働く。全般的な授業形態は、学生のプレゼンテーション、大小グループによる討議および双方向学習の戦略を含む。

　コースの到達目標は、以下のことができるようになる。

・短期大学、4年制大学、大学院修士課程および博士課程をもつ研究大学でファカルティ・メンバーとして大学の文化を理解し、教員としての責任を高めることができる。
・多様な教育機関において、大学機関の専門家や同僚がどのようなものであるかの理解を深めることができる。
・上記の大学機関において教員と一緒にメンタリングを構築できる。
・3つのクラスにおけるコースとメンタリング経験を通して得た知識を応用できる。
・メンターと一緒に教員の役割について経験できる。
・指定された大学のファカルティ・メンターと教員実習を実践できる。
・自己省察、メンターおよび同僚観察を通して教育効果をアセスメントすることができる。
・大学機関のジョブ・サーチ（求職）の現実的な見通しを持つことができる。

　ミネソタ大学授業・学習サービスセンターのPFFP「認定書」を授与された大学院生は、そこでの経験をどのように評価しているのだろうか。ウエブサイトに掲載されたコメントのいつかを以下に紹介する[5]。たとえば、「PFPFを通して、とても大切な教授方法を学ぶことができました。それは、多様な高等教育機関のキャリア選択に適応できました」「現在のポストには376人

の候補者がいたと聞かされました。他の候補者との違いの一つはPFFP認定書を持っていたことであると後で聞かされました。それは、私の教育に対する責任感を証明するものです。PFFPに関われたことをうれしく思います」「PFFPを受けなかったなら、まごついたと思います。また、すぐに有能な教員になれたことに本当に感謝しています。そして、重要な教育の問題を意識するようになりました。このプログラムがなかったら気づかなかったでしょう」。

3 カナダの大学教員養成プログラム——ダルハウジー大学の事例

1) 大学教員養成「認定書」プログラムの役割

2005年9月、ダルハウジー大学 (Centre for Learning and Teaching, CLT) において「大学におけるティーチング＆ラーニング認定書」プログラム (Certificate in University Teaching and Learning Program) がスタートした。これは、博士課程の大学院生に教育者としての専門職を身につけさせるもので、修了者には認定書のほか、成績証明書の中にプログラムを修了したことが記録され、将来の大学教員の求職に役立つ。

2)「認定書」の4段階プログラム

学際的研究でのPh.D.候補生サンドラ・ジェネイダ (Sandra K. Znajda) は、CLTプログラムを終え、近く、認定書を授与される。彼女によれば、認定書の取得は4つのステージから構成され、第1ステージは、ディレクターであるリン・テイラーによる1学期週3時間の授業で理論や実践的なティーチング・ティップスを学ぶことである。そこでは、自らカリキュラムを開発することを通して授業到達目標、授業方法、評価方法を学ぶ。第2ステージは、プロフェッショナル・ディベロップメントに関するトレーニングで、CLTが提供する多様なワークショップ（たとえば、学生の成績評価、ティーチング・ドシエー (Teaching Dossier, ティーチング・ポートフォリオのこと、以下同じ)、多様な学生への対応方法のテーマで1〜2時間程度のもの）に参加し、トータルで約20時間のワークショップへの参加が義務づけられる。第3ステージは、実践的

なもので3つの方法から選択できる。自ら授業を担当する、ゲストとして教える、(授業を教える機会がない場合は) 学生の学習に関連してティーチングを経験する。第4ステージは、ティーチング・ドシエーをまとめる。認定書の取得までに約2年間を要する。これは、アメリカのPFFプログラムに似ている。Ph.D.候補生は研究に没頭し、ティーチングについて十分な訓練がなされないため、卒業後にティーチング・ポストについてもうまく教えられないので、このようなプログラムの存在は重要である。

このプログラムは、必修ではなく必要に応じて履修できる。その経験が将来のティーチングでも役立つことから、ティーチング・ドシエーをまとめ証拠資料としても使える。いつ、このプログラムを履修するかは、博士課程のコースワークや候補者資格試験に影響を与えない範囲で指導教員と相談して決める。「認定書」を取得するために授業料を別途支払う必要はない。

3) 大学教員養成プログラムに対する州政府の支援

カナダ政府は、Ph.D.候補生の教育訓練状況を調査した結果、研究面では優れているが専門分野が狭すぎると結論づけ、広範な教育訓練が必要であると結論づけた。そこでカナダの大学の10分野で広範な教育訓練ができるポスドク対象のプログラムを提供すべきであるとして、この政策を円滑に進めるために、ポスドク・フェローが認定された教育訓練プログラムを履修したことが証明されれば、給与に課せられた課税を控除するとした。

4　PFFPにおけるティーチング・ポートフォリオの2つの役割

1) 形成的活用——ティーチング・フィロソフィーの構築

ティーチング・ポートフォリオの役割は、1) 過去の授業を記録に整理することにより、将来の授業改善に役立てる (授業改善)、2) 教員の教育活動が正当に評価され、そこでの努力が報いられる証拠となる (教員業績評価)、3) 大学の片隅で実践される多くの「優れた授業」「巧みな工夫」「熱心な指導」が埋もれることなく、多くの教員の共有の財産とする (FD活動) と考えられている。しかし、日本では愛媛大学など一部の大学を除き、その主たる目的は1)

の授業改善に置かれている。弘前大学でも、前述のように、2009年11月下旬、ティーチング・ポートフォリオおよびラーニング・ポートフォリオの権威者ジョン・ズビザレタ教授を招いて、全学FD講演会およびティーチング・ポートフォリオの核となるティーチング・フィロソフィー（授業哲学）に関する1泊2日のワークショップを実施した。しかし、多くの場合、そこでの成果は、第三者に見える形で活用されていないのが現状である。

　ところが、アメリカやカナダの大学におけるPFFP関連カリキュラムでは、ティーチング・ポートフォリオが重要な役割を果たすだけでなく、第三者に見える形で活用されている。たとえば、ミネソタ大学のティーチング・ポートフォリオはPFFPにおいて2つの重要な役割を果たしている。すなわち、GRAD8101「大学教育に関する理論」とGRAD8102「大学教育に関する実習」のカリキュラムにおいて形成的あるいは総括的役割を担っている。

　ティーチング・ポートフォリオの形成的活用は、教員のティーチングやラーニングに焦点が当てられ、教員の洞察や達成を同僚と共有するメカニズムを提供する。形成的活用ポートフォリオは、省察的であり、しばしばポートフォリオ作成者が教室において直面する問題を明らかにする。形成的活用ポートフォリオについては、Edgerton et al. (1991), *The Teaching Portfolio: Capturing the Scholarship in Teaching.* Washington, DC: American Association for Higher Education やHutchings (1996), *Making Teaching Community Property: A Menu for Peer Collaboration and Peer Review.* Washington, DC: American Association for Higher Education の著書を通してアメリカ高等教育協会に支援された。Hutchings (1998), *The Course Portfolio: How Faculty Can Examine Their Teaching to Advance Practice and Improve Student Learning.* Washington, DC: American Association for Higher Education の著書において、ティーチング・ポートフォリオが学部のカリキュラム改善およびコミュニティの発展として学部やプログラムで使用する方法を示唆した。

　授業哲学に関する記述は、一般的にポートフォリオの冒頭で記載し、自己省察的な教員は新しい経験や洞察が専門キャリア展開のたびに更新する。授業哲学の記述に加えて、ポートフォリオには多様な授業実践や戦略を記録するエントリーがある。これらは、一般的に自己省察的である、たとえば、過去あるいは将来のコース開発カリキュラムには、様々な教授学を選択する「理

由」が含まれる。たとえば、なぜ、このような方法を取るのか、なぜ、このような課題を出すのか、なぜ、このような試験をデザインするのかである。

　ティーチング・ポートフォリオの中から、求職や昇進委員会に提出する材料を選び出すことができる。

　ミネソタ大学は、単位制PFFPの中でティーチング・ポートフォリオをカリキュラムの中心に置いているが、簡単なワークショップの場合、優れたティーチング・フィロソフィーを作成させるルーブリック（評価基準）を明示して徹底した作成指導を行うインディアナ大学のような事例もある。2008年10月、アメリカPODネットワーク年次大会でインディアナ大学の事例報告「授業哲学の記述を採点するためのルーブリック」があった。同発表によれば、評価の測定範囲を1）学習目標、2）教授法、3）学生の学習評価、4）授業評価、5）スタイル（構造、レトリックおよび言語）の5つに分けて評価基準としてのルーブリックを提示して、優れたティーチング・フィロソフィーを作成できるよう指導をしている。前述の図4-3「授業哲学ステートメントを採点するためのルーブリック」を参考にすれば、どのような授業哲学ステートメントが高く評価されるのか。優れたデザインとは何かが明瞭である。

2）総括的活用──求職活動としての役割

　ティーチング・ポートフォリオの総括的活用は、ティーチング・ポートフォリオが大学でのジョブ・サーチ（求職）、昇進や終身在職権（テニュア）のためのティーチングやラーニングにおける教員の技術を証明するためのポートフォリオとなる。総括的ポートフォリオでは、ポートフォリオの作成者の教育面での優れた点を強調する。Seldin (1991), *The Teaching Portfolio: A Practical Guide to Improved Performance and Promotion/Tenure Decisions.* Bolton, MA: Anker Publishing とSeldin (1977), *The Teaching Portfolio: A Practical Guide to Improved Performance and Promotion/Tenure Decisions.* 2nd Ed. Bolton, MA: Anker Publishing の著書は、総括的ポートフォリオに役立つ提案が含まれている。ティーチング・ポートフォリオの総括的活用の基本となる議論は、Centra (1993), *Reflective Faculty Evaluation: Enhancing Teaching and Determining Faculty Effectiveness.* San Francisco: Jossey-Bass Publishers とChism (1999), *Peer Review of Teaching. Bolton*, MA: Anker Publishing の著書に含まれる。

前述のGRAD8102「大学教育に関する実習」における授業シラバスの到達目標以外にも、広範囲な教育問題（たとえば、昇進とテニュア、ノン・テニュアトラックでの採用、アカデミックに対する影響、大学機関や教員の役割の本質的な変化、教員の採用と多様化）およびそれらの問題がどのようにキャリア・プランに影響を与えるかがあげられる。求職に成功する大学選びや職種の理解を深め、アカデミックな仕事に取組むための実践的な戦略も含まれる。そして、公募に応募するポートフォリオを作成させるために、以下のことを準備させる。

・大学の分析
・履歴書
・カバーレター
・研究声明
・求人内容に合った参考材料

ポートフォリオは部分的に重なる（たとえば、双方とも授業哲学、履歴書、シラバスのサンプルを含む）。しかし、ポートフォリオの使用目的において主な違いがある。求職用ポートフォリオは、出願のための書類で、大学院生が大学機関への求職に使用するための材料が中心となる。ティーチング・ポートフォリオは、基本的には大学院生が授業実践を省察できるように設計されたもので形成的なものである。図8-1が両者の対比図である[6]。

形成的活用	総括的活用
分類	分類
・教授技術の開発	・採用、契約更新
・自尊心の開発	・昇進
・大学教員としての準備	・教育賞
目的	目的
・目標設定	・目標設定
・授業哲学の開発	・授業哲学の記述
・成長基準の確立	・成長基準の確立
・教育の証拠収集	・教育の質保証
・証拠の省察	・証拠の裏づけ
・実践による変化	・他者との共有

図8-1 「ティーチング・ポートフォリオの形成的活用と総括的活用の比較」

3) ファカルティ・メンターの役割

GRAD8102「大学教育に関する実習」で重要になるのが、「ファカルティ・メンター」である。これは、GRAD8102「大学教育に関する実習」を担当する教員を指すのではない。ファカルティ・メンターとは、大学院生に実習指導をすることに同意した地元の大学教授のことである。大学院生はファカルティ・メンターが担当する3つのクラスで教える。セッションは、メンターや学問分野および大学機関で違いが見られるが、通常、50分クラス（講義あるいは議論のどちらか）におけるメンターリングであるが、他の形式で教えることもある。どのように決定するかは、大学院生とファカルティ・メンターが話し合って決める[7]。

5　今後の展望

1) GRAD8101「大学教育に関する理論」にラーニング・ポートフォリオ導入の可能性

PFFPでは、ティーチング・ポートフォリオが積極的に活用されているが、現在のところ、ラーニング・ポートフォリオを活用しているという事例はない。しかし、ティーチング・ポートフォリオは「省察」、「証拠資料」、そして「コラボレーション（メンターリングを含む）」の3つの要素から構成され、「証拠資料」が重要な役割を担う。「証拠資料」とは、学生がどのような学習成果を収め、学習過程において教員がどのように関わったかが問われるもので、ラーニング・ポートフォリオは優れた「証拠資料」となる。この点に関して、ミネソタ大学授業・学習サービスセンター・ローザイティスは、筆者の質問に以下のように回答している。

ラーニング・ポートフォリオをPFFPで活用するという考えは興味ある指摘である。GRAD8101「大学教育に関する理念」では、大学院生に学習選択について省察させ、授業実践でどのような影響を与えるかを議論させる。現在、ラーニング・ポートフォリオを課していないが、このコースで活用できると考えられる。懸念されるのは、大学院生に余分なワークロード（作業負担）を課すことにならないかである。一つの代案としては、ラーニング・ポート

フォリオをティーチング・ポートフォリオの中に組み入れることである。これならば、大学院生はポートフォリオをつなぎ合わせるだけですむことになる。

2) カリフォルニア大学バークレー校夏季PFFPとティーチング・ポートフォリオの事例

2009年10月28日〜11月1日、テキサス州ヒューストンで開催された第34回PODネットワーク年次大会で「時代変遷におけるファカルティとしての役割のための準備」(Preparing for Faculty Roles in a Time of Change) のセッションに参加した。この発表では、カリフォルニア大学バークレー校夏季PFFプログラムにおける「ティーチング・ポートフォリオの展開」(Developing a Teaching Portfolio) が紹介された。このプログラムの2009年度の場合、5月28日〜6月29日の月曜日から木曜日の午後2時〜4時に集中講義が行われ、今年で7回目であった。これは、大学院生が将来の大学教員や大学機関の求職のための準備と位置づけている。今年は、約40名の大学院生が研究生 (Institute Fellows) として選ばれた。

プログラム内容を配布資料から以下に簡単に紹介する。

コースには2つの主要な目標がある。1) 6週間でティーチング・ポートフォリオを作成する。2) 省察活動で同僚と協働して教授技術を改善する。ティーチング・ポートフォリオの開発を通して、教育の基本について考える機会を持つ。たとえば、教育を推進するうえでの価値観、想定、教育方法についてである。効果的な授業シラバスをどのように設計するか。授業や学生の学習を改善するために授業評価やフィードバックをどのように行うか。教室で実践する授業と学習を改善するために、短期的・長期的目標をどのように設定するかである。

これらの目標を達成するためにクラス活動や課題を組み合わせる。その方法は、たとえば、グループ活動、ピアレビュー、省察的なライティングは、対話、建設的フィードバックや授業の省察においてよく学ぶ信念を持たせる。授業実践を改善のために活動や授業のアプローチの考えを提供できる。

各クラス・セッションの終わりに課題が配られるが、これはポートフォリ

オ作成のためのものである。課題は、各セッション時に必ず提出する。その多くがティーチング・ポートフォリオの草稿となり、改訂と改善の繰り返しをする。最初から完成させる必要はない。

　すべての大学院生は、各クラス・セッションに出席して課題を行い、コース修了時までにポートフォリオを完成させる。7月1日の最終レセプションのときに、ポートフォリオのコピーが展示される。

　6週間の集中講義の到達目標として、コース修了時までに研究生は以下のことができるようになる。

- 大学教育におけるティーチング・ポートフォリオの歴史が説明できる。たとえば、省察とは何か。誰が、どのような目的でティーチング・ポートフォリオを用いるのか。
- 雇用委員会の視点から授業哲学を評価できる。
- 教育方法、アプローチや活動を省察して教育学の合理性を明らかにできる。
- 学習目的にもとづくアセスメント・コース、デザイン活動、学生の学習目的を明らかにできる。
- 学生エンゲージメントや動機づけを促進する授業シラバスをデザインし、コース理念をまとめ、重要な学習に繋げることができる。
- 将来の改善目標を設定し、学期末評価を体系的に分析・統合できる。
- 教室でのフィードバック・ループを作成するために、学期スケジュールに沿って適切な形式のアセスメントを選択できる。
- 大学機関の求職において個々の教育について、いつ、どのように提示するかの情報選択ができる。

3) 東北大学におけるPFFPへの挑戦

　アメリカやカナダにおけるPFFPを中心に述べたが、同様のプログラムは、オーストラリアでも、イギリスでも見られる。このような国際的な動向を視野に入れた日本の動きも見逃せない。すでに、各大学あるいは大学間連携を活用した大学教員（新任教員）を対象とした実践的なFDプログラムの開発がはじまっている。なかでも、今後の展望を考えるうえで東北大学高等教育開

発推進センターのプロジェクト「国際連携を活用した世界水準の大学教員養成プログラム (PFFP) の開発」は注目に値する。

このプロジェクトの背景に、「日本の将来にかかわる最大の課題——大学教育力の向上——」があげられ、「研究訓練だけの大学院教育では教育力は育たない」との考えがある。その理由として、新任教員の80％以上が、「授業に関する十分な知識がない」との不安があり、大学院で研究能力と教育能力を備えた教員養成が不可欠との考えがある。名古屋大学、京都大学、一橋大学の一部の大学で大学院生向けのプログラムが試行的に行われている。

東北大学のプロジェクトは、そのタイトルが示唆するように海外先進国 (アメリカ、イギリス、カナダ、オーストラリア) の先行事例を参考に、東北大学独自のプログラムを開発し、大学院で世界水準の教育力を育てるというものである。具体的には、海外先端的プログラムへ教員を派遣し、大学教授職としての教育能力の育成を目指し、派遣プログラムを踏まえて日本型の教育力育成プログラムを開発するというもので、「東北大学での大学教員養成は日本の大学を変える」と述べている。

2010年8月24日、東北大学高等教育開発推進センター主催の国際シンポジウム「大学教育開発とネットワーク・大学院教育の役割」が開催された。これは、もともと大学教員のキャリア・ステージに対応し、大学院教育での大学教員養成 (PFFP)、新任教員に対する援助・助言、リーダー教員への援助など、研究・教育能力を育てる専門性開発 (Professional Development, PD) プログラムの開発を目指したもので、この分野の主要先進国のアメリカ、カナダ、イギリス、オーストラリア、そして日本の代表者が一堂に集まって共通のテーマのもとで議論した。

発表者の議論の中にも、今後の日本のPFFPやFDを考えるうえで示唆に富んだ意見があった。たとえば、

(1) FDは、教員 (Teacher) のためではなく、教育 (Teaching) のためにあるという基本の再認識が必要である。しかし、多くの場合、その矛先は教員に向けられている。

(2) PFFPの各国の取組みには違いも見られる。たとえば、PFFPはもともとアメリカの大学院制度に属するもので、大学院時代に大学教員を養成す

るものである。ところが、オーストラリア代表者によれば、オーストラリアではアメリカのようなPFFPは行われていない。その理由の一つは、必ずしも大学院卒業後に大学教員になるとは限らず、多くは大学以外の職場に就くからである。最も重要な理由は、教員に不可欠な"Reflective Practitioner"（省察的な実践者）は、授業実践において省察的に振り返ることが求められ、授業実践ができない大学院生には不向きであるとの指摘である。

　このような理由も肯けないことはないが、PFFPは必ずしも将来、大学教員にならない大学院生にもキャリア教育という視点から役立つように設計されている。たとえば、前述のミネソタ大学のファカルティ・メンターのように優れたマンツーマンのメンタリングもある。

9章　エンプロイアビリティーと「社会人基礎力」

1　「学士力」と「社会人基礎力」

　周知のように、中教審は2008年12月の答申で「学士力」の育成を提起した。その背後には、大学が十分な教育成果をあげていないという懸念があり、大学教育の質を検証する必要性を感じたからにほかならない。大学教育の質(内容)あるいは実力(社会で必要とされる力)はどのようにして測ることができるのだろうか。それは、大学教育を受ける学生、あるいは卒業生を通じてでしか証明できない。もちろん、結果を測定することも重要であるが、大学教育の中身をどうするかが先決であることは言うまでもない。以下が「学士力」と「社会人基礎力」の概略である。

　中教審が提起した「学士力」とは、以下の4分野13項目である。それは、21世紀型市民育成のため、グローバルな知識基盤社会、学習社会に備えるため、大学全入時代の大学の質保証のためである。

　　学士力（知識・理解）　　異文化、多文化の理解
　　　　　　　　　　　　　　人類の文化、社会と自然に関する知識の理解
　　　　（汎用的技能）　　　コミュニケーションスキル
　　　　　　　　　　　　　　数量的スキル
　　　　　　　　　　　　　　情報リテラシー
　　　　　　　　　　　　　　論理的思考力
　　　　　　　　　　　　　　問題解決力
　　　　（態度・志向性）　　自己管理力
　　　　　　　　　　　　　　チームワーク・リーダーシップ
　　　　　　　　　　　　　　倫理観
　　　　　　　　　　　　　　市民としての社会的責任
　　　　　　　　　　　　　　生涯学習力

9章 エンプロイアビリティーと「社会人基礎力」

(総合的な学習経験と総合的思考力)
　　　　　　　　　知識の総合的活用と課題解決能力

　経済産業省が提起する「社会人基礎力」とは何か、それは何のためなのか、以下がそのための3能力・12要素である。

　社会人基礎力（前に踏み出す力）主体性、働きかけ力、実行力
　　　　　　　（考え抜く力）　　課題発見力、計画力、創造力
　　　　　　　（チームで働く力）発信力、傾聴力、柔軟性、状況把握力
　　　　　　　　　　　　　　　　規律性、ストレスコントロール力

これを図表で示すと**図9-1**のようになる。

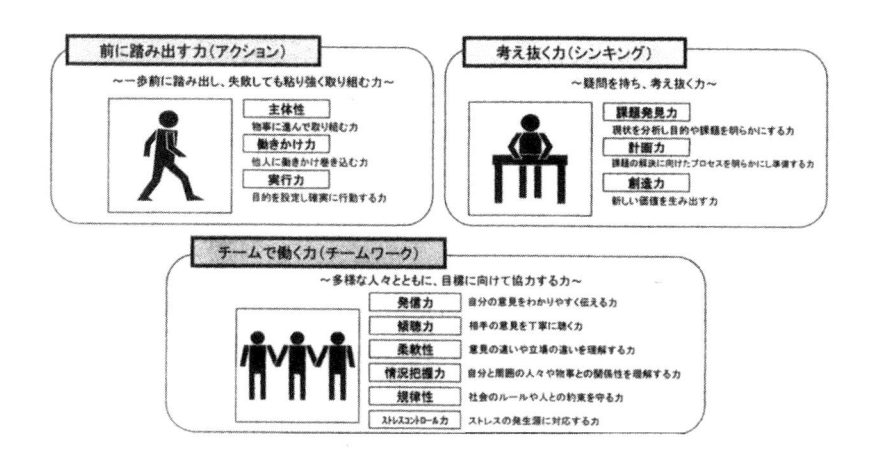

図9-1　3つの力／12の能力要素

出典：経済産業省・河合塾『社会人基礎力〜育成の手引き』

　以上のように、文科省は「学士力」、そして経済産業省は「社会人基礎力」を提起している。これを契機に「○○力」というフレーズが社会ブームになった。一般読者からすれば、「学士力」と「社会人基礎力」は別個のもので、大学では「学士力」を、そして社会においては「社会人基礎力」と考えてしまう。人間の力とは、そう簡単に区別できるものではない。両者は「同根」であるはずである。これは、現在の国の行政のあり方が問題であり、行政の「縦割り」が原因である[1]。

2　イギリスの大学におけるエンプロイアビリティー

　「エンプロイアビリティー」とは何のことか。この言葉に関心を持った読者も少なくないと思われる。これは、英語の"Employability"のことであるが、適切な日本語訳が探せないところからカタカナ表現となっている。最近の不況による雇用問題を契機として、日本の大学でもエンプロイアビリティーに繋がる人材育成が求められている。『日本経済新聞』(2010年11月28日付、広告欄)では、エンプロイアビリティーにもとづく大学の使命・役割が特集された。同新聞では、「エンプロイアビリティー」を「雇用につながる能力」と訳している。また、「就業力」とも述べている。

　1年前(2009年11月19日)、イギリスの大学教員のための専門職能開発(Staff and Educational Development Association, SEDA)の年次大会がバーミンガムで開催されたとき、近くのBirmingham City Universityを視察する機会があった。同大学で、ルース・ロートン(Ruth Lawton, University Learning and Teaching, Fellow for Employability, Centre for Enhancement of Learning and Teaching)に会った。彼女の専門職はタイトルからもわかるように、「エンプロイアビリティー」プロジェクト担当者である。筆者は、「エンプロイアビリティー」に強い関心を持って調査した。

　彼女は、エンプロイアビリティーの定義として「エンプロイ(雇用)には危険が伴うが、エンプロイアビリティーには保証が伴う」(Peter Hawkins 'Art of Building Windmills' 1999)の表現を引用している。また、「エンプロイとエンプロイアビリティーの違いは、前者が単に仕事を得ることにあるのに対して、後者は仕事の確保だけでなく、それを継続して発展でき、社会情勢の変化に順応できる能力のことである。学生にエンプロイアビリティーを育てるには、より多くの職業経験をさせ、自己認識を持たせることである。もし、そのような職業経験ができないのであれば、同じようなことを教室やカリキュラムで実践させ学んだことを振り返らせることである」と述べている[2]。

　イギリスでは、エンプロイアビリティースキルをどのように位置づけているのだろうか。たとえば、2007年10月に行われたディレクターの調査研究によれば、卒業後の従業員のとくに評価したいスキルと資質に関して500人のディレクターに質問したところ、トップ10のスキルと資質は以下の通り

であった。
 1. 正直さと誠実さがある
 2. 基本的リテラシースキルがある
 3. 基本的コミュニケーションスキル（たとえば、電話）がある
 4. 信頼性がある
 5. 勤勉で優れた労働観を持っている
 6. 数量的思考能力スキルがある
 7. 「できる」との積極的な態度がある
 8. 時間を厳守する
 9. 締め切りに間に合わせる能力がある
 10. チームで協働するスキルがある

エンプロイアビリティースキルを、学生の学位や具体的な職業的、技術的あるいはアカデミックな知識やスキルと関連づけて評定させたとき、65％の卒業生の雇用者が、エンプロイアビリティースキルが重要であると回答した(Institute of Directors Briefing 2007)。

どのようにすればエンプロイアビリティースキルを育てられるか。それらは、仕事、研究、社会生活、余暇時間、家事での責任を通して育てることができる。たとえば、大学の学習においては次のことが育てられる。1) チームで働く、2)デザインしたり、まとめたり、プレゼンテーションしたりする、3) 問題を解決する、4) 応用や分析スキルを磨く、5) 文書、口頭、ボディーランゲージにおいてコミュニケーション能力を高める、である[3]。

エンプロイアビリティースキルを図表でまとめると図9-2のようである。

図9-2　エイプロイアビリティースキル

基本スキル	思考スキル	人間的社会的スキル	個人的発達スキル
口頭／文書によるコミュニケーション力 公式、非公式において口頭もしくは文書で多様な人々と組織内外でコミュニケーションが取れる能力	**省察力** 重要な経験にもとづき自らを理解し、向上させ、分析し、そして学習について省察できる能力	**チームで働く力** 他者と共同し、効果的にコミュニケーションができ、グループと目的を共有でき、すべてのグループメンバーを支援して力を発揮する雰囲気づくりができる能力	**誠実性と正直さ** 正直、信頼性、および公正さの関係を育む能力を証明でき、善悪の判断と倫理上のジレンマを考慮できる能力

数量的思考力 情況において数量的データを用いて分析、提供できる能力	独創力と革新 「箱の外の思考」での仕事や問題解決に独自の方法を生みだし、展開できる能力	自己信条 自己の強さ、能力、可能性において自己促進や自信がもてる能力	自己認識 自己の特徴や特色を認識でき、自身の長所、短所、価値を見極める能力
情報通信技術（ICT）スキル 多様なICTスキルやソフトを用いて情報の活用やコミュニケーションができる能力	分析と決断力 選択に際して批判的に考察でき、ポジションやオピニオンまたは決断ができる能力	影響力と交渉力 独断的な交渉ができ、望ましい結果を見極め、柔軟性が取れる能力	キャリアマネージメント 現状を評価する能力や雇用に関連する開発を計画できる能力
説明および学生ガイダンス・ノート これは、スキルおよび品質に関するリストで、イギリス人の雇用者の最近の調査にもとづいて新卒者の評価を示したものである。これらのスキルの多くは、「アカデミック」や「学習」スキルと関連する。言い換えれば、これらのスキルは二つの任務をもつ。すなわち、調査を手助けしより雇用できるようにする。次年度のスキルの開発に向けて慎重に検討してください。	問題解決力 変化に対応した戦略を定義し、適用し、あるいは状況や問題を解決でき、使用された方法を評価し、再検討できる能力	リーダーシップ 意見の相違を調整でき、他者に貢献できるリーダーシップの役割を果たすことができる能力	順応性と柔軟性 順応と柔軟な態度で変化に順応でき、「迅速な行動」で異なる状況においてスタイルが変えられる能力
	理論を実行に移す能力 理論を明確に理解し、理論的概念を実践と統合に移せる能力	ネットワーク 自らの目的、役割モデルをサポートし、プロとしてのアイデンティティを確立し、他者との仕事やコミュニケーションを維持できる能力	コミットメント 情熱と献身で目標に向かってモチベーションが高められる能力
	行動計画と組織スキル プロジェクト計画、開発、監督あるいは信頼性、時間厳守、および細部への注意能力の領域にわたって考えることができる能力。	対人スキル すべてのレベルで人々と接し、快適にさせ、事情の変化でも関係を維持でき、能動的に傾聴できる能力	
	文化的およびクライアント認識 個人、政治意識、およびビジネスにおいて広範囲で適切な関係を確立できる能力	自立活動 重圧の中でコントロールや自己責任を取ることができ、目標達成のために監督なしでも働ける能力	

出典：Birmingham City University: CELT: ESDU: Oct 08 JP/RL www.bcu.ac.uk/celt

3　経済産業省「社会人基礎力」育成の手引き

　日本の大学でも「エンプロイアビリティー」を備えた人材育成の活動が活

発になっている。たとえば、国が支援する「エンプロイアビリティー」育成に向けた代表的な取組みとしては、経済産業省が2006年に定義して普及を進めた「社会人基礎力」がある。社会人基礎力とは、「職場や地域社会で多様な人々と仕事をしていくために必要な基礎的な力」と定義づけている。それらは、前述のように、「前に踏み出す力」「考え抜く力」「チームで働く力」の3つの能力と12の能力要素（前掲図表を参照）で構成される。

同省は大学教育を通した「社会人基礎力」の育成・評価モデルの開発を行い、社会に出る直前の教育機関であり、より実践的に社会と連携した活動が可能な「大学」に着目し、ゼミや研究室・授業といった教育活動を通して、体系的に「社会人基礎力」の育成・評価を進めるモデルプログラム、つまり「お手本となる授業」の研究・開発を平成19年度から3年間、全国19の国公私立大学で行い、最終年度の2010年8月末に『社会人基礎力　育成の手引き〜日本の将来を託す若者を育てるために』と題したレファレンスブック（非売品）を作成した。

『社会人基礎力　育成の手引き』

弘前大学はモデル校ではなかったが、同プロジェクトを制作・調査した河合塾は、2009年2月9日、筆者の弘前大学21世紀教育テーマ科目「国際社会を考える(D)」の授業を取材し、学生へのインタビューを踏まえて「学問・知識が社会人基礎力で深まる──教養教育──」[4]と題して同書に収録した。この中で、「メンタリングをコラボレーションで行っていると社会性が身に付く。この学生パワーが学生を成長させる」として学生が自ら「考え抜く力」をつけるために、準備学習を徹底させる仕掛けを用意し、授業はグループ討論を中心とし、「チームで働く力」を養い、学習の振り返り（省察）をさせることで主体的な学習力を高めると紹介している。以下がその概略である。

◆図書館で予習させる仕掛けを作り、大学の知的インフラに慣れさせる
　「私は大学の先生の仕事は、知識を教えることにあるのではないと思います。学生たちが学習に積極的になれる仕掛けを作り、きっかけを与えて、後は本人が自分で学習を行なうのです。私たち教員にはそれしかできないのです。
　私の授業は、学生たちの予習から始まります。私はあらかじめ学生たちに、シラバスを通じて、次の授業の「課題」「授業の到達目標」「授業内容」「討論課題」を提示していますが、「指定図書」を読み、質問に答えてくることを「課題」（＝指定図書課題）として、予習させるのです。
　指定図書は、大学に購入してもらい、図書館に置いてあります。学生たちが本を借り出してカウンターでスタンプをもらいます（注：指定図書は貸し出しが禁じられています）。私はこれを授業の出席カードにもしています。スタンプを押してもらわないと、提出を認めないのです。
　図書館にはたくさんの本があり、通うことに慣れると、学生たちは有効な学習ができるようになります。図書館をうまく活用すると学び方を学べるのです。」
　このように、大学には知的能力育成のための様々なインフラがあり、図書館は代表的ものであるが、その価値は十分には理解されていない。図書館も含めて、大学全体の環境を利用し、学び方や考え抜く力などを学ぶようにしている。

◆答えを覚えるのではなく、疑問を抱き、問いかけのできる学生を育てる

　「図書館で課題図書を読むときは、必ず、クエスチョンマークをつけて読みなさいと言っています。授業を聞くときも同じです。今の学生は、クエスチョンマークをつけたら絶対にいけないと思っているのです。答えを覚える学習をしてきたからです。でも大学でのリベラル・アーツ教育では、質問ができる学生を育てるのです。質問ができることが全てなのです。

　社会に出ると、大学で学んだことがそのまま通用するわけではありません。大切なのは、どういう質問ができるかということです。質問することは、それを通じて、いろいろなものを引き出すことです。質問が上手な人は、いくらでも論文が書けるのです。例えば書物に対しても、問いかけができるのです。問いかけができるから、いくらでも新しい考えが出てくるのです。

　私の授業では、最後に試験問題を学生に作らせていますが、これは、いつも授業をクエスチョンで聞くくせをつけさせるためです。ですから、このことを最初のオリエンテーションで伝えています。学生は試験をされるばかりで、試験問題を出したことがないから、面白くて一生懸命取り組みますよ。」

　このように、学生に常にクエスチョンマークをつけて本や授業に向かうことを促している。答えを覚えこむのではなく、クエスチョンをつけて考え抜くことを誘うが、学生は、問いを立てることができるようになり、「課題発見力」や「創造力」が養われ、試験問題すら作れるようになる。

◆授業はスクラッチゲームで始まるグループワーク

　「私は予習に基づいたスクラッチクイズで授業を始めます。コインで削って答を選ぶもので、お楽しみゲームです。課題をきちんとやってくれば解けますが、そうでないとできません。スクラッチクイズは授業内容への導入です。単にウォーミングアップをするのではなく、楽しみながら、もうその日の授業の中身に入っているのです

　そのよさは、グループで回答しなければいけないということです。個別で回答したら、スクラッチクイズは意味が半減するのです。グループ

で話し合って、どれが正しいか考えていく。その様子がコラボレーションです。いろいろ議論して、最終的にグループの責任で選びます。そうすることで、同じ目線で討論に入っていけるのです。

　学生は、指定図書課題の他にも、その日に討論される議題についてもあらかじめ考えてきます。議題はシラバスに載っているので、授業で何が話し合われるか分かっています。その場で議題を決めていきなり話し合うのではなく、予習して自分で考えてから話し合っているので、より議論が盛り上がると学生は言います。あらかじめ考えてくると授業で発言したくなるので、授業に出ようという気持ちが強くなります。

　そのためすぐにグループワークが始まります。学生は調べてきた考えを持ち寄り、議論をします。課題をしてこなかった人は討論の輪に入れませんが、これは結構、こたえます。

　今の学生は先生のプレッシャーなど、何とも思っていないのです。宿題をしてこなくても平気なのです。しかしこの授業の場合は、宿題をしてこなかったら、グループに迷惑がかかるし、自分が討論の輪から外れてしまう。そうするとすごくプライドが傷つけられるのです。だから同じ世代の人と協働させるのが大事なのです。学生は隣の学生を、一番、気にしているのです。」

このように、授業を課題に基づいたスクラッチクイズから始める。しかもグループワークで始めるので、課題をしてこないと、討論の輪に入れない。同世代の輪の中で、一緒に学びたいという思いへの刺激が、事前準備に取り組む積極性や、授業参加への意欲を引き出し、「主体性」を養っている。

◆**発表するときの主語は、必ず「私たち」**

　「グループで話し合ったことの発表で、授業を進めます。学生たちにいろいろと語ってもらい、他のグループにコメントをしてもらいます。私も質問をします。質問と回答の連続です。

　課題や到達目標、討論の議題まで提示してありますから、事前学習をしてきた学生たちは、たくさん語る内容を持っているのです。でもただそれだけでは、なかなか手を挙げて自分の意見をスラスラと言えるものではありません。そこで私はここで、『私たちは』を主語に発言するこ

とを学生に求めます。初めに行なったグループ討議に基づいて、この問題は「私たちは」こう考えましたと意見を述べてもらうのです。『私は』と発言すると、間違ってしまったら恥ずかしいという思いがあるし、自分の意見に自信がないと、手を挙げられなくなってしまいます。でも『私たちは』と言えば、垣根が低くなるのです。こうすると、次のグループはより話し易くなります。学生たちは、どんどん自分で話し出しますよ」

このように、授業を学生への質問と回答で進めるが、自分のグループを代表して、「私たちは」と語ることを促している。このことで学生が発言に積極的になり、慣れができ、自信がついて、堂々と意見を述べ、他の学生を討論の中に引き込めるようになる。「前に踏み出す力」、人に働きかけていく力が、養われていくことになる。

◆ **自分の言葉で語り、相手の話も受け止められるようになる「パラフレーズ」を訓練**

「自分の意見を述べるときに重視しているのが、『パラフレーズ（言い換え）』です。相手の話に耳を傾けて、自分の言葉で言い直すことです。指定図書課題でも、ノートに抜き書きをするのではダメです。必ず自分の言葉で語ってください、と学生に強調しています。グループで討論して、クラスの前で発表するときにも、みんなの意見を自分の言葉でまとめるのです。

私は授業中に、学生にパッと意見を求めます。前の人と同じ答えを言わないようにといつも強調しています。だから、学生はうまいのです。たとえ自分と同じ考えでも、それを言わないで、すごく印象的だった言葉を使ってパラフレーズすることでできるのです。

また他のグループの意見に対してコメントするときも、パラフレーズが大切です。コメントは相手に敬意を表すことですから、まずは相手が言ったことを受けとめる必要があります。あなたたちはこう言われましたね。それに対して私たちはこう考えました、と入っていくのがパラフレーズです。特に相手の話に共感できない点を見つけたときも、『今、あなたがおっしゃったことにはとても驚きました。しかし私はそういう視点から考えていません…』と、相手の発言に触れた上で自分の意見を言うことが大事です。謙虚に受け止めて、的確にパラフレーズをするこ

とが大事なのです。

　このような訓練を積んでいくと、パッと話を振られたときにもコメントをすることができるようになります。これが大切です」

このように、学生が意見をまとめたり、コメントしたりするときに、「パラフレーズ」を行なうことを強調している。相手の意見や発言を、自分の言葉で言い換えることから始めるようにする。こうすると相手の意見をきちんと受け止めて、コメントを行なう姿勢が身に付くようになる。「傾聴力」や「発信力」、「チームで働く力」が養われる。

◆コラボレーションの中でメンタリングの力を育てる

　「パラフレーズをしながら討論をしていくと、コラボレーションが生まれてきます。これを育てることが大切です。コラボレーションとは私の授業に引き付けて言えば、グループ活動です。学生同士が同じ課題を勉強してきて、同じ土俵で意見を言うわけです。

　コラボレーションの中で、メンタリングができるようになります。言いたいことは何ですか、どうしてそう考えるのですか、と相手から引き出したり、相手を導いたりしてあげるのです。メンタリングは、通常目上の人が目下の人にしますが、学生同士の間で、メンターの役を相互に担えるようになります。

　社会に出たら、企業でいろいろな会議があります。ちゃんと会議のメモを読んできて、同じ土俵で議論をする。全く一緒ですよ。だからメンタリングをコラボレーションで行なっていると、どんどん社会性が身に付くのです。この学生パワーこそが、学生たちを成長させるのです。学生が自分で予習をしてきて、自分たちで討論して、育っていくのです」

このように、学生同士の討論をメンタリングやコラボレーションと名づけ、それぞれの学生が互いにメンターとなって話ができるようになっていくことを促している。このとき問われるのは、相手の立場を思いやることである。「柔軟性」や「情況把握力」なども養われる。

◆授業後には省察、学生同士で学んだことだから定着

　「授業は学生の討論で始まり、学生の討論で終わります。主役は常に学生です。でもこれで全てではなく、授業が終わったら、私は学生たちに、

授業の中で学んだものを振り返って、メモを書いてもらいます。これを省察（せいさつ）＝リフレクションと言います。

　ここで学生たちが振り返るのは、コラボレーションして考えた内容です。みんなと討論して、一緒になって結論を導き出していった過程を振り返るのです。メンタリングを通じて考えたことを書く。これがとても大事です。

　これが私の言うところの深い学びなのです。アメリカではディープ・ラーニングといいます。表面的に知識習得したラーニングとは違います。単なるラーニングで得た内容はすぐに忘れてしまうのです。なぜならフックするものがないからです。知識は引っかかるものがなかったらすぐに忘れてしまいます。ディープ・ラーニングにはフックするものがあります。それを作っているのは仲間です。同僚です。これは学生たちがやることで、私がやることではありません」

　このように、討論によって成り立った授業を、後から学生に振り返らせ、文章を書かせている。これは授業後の課題としてである。このことで学んだことの定着が図られる。学んだことがフックできるのは、仲間と一緒に考えたことだからである。これを通じ、授業の中で育成された「社会人基礎力」のあらゆる要素が自覚化される。

◆学習過程をファイルして残すドキュメンテーション

　「省察を通じて学生は文章を書きますが、これをファイルして残していくことが重要です。予習した内容、授業で討論して深めた内容、これら全て挟み込んでいきます。どういう学びをしたのかの証拠資料をまとめるのです。これを、ドキュメンテーションといいます。ここまでくると、ポートフォリオが出来上がってきます。

　ポートフォリオは、建築家が設計した内容を顧客のところに持っていって見せるファイルで、これを学習に応用したものが、ラーニング・ポートフォリオです。それは、これまで述べてきた学習の中から生まれてきます。学生同士の討論（コラボレーション）、省察（リフレクション）、文章に残すこと（ドキュメンテーション）の3つの要素から成り立ちます。三要素がきちんとファイルされていることが、ポイントです。全ての学

習の過程を挟み込み、それをいつでもどこでも持っていって、学習の軌跡を確認できるようにするわけです。ただし電子媒体を初めから使うと、ブログのようになってしまいかねないので、これは使わない方がいいと思っています」

このように、省察のために書いた文章や課題への取り組みを、学生がファイルしていくことを指示する。半期の授業が終わるときには、一冊の学習記録ができる。これがポートフォリオとなる。この学習記録を振り返り、これを証拠資料とした最終的な学習の振り返り（Ａ４版２～３ページ）を書くことになる。

◆ポートフォリオでも成績評価

「これは、自分はどういう学習者なのか、あなたはどのような状況に置かれたときに、一番深い学びができましたかと聞いているわけです。自問自答を繰り返し、考えさせていくところが大事です。15回分を振り返ると、あるときには学習が深くてあるときには浅いという波がある、それがなぜなのか学生自身が振り返らなくてはいけない。プロセスを自分で振り返らせることで、自ら学習する能力が高まっていきます。そして、ポートフォリオというのは、学んだことをどう生かすか、学んだことを活用するためのものなのです」

このように、評価については、ポートフォリオの場合、省察のすべてに個人的反省が書かれているか、学生の進歩や目標到達を示す証拠資料が示されているか、などの項目に対して採点指標（ルーブリック）が出されており、学生にも配られる。学生には、採点指標を先に示し、そこに示された観点でポートフォリオができているか、確認させる意味がある。

そこでは、ポートフォリオを成績にまで反映させている。（ポートフォリオ評価）が、「社会人基礎力」の育成を授業の中で意識して行ったとすれば、それをポートフォリオで評価することもできると思われる。たとえば、「授業の到達目標」や「学習への省察」の観点として、「社会人基礎力」を授業内容に併せてどう発揮や活用していたのかという観点を盛り込み、ポートフォリオを書かせることで、「社会人基礎力」の評価が可能になる。

4　エンプロイアビリティーを育てる教授法

　現代の大学では、高度な専門知識を授けるだけでは不十分である。学んだ専門知識を職場で応用できる社会的に自立したリベラル・アーツ教育にもとづく人材育成が求められる。大学は、単に職業に直結した専門科目を学ぶだけではなく、どのような科目においても批判的な態度を学ばせることができる教員の教授法が不可欠である。筆者の授業実践の経験からも、エンプロイアビリティーあるいは「社会人基礎力」の育成は、学生を巻き込んだ能動的学習を促す授業方法によって培われるものであると確信している。

終章　まとめ

　最近の学生は自分のことを「生徒」と呼ぶ傾向が強い。言うまでもなく、大学では「学生」、高等学校・中学校では「生徒」と呼称が違う。呼び名だけではない。意味合いも違う。このような現象を「大学の学校化」と呼ぶ[1]。たとえば、「授業内容も大学と高等学校までの学校とでは違う。高等学校までの教育内容は学習指導要領で定められていて、日本中、どこでも同じ内容を学習する。つまり、生徒に授業を通じて既存の知識を身につけさせるのが学校である。ところが大学には学習指導要領のようなものはない。大学の教員は個別に授業の目標を定め、教える内容もそれぞれの教員が決める。だから同じ大学の同じ名前の授業でも、教員が違えばまったく別の授業内容になることもある。これは大学では既存の知識だけではなく、物の見方や考え方を身につけることが重視されていることによる。大学で学ぶ内容に『正解』が無いのはこのためである」。ところが、大学が「学校化」し、学生が「生徒化」している現状では、両者が混乱している。学生は授業にまじめに出席するが、教員の話を鵜呑みにし、授業以外のことに耳を貸さない。なによりも授業で良い成績をとるため、期末テストにのみ関心が注がれる。すなわち、現在の学生は高等学校までの「生徒」と同じ学校的な価値観やスタイルで学んでいる。

　一方、企業はどうかというと大学教育をそれほど重視していない。たとえば、図終-1が示すように、日本経済団体連合会が2006年に企業に対して行った調査によれば、「選考にあたっての重視点」で「学業成績」をあげた企業は6.2％に過ぎなかった。企業がもっとも重視したのは「コミュニケーション能力」の75.1％であり、次に「チャレンジ精神」の52.9％、「主体性」の52.5％であった[2]。

　データを見る限り、大学での学業成績は、必ずしも就職活動に有利に働いていない。これでは大学の存在理由がない。「コミュニケーション能力」、「チャ

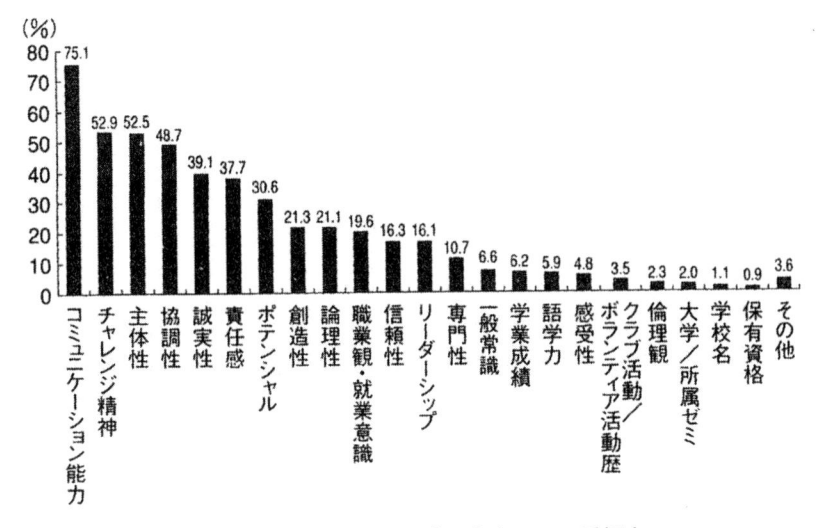

図終-1 企業の採用選考にあたっての重視点

出典：加野芳正・藤村正司・浦田広朗編著『新説 教育社会学』玉川出版部、2009年、196頁を参照

レンジ精神」、「主体性」は大学教育の骨幹で、むしろ、「学業成績」と一体化したものでなければならない。大学教員が高等学校の教員と同じように既存の知識だけを授けるようであれば、「コミュニケーション能力」、「チャレンジ精神」、「主体性」は育たない。

　大学全入時代の教員は、これまでとは違った資質が求められる。そのために適した教員研修がある。どのような授業改善が現在の学生に望ましいかFDについて広く議論する必要がある。もともと大学教員は、自らが指導を受けた古い大学時代の教員のスタイルをまねる傾向がある。だが、全入時代の学生に、かつてのエリート時代の授業は通用しない。今の学生の力を伸ばすのにふさわしい新しい授業形態を身につけるFDが急務である[3]。

　「序章」で述べたように、本書の特徴の一つは、最近の動向を踏まえて教員業績評価としてのアカデミック・ポートフォリオについてまとめたことである。もう一つは、ポートフォリオの応用面に重点を置いたことである。まず、ティーチング・ポートフォリオやラーニング・ポートフォリオの実践的な側面に重点を置き、大学現場でどのように活用できるかを述べた。

以下に各章のポイントを簡単に述べる。

1章では、2010年11月のPODネットワークで発表されたアメリカの大学で実践される学生による授業コンサルティング（SCOT）について、SCOTコーディネータへの単独インタビューも踏まえて述べた。これまでのように、FDはファカルティ・ディベロッパーの教員がコンサルティングを行うという固定概念を打ち破り、学生主体の授業改善が求められる。

2章では、教育活動が正当に評価される必要から、スカラーシップについての再考を促す動きを、ボイヤーの1990年の *Scholarship Reconsidered: Priorities of the Professoriate* by Boyer（注：邦訳『大学教授職の使命——スカラーシップ再考』玉川大学出版部、1996年）のレポートから紹介した。ボイヤーはスカラーシップの「新しいパラダイム」を提案したが、それはティーチング・ポートフォリオを示唆するもので、その後の普及・発展の「原動力」となった。

3章では、2009年11月の弘前大学平成21年度FDワークショップにおいてコロンビア・カレッジ・ジョン・ズビザレタ教授による「ティーチング・ポートフォリオ——授業改善と授業評価のための省察的実践とメンタリング」の講演を収録したものである。これは教員の授業改善や授業評価においてティーチング・ポートフォリオにもとづく省察的実践の重要性やワークショップでの同僚教員とのメンタリングの役割を論じたもので、参加教員がメンターとメンティーにわかれて臨床的なメンタリングを実践した。本章は、『21世紀教育フォーラム』第5号（2010年3月）に所収されたものからの転載である。さらに、「ティーチング・ポートフォリオの作成方法——"Getting Started"からはじめよう！」と題して、具体的な作成方法を紹介した。最後に、「メンタリングによる授業哲学の深化」と題して、教員が授業を省察することでどのような効果があったかを弘前大学『教育者総覧』の事例から紹介した。たとえば、教員がFDワークショップを受ける前と後、さらに、臨床的なメンタリングを経験した後では学生と接する態度が明らかに変化した。

4章では、「ティーチング・フィロソフィー（授業哲学）のためのルーブリック」と題して、ティーチング・フィロソフィーの評価基準や作成方法について述べた。日本の教員の多くは、ティーチング・フィロソフィーのステートメントをどのように書けばよいか具体的にわからないと思われるので、アメ

リカの大学院生のワークショップで実践されている実例を「草稿」と「最終稿」に分けて両者の違いを明らかにすることで、優れたティーチング・フィロソフィーのステートメントがどのようなものかを紹介した。

5章では、前掲のように、弘前大学平成21年度FD講演会においてコロンビア・カレッジ・ジョン・ズビザレタ教授による「ラーニング・ポートフォリオを活用した学生の学習向上と能動的学習の実践」の講演を収録したものである。これは、『21世紀教育フォーラム』第5号（2010年3月）に所収されたものからの転載である。さらに、ラーニング・ポートフォリオを活用した能動的学習の実践に関連して、「ラーニング・ポートフォリオと『指定図書』を活用した授業実践」の例を紹介した。これは、『教育学術新聞』（2010年3月）に掲載された一部を転用した。

6章では、東北大学高等教育開発推進センター編『学生による授業評価の現在』（東北大学出版会、2010年）所収の「特色ある授業改善の活動展開──東北地区国立大学の多彩な取り組み──」として、弘前大学における「ティーチング／ラーニング・ポートフォリオを活用した授業評価と授業改善への取り組み」を紹介した。また、巻末に学生がまとめた2編のラーニング・ポートフォリオを所収した。本章については、東北大学出版会より転載許諾をもらった。

7章では、「アカデミック・ポートフォリオ──教育・研究・社会貢献の3分野における総合的な教員業績評価システム──」についてまとめたもので、とくにアメリカとオーストラリアの違いを紹介しながら、新しい総合的な教員業績評価システムの可能性について言及した。本章は、『21世紀教育フォーラム』第5号（2010年3月）に所収されたものからの転載である。

8章では、最近、注目される大学教員養成（PFFP）についてアメリカやカナダの事例を紹介するとともに、ティーチング・ポートフォリオの果たす役割について述べた。とくに、ミネソタ大学PFFPのファカルティ・メンター制度は注目に値する。

9章では、エンプロイアビリティーと「社会人基礎力」について述べた。イギリスの大学におけるエンプロイアビリティースキルについて紹介した。経済産業省はエンプロイアビリティーを「社会人基礎力」と位置づけ、文部

科学省は「就業力」としている。イギリスとの違いは、エンプロイアビリティーがカリキュラムと連動していないことである。すなわち、授業を通してエンプロイアビリティーが培われていないことである。さらに、2010年8月末の経済産業省『社会人基礎力 育成の手引き――日本の将来を託す若者を育てるために』のレファレンスブックに収録された筆者の授業実践の取組みを紹介した。教養教育を通して社会人基礎力が育つ事例である。「社会人基礎力」が育成できるかどうかは教員の授業方法にかかっていることを力説した。

　付録では、最初に(1)弘前大学教育学部田上恭子准教授の『教育者総覧』におけるティーチング・フィロソフィー（授業哲学）の深化について収録した。(2)NSSE（全米スチューデント・エンゲージメント調査）アンケート項目を紹介した。これは学生がアンケートに答えるもので、類似した調査は日本にはない。(3)最終講義は、2010年3月25日に弘前大学で行ったもので、「単位制度の実質化」について述べた。これは、『21世紀教育フォーラム』第5号（2010年3月）に所収されたものからの転載である。(4)D・フィンク「意義ある学習を目指す授業設計のための自己管理用手引き」に関する彼のウエブサイトからの転載の承諾を得た。

　大学設置基準の改正に伴い、大学の情報公表が義務づけられ、どの大学も情報を公表するようになる。なかでも、読売新聞社『大学の実力』の影響は大きい。第3回の調査では、学生にとってどのような大学が望ましいかとの視点に立ってアンケート調査項目が作成された。すなわち、大学は学生のためのものでなければならないとのパラダイム転換を促したものである。しかし、これでも十分とは言えない。なぜなら、アンケート調査項目は学生検討委員が英知を結集して作成したものであるが、回答する側は同じ大学関係者で、当の学生は「蚊帳の外」に置かれる、これでは大学の実力はつかめない。大学は学生のためであるから、学生が直接に回答するものでなければならない。その点、付録(2)で紹介したインディアナ大学に本部を置く NSSE (National Survey for Student Engagement、ネッシー "Nessie" と発音) の全米スチューデント・エンゲージメント調査は意義がある。そのことを裏づけるかのように、加盟大学は年々増加して、隣国カナダのオンタリオ州政府は、カナダ版NSSEを作成して調査をはじめた。NSSEは、前著『ラーニング・ポートフォリオ――

学習改善の秘訣』でも紹介したが、以下に詳細に説明する。

　アメリカの大学ランキングは、一般的に入学者のSAT（大学進学適性試験）点数をもとに決められる。NSSE調査は、学生が学習、授業、キャンパス・コミュニティにどのように関与しているか、学士課程教育の質を総合的に測定する。これまで各大学が独自に調査を行ったが、それでは大学間の比較ができなかった。したがって、NSSE調査の最大の特徴は、共通メソッドを用いて調査ができたことで、大学間の比較が可能になったことである。もちろん、調査に参加するには費用がかかる。大学規模に応じた価格が設定される。大規模大学になると年間約80万円かかる。

　近年の調査によれば、より積極的に関与した学生の方が、より多くのことを学んでいる。

　NSSE調査によって、年度ごとに全米の4年制カレッジや総合大学から、学生の学習や発達に大学の関わるプログラムや活動情報が得られる。学士課程の学生がどのように時間を費やし、カレッジや大学からどのようことを得ているかの情報を提供する。NSSE調査の項目は、アメリカの大学の「学士課程教育における優れた7つの教育（授業）実践」[4]を実証するものである。すなわち、大学は、学士課程教育における優れた実践のために、教室内外の学生の経験を把握するデータとして使用できる。それらの情報は、大学進学を希望する学生、両親、進学カウンセラー、アカデミック・アドバイザー、大学当局者や研究者に使用される。2000年に開始されて以来、米国とカナダの1,300以上のカレッジや大学がNSSE調査に参加している。

　この調査方法は、参加大学の初年次と4年次の学生を無作為に抽出して調査するもので、以下の5つの教育実践指標あるいはベンチマークで構成される。

学生と教員の相互作用（SFIと略す）

　学生は教室内外で、教員との相互作用を通して実践的な問題をどのように解決するかの方法を直接に学ぶことができる。その結果、学生にとって教員は生涯の学習手本、メンター、そしてガイドとなる。

能動的および協力的学習（ACLと略す）

　学生は多様な環境で学び、考え、実践するとき、より多くのことを学ぶこ

とができる。問題解決のために他者と協力したり、難しい教材に取り組んだりすることで学生時代や卒業後に直面する困難な問題に対処できる。

優れたキャンパス環境の支援（SCEと略す）
　学生が優れたキャンパス環境で多様なグループと積極的に関わり、社会性を培うとき、カレッジや大学での優れた活動ができ、大学生活を満足できる。

高度な学問レベルへの挑戦（LACと略す）
　知的挑戦や創造的な学業は、学生の学びや教育の質の中心となる。カレッジや大学は、学問的な重要性を強調し、目標達成のために大きな期待を寄せることで学生の高いレベルの達成を促すことができる。

豊富な教育経験（EEEと略す）
　大学の講義プログラムは、教室内外における補足的な学習機会を高める。多様な経験は、学生に他者や周辺文化の重要さを教える。テクノロジーを適切に使用することで、同輩や教員との学習や共同作業を容易にする。インターンシップ、コミュニティ活動、4年次キャップストーンは知識を統合し、応用する機会を提供する。このような経験は、学生の自己認識に繋がることから、学習をより意義深いものにする。

　以下が、教育実践ベンチマークの主な質問項目である。

学生と教員の相互作用（SFIと略す）
- 教員と一緒に成績や課題について議論した。
- 教員やアドバイザーと一緒にキャリアプランについて話し合った。
- 教員と一緒に授業外で読書やクラスについて議論した。
- 教員と一緒にコースワーク以外の活動（たとえば、委員会、オリエンテーション、学生生活活動など）の作業をした。
- 教員から学業についての迅速なコメントや口頭によるフィードバックをもらった。
- 教員と一緒に授業外研究プロジェクトやプログラムの作業をした。

能動的および協力的学習（ACLと略す）
- クラスで質問し、討論に参加した。

- クラスで発表した。
- クラス・プロジェクトで他の学生と一緒に作業をした。
- 級友と一緒にクラス外において課題を準備した。
- 他の学生を個人指導で教えた。
- 正規授業の一貫として地域密着型プロジェクトに参加した。
- 読書やクラスで学んだことをクラス外（学生、親族、仕事仲間など）で議論した。

優れたキャンパス環境の支援（SCEと略す）
- 優れたキャンパス環境は、アカデミックの成功に必要な支援をした。
- 優れたキャンパス環境は、非アカデミックな責任（仕事、家族など）への対処を支援した。
- 優れたキャンパス環境は、社会繁栄に必要な支援をした。
- 他の学生との関係を向上した。
- 教員との関係を向上した。
- 担当官や事務との関係を向上した。

高度な学問レベルへの挑戦（LACと略す）
- クラス（研究、読書、ライティング、リハーサル等、アカデミックに関連したもの）の準備をした。
- 課題教科書、課題図書数あるいは課題図書の長さ。
- 20ページ以上の課題論文やレポート数、5〜19ページの課題論文やレポート数、5ページ以下の課題論文やレポート数。
- 思考、経験、そして理論的分析を重視するコースワーク。
- 思考、情報、そして経験の斬新さや複雑な解釈と関係の統合と組織化を重視するコースワーク。
- 情報価値、議論、方法論の決断を重視するコースワーク。
- 実用的問題や新しい状況下の理論や概念応用を重視するコースワーク。
- 教員の要求や期待以上の努力をした。
- 研究時間や学業を重視するキャンパス環境。

豊富な教育経験（EEEと略す）
- 補足的学習機会は、大学講義のプログラムを高めた。

- 多様な経験は、学生に他者や周囲の重要性を教えた。
- テクノロジーは、同輩と教員との共同作業を容易にした。
- インターンシップ、コミュニティ活動、4年次キャップストーンは、知識を統合して応用する機会を提供した。
- 多様な信仰、政見や個人的価値観の学生と真剣な会話をした。
- 多様な人種や民族性の学生と真剣に会話した。
- 課題を議論するためにテクノロジーを使用した。
- 多様な経済的、社会的、人種的、民族的バックグランドの学生とのふれ合いを奨励した。
- 2つ以上のクラスが取れるラーニング・コミュニティや他の正課授業に参加した。

以下は、実際のNSSE調査用紙の写真である。

図終-2　NSSE調査票

以上の5つの教育実践指標あるいはベンチマークにもとづいた2008年度のNSSE調査票の質問項目の概略を付録(2)に付けた。

　NSSE調査票は、アメリカの学生満足度を測るものであるが、項目内容からもどのようなものが学生の能動的活動を高める動機づけになるかがわかる。重要なことは、アンケート調査項目だけでなく、教員も能動的学習を促進する教授法を取っていることである。アンケート項目を見るだけでも、授業改善のFDに何が必要であるかがわかる。

　「『学習させる』大学」[5]が話題になった。とくに、金子元久「『学習させる』大学」の論文では、前述のインディアナ大学を拠点に毎年実施されるNSSE 2007年度版が用いられ、日米間の大学生の学習時間の比較を行った。たとえば、日本の大学教育は、アメリカと比べて質が低い、密度が薄いと批判されがちであるが、授業時間のみを比較すれば、日米の必修時間数はほとんど変わらない。むしろ理系では日本のほうが多い[6]。しかしながら、大学教育において学生が学習に費やす時間の絶対量がアメリカを大きく下回る[7]。タイトルの「学習させる」には道具や形態が必要である。アメリカと同じように、日本でもシラバスや文献リストが導入されているが、あまり問題にされないのが授業形態（プラクティス）である。アメリカの大学との単純な比較から強調されるのは、授業の出席とか、厳格な成績管理とか、いわば学習を統制・強化する方向にある。しかし、それは本当に効果的といえるだろうか。たとえば、金子他『全国大学生調査』によれば、特定の授業形態を経験した学生の学習時間が他の学生に比べて、どの程度異なるか専門分野別に推定し、統計的に有意なものが紹介されているが、統制的な授業形態は学習時間を増やすのに効果がほとんどないか、分野によってはマイナス効果に繋がっている。さらに、「出席の重視」はほとんど正の効果をもたない。厳しい採点、小テストの実施も同様の結果である。これに対して、一般に学生が授業を理解するための配慮は、学生の学習時間を増やす傾向がある。すなわち、「理解しやすい工夫」をする授業は、一般に有意の正の効果がある。ほかにも「学生の理解の程度を考えた」授業も同様であった[8]。

　しかし、最も大きな影響を与えたのは、学生の参加を促すタイプの授業である。たとえば、「提出したレポートや試験などへのコメント」は学習時間

を確実に増加させる。学生の発言の重視、グループワークなども同様の効果がある。また、こうした授業の形態は、学習動機が低い学生に、とくに大きな効果をある。こうした結果、学習時間の増加の鍵は、学生を授業にいかに「巻き込む」かにある。実際、アメリカでも形式的な厳格さが学生を萎縮させ、ドロップ・アウトを誘発することが深刻な問題として指摘され、それを克服するために学生の関与(Involvement, Engagement)という概念が重視される[9]。「学習させる」大学へのシフトに特定のモデルはない。むしろ個々の大学が実態を把握し、現状を改善する姿勢が必要で、「学習させる」大学は、自身も「学習する」大学であることが求められる[10]。

　新たな教員業績評価方法についての提言もある。これは前述のフィンクが、教員の基本的な3つの仕事(教育、研究、管理運営)を「職務の四角形(Governing Quadrilateral)」(教育、研究、管理運営、専門職能力開発(Professional Development))とすべきであると提唱しているものである[11]。具体的には、教員をサポートする優れた組織的な活動に、新たに「専門家としての自己開発」を加えることを推奨している。すなわち、教員の基本的な3つの仕事(教育、研究、管理運営)を「職務の四角形」(教育、研究、管理運営、専門職能力開発)にするというものである。教員の専門職能力は、高等教育機関における他のすべての基礎となるものであるから、教員が継続的に自分の職務のいくつかの領域の能力を伸ばしていくことは重要になってくるとして、教員の活動の主要分野を以下の4つに分類している。

1. 教育活動
    下記の活動を含む
    ・所属学部の教育活動
    ・大学全体での教育活動(所属学部外の教育活動)
    ・カリキュラム開発
    ・学生アシスタントやインターンの指導
    ・学部学生ゼミの指導
    ・大学院生ゼミの指導
2. 研究等の創造的活動

　　　　下記の活動を含む
　　　　・外部資金調査
　　　　・研究
　　　　・執筆、学会発表、出版
　　　　・芸術的創造活動
　　　　・展示会、演奏会の活動
　3. 管理運営業務
　　　　下記の活動を含む
　　　　・大学の管理運営業務
　　　　・学会等の運営業務
　　　　・地域貢献活動
　　　　・大学の地域貢献活動
　4. 専門職能力開発
　　　　下記の分野での専門能力開発を含む
　　　　・教育活動
　　　　・研究（および創作活動）
　　　　・管理運営業務
　　　　・専門家としての自己管理

　それらを踏まえて、教員が下記の4つの基礎的な職務分野の職務能力を向上することができれば、教育の有効性が向上するという。

　1. 教育
・基本的スキル（教えること、討論をリードすること、試験を実施すること）
・コースデザイン
・カリキュラムデザイン
・学生との対話、コンタクト
・本学での変化への対処、大学の一般的な変化への対処
　2. 研究
・外部資金獲得
・書く技術（外部資金の申請、成果の出版）
・出版戦略の向上
・研究者の養成
・新しい分野の研究の調査
　3. 管理運営業務
・リーダーシップ
・組織変革に参与する方法

・プレゼンテーション技術
・会議
4. 専門家としての自己啓発
・時間管理やストレス管理
・仕事や私生活の調和
・仕事における優先順位

　これらの多くは、高等教育におけるパラダイム転換への対応を考えるうえで、示唆に富む提言であり、日本の大学でも積極的に取組むべき課題が多く含まれている。

註

序章

1 Marilla D. Svinicki, "Introduction to Educational Development," 2009 Institute for New Faculty Developers by the Collaboration for the Advancement of College Teaching & Learning, Co-sponsored by POD, June 21, 2009~June 26, 2009, St. Paul, Minnesota.
2 中島（渡利）夏子「アメリカにおけるFDとそのネットワーク」『ファカルティ・ディベロップメントを超えて――日本・アメリカ・カナダ・イギリス・オーストラリアの国際比較』(東北大学出版会、2009年) 31頁を参照。
3 L. Dee Fink, *Creating Significant Learning Experiences: An Integrated Approach to Designing College Courses,* San Francisco: Jossey-Bass, 2003. これは、日本語訳『学習経験の設計――良い授業の考え方――』(仮題) として玉川大学出版部から2011年に刊行される。
4 Fink, *Creating Significant Learning Experiences,* p. 55.
5 Fink, *Creating Significant Learning Experiences,* p. 61.
6 Fink, *Creating Significant Learning Experiences,* p. 86.
7 Fink, *Creating Significant Learning Experiences,* p. 215.
これに関連して、帝塚山大学・岩井洋は「学習到達とeポートフォリオの活用」と題するセミナーで、電子ポートフォリオ評価を「アセスメント（自己評価＋教員評価）」と述べている。まさしく、アセスメントによる評価は「改善」「向上」に繋がるものでなければならない。(地域科学研究会・高等教育情報センター主催「学士課程教育の実質化 授業・学習活動の進化とポートフォリオⅡ――学生への"自学自習"支援による"総合力"の育成――」(2010年8月26日)
8 D. Lynn Sorenson and Others, "Student Consultants: Gateway to New Directions In Faculty Development" 35th Annual POD Conference, St. Louis, Missouri, 2010.
9 詳細については、Fink, *Creating Significant Learning Experiences,* p. 119. さらに、同書の図表4-3 (The Educational Value of Learning Portfolios) を参照。
10 Fink, *Creating Significant Learning Experiences,* p. 118.

1章 学生による授業コンサルティング

1 D. Lynn Sorenson and Others, "Student Consultants: Gateway to New Directions In Faculty Development" 35th Annual POD Conference, St. Louis, Missouri, 2010.
2 Ursula Sorensen & Anton Tolman, Utah Valley University and Lynn Sorenson, Brigham Young University, " Strategies for Utilizing Students in Academic Development, " ICED 2010, Barcelona, 28th to 30th June 2010) に関連して、Lynn Sorenson, Brigham Young Universityへのインタビュー、2010年6月29日のICED会議にて。
3 D. Lynn Sorenson and Others, "Student Consultants: Gateway to New Directions In Faculty Development" 35th Annual POD Conference, St. Louis, Missouri, 2010に関連して、Jazon Lewis, SCOT Program Coordinator, Utah Valley Universityへの単独インタビュー。

2章　ティーチングのスカラーシップ

1　E. L. ボイヤー／有本章訳『大学教授職の使命——スカラーシップ再考』（玉川大学出版部、1996年）19頁。
2　同上、37頁。
3　同上、37頁。
4　同上、38頁。
5　同上、39頁。
6　同上、67頁。
7　同上、68頁。
8　同上、69頁。
　　この提言は重要である。たとえば、弘前大学21世紀教育センターでは、『21世紀教育フォーラム』を創刊したが、これは教養教育に関する有益な教育活動を発表する同僚のためのフォーラム（討論の場）であると位置づけられた。同誌への掲載論文は教育評価の対象となるべきである。
9　同上、70〜71頁。
10　同上、71頁。
11　同上、71頁。
12　同上、72頁。

3章　ティーチング・ポートフォリオにおけるメンターリングの役割と作成方法

1　本稿は、弘前大学FDワークショップ「ティーチング・ポートフォリオ：授業改善と授業評価のための省察的実践とメンターリング」（ズビザレタ）（『21世紀教育フォーラム』第5号、2010年3月）からの転載である。
2　『日本におけるティーチング・ポートフォリオの可能性と課題——ワークショップから得られた知見と展望——』（大学評価・学位授与機構、2009年3月、8〜9頁）。
3　本書の付録(1)「弘前大学『教育者総覧』に見る教員の変化」（弘前大学教育学部・田上恭子）を参照。

4章　ティーチング・フィロソフィー（授業哲学）のためのルーブリック

1　D.J. Schönwetter, L. Sokal, M. Friesen, and K. L. Taylor, "Teaching Philosophies Reconsidered: A Conceptual Model for the Development and Evaluation of Teaching Philosophy Statements," *The International Journal for Academic Development,* Volume 7, Number 1, May 2002, pp. 92-3.
2　Keams, KD, C. Sullivan, M. Braun, and V. O'Loughlin. (in press) "A Scoring Rubric for Teaching Statements: A Tool for Inquiry into Graduate Student Writing about Teaching and Learning. *Journal on Excellence in College Teaching.*

5章　ラーニング・ポートフォリオを活用した学生の学習向上と能動的学習の実践

1　本稿は、弘前大学全学 FD 講演会「ラーニング・ポートフォリオを活用した学生の学習向上」(ズビザレタ)(『21世紀教育フォーラム』第5号、2010年3月)からの転載である。

2　これに関連して、次のような指摘がある。たとえば、「加減乗除の混在する数式」の授業を考えてみようと、かけ算とわり算を先に済ませ、のちに足し引きするのだと教えられる。そのとき、そのとおりにできる子を学校では、「理解の早い子」と定義されがちである。しかし、そこで培われるのは単なる反射神経であり、ペーパーテストにおける「復元力」に他ならない。その一方、「なぜ、かけ算とわり算を先に済ませるのか?」という素朴な疑問を抱く子がいたとしたら、真に理解を深めることに繋がるかもしれない。子どもの「問い」を教室で共有することが学習の動機づけとなり、学びを深めることになる。すなわち、重要なことは、子供たちのかかわりの中に「問い」を育ませることである。わかる子がわからない子の問いかけに耳を傾け、そこでの問いかけが双方の理解を深める契機となり、「コミュニケーション力」を育む原動力となるとの考えは重要である。(加野芳正・藤村正司・浦田広朗編著『新説　教育社会学』玉川出版部、2009年、59頁を参照)。「コミュニケーション」には「質問力」が求められる。

3　これに関連して、次のような指摘がある。たとえば、帝塚山大学・岩井洋は「学習到達とeポートフォリオの活用」と題するセミナーで、リフレクション(省察)は、高度な知的活動(メタ認知)であるとして、それは「もう一人の自分が外から自分を見つめる」活動であると簡潔に説明している。地域科学研究会・高等教育情報センター主催「学士課程教育の実質化　授業・学習活動の進化とポートフォリオⅡ―学生への"自学自習"支援による"総合力"の育成―」(2010年8月26日)

4　これは、2010年3月10日と24日に『教育学術新聞』(上・下)で記載したものを参考にした。

5　同大学生研究フォーラム2009「大学生の何が成長しているか、その中身を考える」で「能動的学習とラーニング・ポートフォリオの活用」と題して発表した。『IKUEI NEWS (電通育英会)』Vol. 48 (2009年10月)を参照。

6章　ティーチング／ラーニング・ポートフォリオを活用した授業評価と授業改善への取組み

1　本稿は、東北大学高等教育開発推進センター編『学生による授業評価の現在』(東北大学出版会、2010年)に収録された論文である。東北大学出版会から2010年11月16日付けで転載許諾書をもらった。

2　教員は、授業で学生が何をどのように学んだかを知る機会は少ない。その意味でラーニング・ポートフォリオは、学生の成績評価のみならず、教員の授業改善の重要なツールとなる。末尾に2008年度後期に学生から提出されたラーニング・ポートフォリオから2点を紹介する。一つは、FD ワークショップに参加した学生のもの、もう一つは、参加学生以外からのものである。他にも優れたラーニング・ポートフォリオを提出した学生が多くいたが、枚数の関係で紹介できなかった。

3 「徳島大学における FD 実施組織としての役割と機能――大学開放実践センター FD 活動の事例分析より――」『京都大学高等教育研究』第 14 号(2008 年)75 頁参照。

7章 アカデミック・ポートフォリオ――教育・研究・社会貢献の3分野における総合的な教員業績評価システム

1 夏目達也「オーストラリアの大学における Academic Development とネットワーク」東北大学高等教育開発推進センター編『ファカルティ・ディベロップメントを超えて――日本・アメリカ・カナダ・イギリス・オーストラリアの国際比較――』(東北大学出版会、2009 年) 148 頁。
2 TEDI の全般的な評価に関しては、以下のウエブサイトに詳しい。
http://www.tedi.uq.edu.au/evaluations/index.html
3 詳細は、以下のウエブサイトを参照に。
http://www.tedi.uq.edu.au/evaluations/methods/standardSurveys.html
4 University of Queensland, Current Staff, Career progress and appraisal for academic Staff (http://uq.edu.au/current-staff/?page=10606) を参照。
5 最近、アカデミック・リーダーシップが話題になっている。この点に関して、たとえば、イギリスでは高等教育におけるリーダーシップの資質について、「箱の外で(大学を超えて、国際的に)」に考えられることを求める。佐藤浩章「英国におけるアカデミック・リーダーシップ開発」(国立教育政策研究所・FD 国際セミナー「大学を導く力をどう高めるか――アカデミック・リーダーシップの課題と展望――」(2010 年 11 月 23 日、文部科学省3階講堂)。クイーンズランド大学でも教員評価にもアカデミック・リーダーシップの資質が求められる。
6 University of Queensland, Handbook of University Policies & Procedures, Criteria for Academic Performance (http:www.uq.edu.au/hupp/index.html?page=68324) を参照。
7 University of Queensland, Current Staff, Career progress and appraisal for academic Staff (http://uq.edu.au/current-staff/?page=10606) を参照。
8 ピーター・セルディン他『アカデミック・ポートフォリオ』(玉川大学出版部、2009 年) 43～44 頁。
9 ピーター・セルディンから写真および引用の許可をもらった(電子メール、ピーター・セルディンから筆者へ、2009 年 8 月 18 日付)

8章 大学教員養成プログラムにおけるティーチング・ポートフォリオの役割

1 後述のように、2010 年 8 月 24 日、東北大学高等教育開発推進センター主催による国際シンポジウム「大学教育開発とネットワーク・大学院教育の役割」が開催された。これは、大学院教育での大学教員養成 (Preparing Future Faculty Program, PFFP) を目指している。
2 詳細は、以下のウエブサイトを参照。
http://www1.umn.edu/ohr/teachlearn/graduate/pff/index.html
3 詳細な授業シラバスについては、下記ウエブサイトを参照。

http://www1.umn.edu/ohr/teachlearn/graduate/pff/index.html
4　詳細な授業シラバスについては、下記ウエブサイトを参照。
http://www1.umn.edu/ohr/teachlearn/graduate/pff/index.html
5　詳細については、下記ウエブサイトを参照。
http://www1.umn.edu/ohr/teachlearn/graduate/pff/index.html
6　この資料は Bill Rozaitis から、2009年10月に提供された "Teaching Portfolio: Overview of Formats: Teaching Portfolios have Two General Categories" をもとに作成したものである。
7　ファカルティ・メンターの手続きに関しては、以下のウエブサイトに詳しい。
http://www1.umn.edu/ohr/teachlearn/graduate/pff/mentoring/index.html.

9章　エンプロイアビリティーと「社会人基礎力」

1　土橋信男「学士力と大学教育力：学士力アンケートによる大学教育力の検証の試み」(未発表論文)。土橋氏のご好意により、特別に引用が許可された。心より感謝する。いずれにしても、「学士力」が基本になることは間違いない。「学士力」とは、学生に身につけて欲しい基本的な力であって、すべての科目に共通する「教養教育」であり、これは教員の教授法に依存する。
2　Ruth Lawton からのEメール (2010年12月11日付)。彼女に本紙面を借りて、資料の提供など含めて感謝の意を表したい。
3　詳細は、www.bcu.ac.uk/celt を参照。
4　経済産業省・河合塾『社会人基礎力──育成の手引き──日本の将来を託す若者を育てるために　教育の実践現場から』(2010年8月、非売品)。なお、朝日新聞出版から2010年12月に刊行された。

終章　まとめ

1　加野芳正・藤村正司・浦田広朗編著『新説　教育社会学』玉川出版部、2009年、195頁の「コラム」を参照
2　同上、194～96頁。
3　詳細については、『読売新聞』「論点」「大学授業の改革──能動的学習　訓練の必要」(2011年1月5日)を参照。
4　アメリカの大学における「学士課程教育における優れた7つの教育(授業)実践」とは以下の項目である。
　(1)学生と接する機会を増やす。
　(2)学生間で協力して学習させる。
　(3)学生を主体的に学習させる。
　(4)学習の進み具合を振り返らせる。
　(5)学習に要する時間を大切にする。
　(6)学生に高い期待を寄せる。
　(7)学生の多様性を尊重する。

5 『IDE 現代の高等教育』第515（2009年11月）を参照。
6 同上、4頁。
7 同上、7頁。
8 同上、9〜10頁。
9 同上、10頁。
10 同上、10〜11頁。
11 Fink, *Creating Significant Learning Experience,* p. 211.

付録1

弘前大学『教育者総覧』に見る教員の変化

弘前大学教育学部　田上　恭子

1. 授業に臨む姿勢

【FDワークショップ前】

　心理学はひとつの答えがある学問ではなく、ものの見方や考え方そのものについての学問であり、そこが面白いところだと考えています。

　授業では、単に既存の理論や法則を学んでもらうのではなく、さまざまな見方や考え方に触れ、また自分なりの考えを持つことができるようになることを目指し、実験や実習、討論などを取り入れていきたいと考えています。

【FDワークショップ後】

　心理学はひとつの答えがある学問ではなく、ものの見方や考え方そのものについての学問であり、そこが面白いところだと考えています。

　授業では、単に既存の理論や法則を学ぶのではなく、ディスカッションを出来るだけ多く行いたいと考えています。これは、さまざまな見方や考え方に触れ、また自分なりの考えを持つことができるようになることを目指しているからです。

　このような授業を通して、客観的で柔軟で謙虚な（独りよがりや思い込みではないという意味で）ものごとの捉え方や他者とのふれあい方、さらには自分自身のあり方を感じ、考え、それを身につけるきっかけになればと考えています。

　なお、主要担当授業科目は教育学部の自己形成科目群に位置づけられる「心理学演習」です。

【メンタリング後】

　心理学はひとつの答えがある学問ではなく、ものの見方や考え方そのものについて学ぶ学問であり、そこが面白いところだと考えています。そのことについて学生にもっと知ってもらいたいので、学生の主体性・能動的学習を尊重したいと考えています。

　具体的には、学生に単に既存の理論や法則を学ばせるばかりでなく、ディスカッションなど双方向授業、参加型学習を目指しています。これが私の授業哲学でもあり、物事のさまざまな見方や考え方に触れ、自分自身のあり方に気づき、自分の考えを確立してもらいたいと考えています。これは、学生が社会に出てからもアイデンティティに基づいての社会貢献につながるものだと考えるから

です。
　なお、主要担当授業科目は教育学部の自己形成科目群に位置づけられる「心理学演習」です。

【PODネットワークへの参加、2009年FDワークショップ(メンター体験)後】
　心理学は目に見えない心の理を明らかにしようとする学問だと私は考えています。学問として、目に見えないものを扱っていくためには、目に見えないものをいかに目に見えるようにするかが問題となると考えられます。そこには、科学的な見方や考え方、方法論が役立つことも多くあります。また心理学独自の方法論も必要となってきます。すなわち心理学とは、ものごとをどのように捉え考えるかという、ものの見方や考え方そのものについての学問であるともいえるかもしれません。もちろんひとつの正しい答えがある学問ではありません。そして、それが心理学の面白いところだと私は思っています。
　私が担当している主な授業科目は、教育学部学校教育教員養成課程の中学校教育専攻発達心理選修科目である「心理学演習」、「発達と臨床演習」です。授業では心理学研究法や発達・臨床心理学に関する英文のテキストの講読を行っていますが、それを通して目指しているのは、単に英語力の向上や、既存の心理学の理論や法則、方法論を学ぶことだけではなく、正しい答えのない問題に対するさまざまな見方や考え方に触れ、その上で自らの考えを振り返ることを通し、自分自身の考えやあり方に気づき、ものの見方や考え方をさらに磨いてもらう、ということです。このように見方・考え方そのものについて考え、自分自身を振り返り見つめること、またその力を養っていくことは、教育学部において、教師や臨床心理士など人を理解し人と接する職業を目指す学生にとって、社会に出てからも必ず役に立つことだと考えています。
　このようなねらいの下、授業は双方向授業・参加型学習とし、予習してきた英文テキストの内容に関して、ディスカッションを重点的に行っています。正しい答えが分からない問いについて、他の人の前で自分の考えを述べること、特に他とは違った意見を出すことは、ためらいを感じる方も多いかと思いますが、まずは自分自身の体験を話してもらったり、素朴な疑問を出してもらったりすることから、できるだけ自由に発言できるような雰囲気を作っていきたいと考えています。それでも、人前での発言は慣れない・苦手だ、という学生もいると思いますので、毎回の授業の終わりに、その回の授業を通して感じたこと・考えたこと・疑問・質問等々を記述してもらい、できるだけ自分自身の考えを何らかの形で表現してもらえるように努めています。さらに、学生からの記述内容に、私自身の考えや先行研究の知見等を加えてまとめたプリントを翌週の授業時に配布するという形で、フィードバックや補足等を毎回行っています。このこと

で、より一層、さまざまな見方や考え方に触れることができると考えられますし、考えも深まるのではないかと考えるからです。

以上を通して、学生の皆さんには、客観的で柔軟で謙虚な（独りよがりや思い込みではないという意味で）ものの見方や考え方、また自分自身や他者を見つめ・理解する力を身につけていただければと願っています。

2. 教育活動自己評価
【FDワークショップ前】

筋道立てて分かりやすく、ゆっくりと話せるように努めています。

また、学んだことがそこで閉じてしまわず発展・応用できるような、教育的な視点や実践的な視点も取り入れた授業内容や構成にしていきたいと考えています。

【FDワークショップ後】

「学生による授業評価」とは別に、毎回の授業において、学生にまとめ・感想・質問・評価（学生自身の自己評価も含む）を求め、翌回の授業でフィードバックするようにしています。

特に授業や教員に対する評価については常に留意し、十分でなかった点に関しては次の授業で補うなど、評価が授業に反映されるよう努めています。

また学生のまとめや質問、感想等の記述から、どういった点に関心を持っているのか、どういった点の理解が深まったか等を捉えることは、授業の構成や内容の見直しに役立っていると思われます。

さらに、学生自身に自己評価を求めることは、学生が授業における自身の姿勢を振り返ることにつながり、それが授業の充実につながっていくのではないかと考えています。

以上の取り組みは、授業の充実・改善につながるものと考えます。

【メンタリング後】

「学生による授業評価」とは別に、毎回の授業において、学生にまとめ・感想・質問・評価（学生自身の自己評価も含む）を求め、翌回の授業でフィードバックしています。具体的には、授業の終わり10分程度で、Ａ４用紙１枚の振り返りシートにその回の授業を振り返って記入をしてもらいます。シート内容は次の通りです。

1. 今日のポイント：その回の授業で分かった点や内容の要約
2. 感想：感想または質問。その回の授業で考えたことや思い浮かんだことなど。
3. 授業評価・自己評価：試行錯誤を重ねＨ21年度現在は次の10項目について

6件法で評定――「理解度」「興味」「有益度」「情報量」「進度」「説明の分かりやすさ」「予習の程度」「授業集中度」「傾聴」「一生懸命さ」。
4. （H21年度から試行）課題：その回の授業から自分が（教員として）課題を出すとしたらどのような課題にするかの記述→受講生から出された課題から選択して小レポートのテーマに。

これらのシート記述内容について毎回まとめて、A4用紙1～2枚程度の配布資料を作成し、次の授業の最初に配布して必要であれば口頭でも補足を行っています。また各自のシートには教員からコメントを書き、次の授業の最初に返却しています。

次の授業のはじめに配布するまとめの資料は以下のような構成になっています。
1. ポイント：受講生の記述した「1. ポイント」から，よく整理されていると思われるものを無記名で掲載。1名のみの場合もあれば複数名をミックスして記載することもある。
2. 感想・質問：受講生の記述した「2. 感想」や質問の中から幾つかを任意で選び、教員からの回答やコメントを添えてQ＆A方式で記載。
3. 評定平均：「3. 授業評価・自己評価」の各項目の平均と標準偏差及びその回の受講者数を表にして記載。
4. ひとこと：その回の授業の内容・様子や受講生の提出したふりかえりシートに基づき、教員からコメント。
5. 参考資料：質問が多かった場合など補足の必要がある場合は、参考資料を添付。

この1. や2. の記述内容から、学生がどういった点に関心を持っているのか、どういった点の理解が深まりあるいは深まっていないのか等を捉えることは、授業の構成や内容の見直しに役立っています。

また、2. や3. における授業や教員に対する評価、要望については常に留意し、十分でなかった点に関しては、配布資料や次の授業で補うなど、評価がすぐに授業に反映されるよう努めています。たとえばこの授業は1年生から4年生の全学年を対象としているため、既有知識もさまざまであることもあり、学期が始まって1ヵ月間くらいは、「進度」や「情報量」に特に配慮し、受講者の特性に合った適切で安定したペースの確立に向けて、修正しつつ授業を行っています。また私自身の問題として説明の分かりにくさを自覚していることもあり、「説明の分かりやすさ」評価については毎回特に注意し、その回の授業や説明のあり方（補助教材の使用も含め）を振り返り照らし合わせて、改善を心がけています。

さらに、学生自身の自己評価を求め、それをその都度フィードバックすることは、学生が授業における自身の姿勢・理解を振り返ることにつながり、それが学びの充実につながっていくのではないかと考えています。また、自分の書い

た「ポイント」が掲載されることや、コメントが加わった「感想」が記載され配布されることで、学生の授業に対する動機づけも高まるのではないかと考えています。

　以上の取り組みは、授業改善につながるものと考えます。

【PODネットワークへの参加、2009年FDワークショップ（メンター体験）後】

　「学生による授業評価」に関しては、現在のような形で授業を行うようになってから（特に以下の振り返りシートとそのフィードバックを取り入れてから）、概ね平均値が向上しましたが、まだ説明の分かりにくさが自身では問題と感じていますので、具体例や補助教材の活用の工夫に心掛け、筋道立った解説ができるよう努めています。

　また「学生による授業評価」とは別に、上述の通り、毎回の授業において学生に授業を振り返っての記述（Ａ４用紙１枚）を行ってもらい、翌回の授業でフィードバックしています。この小レポートの内容は以下の通りです。

1. 今日のポイント：その回の授業で特に重要だと思ったこと、分かった点、内容の要約など。
2. 感想・質問：授業の感想や内容に関する質問・疑問、その授業で考えたことや思い浮かんだことなど。
3. 授業評価・自己評価：授業によって項目は多少異なりますが、「授業内容の理解度」「授業内容に対する興味」「授業内容の有益度」「授業内容の情報量」「授業の進度」「教員の説明の分かりやすさ」「学生の授業準備度」「学生の授業集中度」「学生の他者の発言に耳を傾ける程度」「学生の一生懸命さ」などの項目について6件法で評定。

　翌回の授業でのフィードバックに際しては、これらの記述をまとめ、Ａ４用紙１～２枚程度の配布資料を配布し、必要であれば口頭でも補足を行っています。また提出された各自の小レポートには教員からコメントを書き、次の授業で返却しています。フィードバックの配布資料は以下のような構成です。

1. ポイント：学生の記述から、よく理解されている・まとめられていると思われるものを無記名で記載。
2. 感想・質問等：学生の記述から任意で幾つか選び、教員からのコメントや回答を添えてＱ＆Ａ方式で記載。
3. 授業評価・自己評価等の評定平均：「授業評価・自己評価」の各項目の平均値と標準偏差及びその回の受講者数を表にして記載。
4. ひとこと：その回の授業の内容・様子や学生の記述に基づき、教員からコメント。
5. 参考資料：質問が多かった場合など、補足の必要がある場合は、参考資料

を添付。

この1.及び2.の記述内容から、どういった点の理解が深まり、どういった点の理解が十分でなかったのか、毎回確認することができ、授業の構成や内容の見直しに役立っています。

また、2.や3.における、授業に対する感想・評価、要望等については常に留意し、十分でなかった点に関しては、配布資料や次の授業で補足説明を行うなど、評価がすぐに授業に反映されるよう努めています。特に、上述の通り、「学生による授業評価」からは説明の分かりにくさが問題として挙げられると感じているため、毎回の「教員の説明のわかりやすさ」の評定には特に注意し、毎回の授業の説明の仕方や補助教材の使用等を振り返り照らし合わせて改善を心がけています。

以上のような、常に授業改善・向上を意識した取り組みを行っています。

授業改善のための研修活動等
【FDワークショップ前】
　なし

【FDワークショップ後】
　第6回弘前大学FDワークショップ参加

【メンタリング後】
　第6回弘前大学FDワークショップ参加。
　このワークショップに参加し、リン・テイラー先生の講演及び土持ゲーリー法一先生からの個別のメンタリングを通し、大きく2点、「授業哲学について」「授業に学生（の反応・評価等）を組み込むことについて」を学びました。
　まず、授業哲学が大切であることを知り、自身の授業哲学について考える機会となりました。そして自身の信念は何であり、学生に何を伝えたいのか、どうなってもらいたいのか、省察を深めることで、自らの授業に臨む姿勢がより明確になりました。
　これに加え、これまで授業に臨む際に考慮していなかった、「学生の水準はどういったものであるか」「学生の反応や評価はどうであるのか」「それをふまえた授業はどうあるべきか」といった視点の必要性に気づかされました。この気づきによって授業に対する考え方が大きく変わり、常に学生を見据え授業に臨むようになったと考えます。

【PODネットワークへの参加、2009年FDワークショップ（メンター体験）後】

○第6回弘前大学 FD ワークショップ参加：
　リン・テイラー先生の講演及び土持ゲーリー法一先生からの個別のメンタリングを通し、大きく２点、「授業哲学について」「授業に学生（の反応・評価等）を組み込むことについて」を学びました。
　まず、授業哲学が大切であることを知り、自身の授業哲学について考える機会となりました。そして自身の信念は何であり、学生に何を伝えたいのか、どうなってもらいたいのか、省察を深めることで、自らの授業に臨む姿勢がより明確になりました。
　これに加え、これまで授業に臨む際に考慮していなかった、「学生の水準はどういったものであるか」「学生の反応や評価はどうであるのか」「それをふまえた授業はどうあるべきか」といった視点の必要性に気づかされました。この気づきによって授業に対する考え方が大きく変わり、常に学生を見据え授業に臨むことを心がけるようになったと考えます。

○ 34th Annual POD (Professional and Organizational Development) Network Conference 参加：
　ワークショップへの参加やラウンドテーブル等への参加、参加者との意見交換を通し、FD の取り組みに、私自身の専門分野である心理学が大きく関連していることを改めて感じ、心理学のどういった理論や臨床的な活動、FD に貢献し得るのかを具体的に学ぶことができました。またそのことで、FD に関する問題や論じられている内容についてより理解しやすくなったように感じています。

○第8回弘前大学 FD ワークショップ参加：
　ジョン・ズビザレタ先生の講演及びメンターとしてのメンタリング活動を通し、このワークショップでは特に省察 reflection の重要性について学びました。
　授業哲学が重要であるということについては第6回のワークショップで学びましたが、なぜどのように重要なのか、授業哲学に省察がどう関わるのかという点について、より一層理解が深まったように感じています。さらに、あまり馴染みの無いことばであったメンタリングやメンターについて、より具体的に理解することができました。
　また、初めてメンターとしてメンタリングに臨み、メンティの省察を促進する関わりの難しさを痛感しましたが、ズビザレタ先生や土持先生、参加者の方々からのご助言から、気づくことができた部分も多くありました。特にカウンセリングとの共通性についてご助言いただけたことは、私にとって大きな支えとなった気がします。
　さらにメンタリングでは、メンティの省察に添うことで、またメンティの授業哲学に触れることで、自身の授業哲学についての省察も深まったと感じています。他者とのコミュニケーションがいかに省察を促進するか、メンタリング

がいかに授業改善につながり得るか、深く感じたワークショップでした。

3. 主要担当授業科目の概要と具体的な達成目標
【FDワークショップ前】
　○心理学演習
　　・概要：心理学研究法（統計法を含む）に関する英文の概説書を輪読する。
　　・達成目標：外国語文献の読み方の基礎を身につけるとともに、心理学の研究について、日本語文献によるよりも深く理解することができること。
　○パーソナリティと発達／生涯発達心理学
　　・概要：パーソナリティの発達とは何かを考え、生涯発達心理学の視点から、対人理解・対人援助を考える。
　　・達成目標：パーソナリティについて心理学的に考えることができること。生涯発達心理学の基本的な考え方や理論を理解し、生涯発達心理学的視点から、対人理解・対人援助について考えることができること。

【FDワークショップ後】
　○心理学演習
　　・概要：心理学研究法（統計法を含む）に関する英文の概説書を輪読し、心理学的なものの見方・考え方及び心理学研究の基礎について学びます。
　　・到達目標：外国語文献の読み方の基礎を身につけるとともに、心理学的なものの見方・考え方を身につけ、心理学の研究が理解できることを到達目標とします。

【メンタリング後】
　○心理学演習
　　・概要：心理学研究法（統計法を含む）に関する英文の概説書を輪読し、心理学的なものの見方・考え方及び心理学研究の基礎について学びます。
　　・到達目標：外国語文献の読み方の基礎を身につけるとともに、心理学的なものの見方・考え方を身につけ，心理学の研究が理解できることを到達目標とします。

【PODネットワークへの参加、2009年FDワークショップ（メンター体験）後】
　○心理学演習
　　・概要：目に見えない心の理を明らかにしようとする"心理学"を学び、研究する上では、科学の考え方、科学的思考、また心理学研究の方法論等について理解することが必要です。またこのような学びを通し、心理学

的な見方や考え方を身につけることは、社会に出てからも、人を理解し、人と接していく上で役立つものと考えられます。また、心理学について理解を深め、心理学研究を行っていく上では、英語文献の読み方を身につけることが必要となります。この授業では、心理学研究法（統計法を含む）に関して、最新の研究やデータが豊富な英文の概説書を輪読し、心理学的なものの見方・考え方及び心理学研究の基礎について学びます。
- 到達目標：英語文献の読み方の基礎を身につけるとともに、心理学的なものの見方・考え方を身につけ、心理学の研究が理解できることを到達目標とします。

○発達と臨床演習
- 概要：児童生徒をはじめとする人間の理解や心理的援助を考える上で、発達心理学や臨床心理学について理解を深めること、発達や臨床に関するテーマについて心理学的な見方や考え方を身につけることは，役立つことと考えられます。また心理学研究を行っていく上では、英語文献の読み方を身につけることが必要となります。この授業では、最新の研究やデータが豊富である英語のテキストを使用し、英語文献の講読及びディスカッションを通して、発達や臨床に関する心理学的理解を深めます。
- 到達目標：英語文献の読み方の基礎を身につけ、発達や臨床に関して心理学的な見方・考え方ができることを到達目標とします。

4. 具体的な達成目標に対する達成度

【FDワークショップ前】
　○心理学演習
　授業時の学生の様子や授業時に行っているアンケートからは、心理学研究について個人差は多少みられるものの理解は深まっていることがうかがわれ、概ね達成できているものと考えられます。
　○パーソナリティと発達
　授業アンケートや期末試験，授業時の課題の取り組み等からは、基本的な考え方や理論の理解は深まっているものと考えられますが、対人理解・対人援助を生涯発達心理学的に考えるという点に関しては、今後より一層の授業の工夫が必要であると感じています。

【FDワークショップ後】
　○心理学演習：
　授業時の学生の様子や毎回の授業に提出されるまとめ・感想から、多少の個人差はみられるものの、全般的には心理学の研究に関心を持ち，理解が深まって

いることがうかがわれます。また「学生による授業評価」においては,「充実していた」との感想が得られており、満足のいく理解に達した学生もいると考えられます。以上から、目標は概ね達成できているものと考えられます。

【メンタリング後】
○心理学演習：
- ・出席、授業への参加、小レポート、期末レポートから総合的に達成度を評価します。
- ・外国語文献の読み方の基礎が身についたかどうか、心理学的なものの見方・考え方が身についたかどうかについては、毎回の授業での訳の発表やディスカッションへの参加の度合い、毎回の授業で提出する「ポイント」「感想」及び「授業評価・自己評価」の「理解度」等の項目評定から測定することが可能と考えられます。さらに毎回に振り返りをしていくことで、各自の変化・進歩について教員も学生自身も捉えることができると考えます。実際、「少し分かるようになってきた」「分かっていないことに気づいた」等々のコメントが振り返りシートに書かれることも多く、学生も自らの理解やその変化・進歩について自覚しながら授業に臨んでいることがうかがわれます。
- ・心理学研究の理解については、期末レポートで心理学研究に対する理解や姿勢といったテーマを論じてもらうことによって測定できると考えます。

【PODネットワークへの参加、2009年FDワークショップ(メンター体験)後】
○心理学演習：
〔達成目標に対する評価方法〕
訳、毎授業の小レポート、中間試験、期末レポート、ディスカッションへの参加等によって総合的に達成度を評価します。
〔達成度〕
- ・外国語文献の読み方の基礎が身についたかどうかについて：毎回の授業での訳の発表、毎回の授業で記述してもらう小レポートにおける「ポイント」の内容等から評価できると考えられます。15回の授業の様子から、全体的に読み方や理解の変化はうかがわれますが、今後は中間試験を実施し、そこでより明確に確認する予定です。
- ・心理学的なものの見方・考え方が身についたかどうかについて：毎回の授業でのディスカッションへの参加の度合いやその内容、毎回の授業で提出する小レポートの中の「ポイント」「感想」の記述内容及び「授業評価・

自己評価」の「理解度」等の項目評定及びその変化から評価できると考えられます。さらに毎回の授業で振り返りをしていくことで、各自の変化・進歩について教員も学生自身も捉えることができると考えます。実際、授業内容に対して「少し分かるようになってきた」「分かっていないことに気づいた」等々の感想が書かれることも多くみられ、学生も自らの理解やその変化・進歩について見つめ、自覚しながら授業に臨んでいることがうかがわれます。
・心理学研究の理解について：毎回の授業の取り組みや毎回の小レポートに加え、期末レポートで心理学研究に対する理解や姿勢に関するテーマを論じてもらうことによって、より具体的に評価できると考えます。期末レポートからは、単なる知識としての心理学研究の理解にとどまらず、たとえば自分自身の着手している研究に関連づけたり、これからこのような点に注意・配慮して研究を行いたいという意欲などが示されたりしており、ひとりの研究者として、より自分自身の問題として心理学研究について考えている姿勢がうかがわれています。

○発達と臨床演習：
・達成目標に対する評価方法：文献の内容把握、プレゼンテーション、毎授業の小レポート、ディスカッションへの参加、中間試験・期末レポート等から総合的に評価します。
・外国語文献の読み方の基礎が身についたかどうかについて：毎回の授業でのプレゼンテーション（文献の内容把握を含む）等から評価できると考えられます。15回の授業の様子から、全体的に文献の読み方や理解の変化はうかがわれていますが、今後は中間試験を実施しより明確に文献の読み方が定着しているか確認する予定です。
・発達や臨床に関する心理学的な見方・考え方ができているかどうかについて：毎回の授業でのディスカッションへの参加の度合いやその内容、毎回の授業で提出する小レポートにおける「ポイント」「感想」の記述内容及び「授業評価・自己評価」の「理解度」等の項目評定及びその変化、そして期末レポートから総合的に評価できると考えられます。特に小レポートの記述内容には15回の授業で確実な変化がみられており、たとえば15回の授業の終わり近くになってくると、テキストの内容それ自体に対する心理学的な見方・考え方から生じた疑問や、より身近な発達や臨床に関する問題について心理学的な立場から考えてみたことが書かれているなど、心理学的な見方や考え方が身についていることがうかがわれています。

5. 学生からの要望への対応
【FD ワークショップ前】
　毎回の授業において、学生に感想・質問・評価 (学生自身の自己評価も含む) を求め、学生の意見や要望に対応しようと考えています。また特に教員の説明や学生の理解度に関する評価等が低い場合には次の授業で補足を行うなどの対応をしています。

【FD ワークショップ後】
　毎回の授業において感想・質問・評価等を求め、次の授業でフィードバックする中で、学生の意見や要望にその都度対応しようと考えています。また特に説明・理解が不十分である評価であった場合には、次の授業で補足を行うなどの対応をしています。

【メンタリング後】
　毎回実施している振り返りシートを活用し、要望への対応及び授業改善を行っています。たとえば教員の説明や理解度に関する評定が低い場合、具体的に質問が書かれている場合には次の授業で補足を行うなどの対応をしています。また授業時にも、内容に関することだけではなく、進め方その他要望があれば出してもらえるよう声がけする機会も多く設けています。
　こういったことを踏まえたシラバスを作成し活用していくことについては課題であり、今後検討していきたいと考えています。

【POD ネットワークへの参加、2009 年 FD ワークショップ (メンター体験) 後】
　主に毎授業時の振り返りの小レポート及びフィードバックの配布資料を活用し、要望への対応及び授業改善を行っています。たとえば授業評価・自己評価において教員の説明や理解度に関する評定が特に低い場合や、具体的に質問が書かれている場合には、次の授業で補足を行うなどの対応をしています。また学生からの授業に対する意見・要望などには真摯に向き合い、自身の授業哲学と照らし合わせた上で、必要・可能であれば速やかに改善していくことに努めています。
　なお授業時にも、内容に関することだけではなく、進め方その他要望があれば出してもらえるよう声がけする機会も多く設けていますが、今後はより発言しやすい雰囲気づくりにより一層努めたいと考えています。

付録2

NSSE（全米スチューデント・エンゲージメント調査）質問項目
2008年NSSE（スチューデント・レポート）

❶ 現在の学年での大学経験について、以下の項目がどのように行われましたか（回答：頻繁、しばしば、時々、ほとんど）。（注：カッコ内アルファベットは、5つの教育実践の指標あるいはベンチマークを示す。詳細は、「終章 まとめ」を参照。文中のゴシック体は原文のまま。）

a. クラスで質問し、クラス討論に参加した。（ACL）
b. クラスで発表した。（ACL）
c. 2つ以上の草稿や課題を提出前に準備した。
d. 多様な情報源の思考や情報の統合が求めらる論文やプロジェクトを行った。
e. クラス討論やレポート課題に多様な見解（異なる民族、宗教、性別、政治上の信念など）を含めた。
f. 読書や課題をしないで授業に出た。
g. クラス内プロジェクトで他の学生と共同作業をした。（ACL）
h. 級友とクラス外で課題の準備をした。（ACL）
i. 課題終了後やクラス討論のとき、他のコースの考えや概念を統括した。
j. 他の学生を個人指導したり、教えたりした（有償、無償）。（ACL）
k. 正規授業の一部として地域密着型プロジェクト（たとえば、サービス学習）に参加した。
l. 電子媒体（listserv、チャットグループ、インターネット、インスタントメッセージングなど）を使用した。（EEE）
m. 教員と電子メールで連絡を取った。
n. 教員と成績や課題について議論した。（SFI）
o. キャリアプランについて教員やアドバイザーと話した。（SFI）
p. 授業外で教員と読書やクラスのことで議論した。（SFI）
q. 学業について教員から迅速なコメントや口頭のフィードバックをもらった。（SFI）
r. 教員の要求や期待以上の努力をした。（LAC）
s. コースワーク以外の活動（委員会、オリエンテーション、学生生活活動など）で教員と一緒に作業した。（SFI）
t. 読書やクラスで学んだ考えをクラス外（学生、親族、仕事仲間など）で議論した。（ACL）
u. 多様な人種や民族の学生と真剣に話した。（EEE）

v. 多様な信仰、政見、価値観の学生と真剣に話した。(EEE)
❷ 現在の学年のコースワークでは、以下の知的活動をどれだけ重視しましたか (回答：非常に、まあまあ、少し、ほとんど)。
  a. 繰り返せるよう、授業や読書から事実、思考、方法を暗記した。
  b. 特別ケースや状況を徹底的に調べて構成要素を考慮するなど、思考、経験、理論の基本的な要素を分析した。(LAC)
  c. 思考、情報、経験をより新しい複雑な解釈や関係に統合した。(LAC)
  d. 他者がどのようにデータを集め解釈したかを調べ、結論の正確さや評価などの情報価値、議論、方法論を判断した。(LAC)
  e. 実用的問題や新しい状況下での理論や概念を応用した。(LAC)
❸ 現在の学年において、どれだけ読書やレポートを書きましたか (回答：なし、1〜4、5〜10、11〜20、20以上)。
  a. 課題教科書、図書の数、課題図書の長さ。(LAC)
  b. (課題とは別に) 娯楽や教養として読んだ図書の数。
  c. 20ページ以上の課題論文やレポートの数。(LAC)
  d. 5〜19ページの課題論文やレポートの数。(LAC)
  e. 5ページ以下の課題論文やレポートの数。(LAC)
❹ 典型的な週にどれだけの課題を成し遂げましたか(回答：なし、1〜2、3〜4、5〜6、6以上)
  a. 1時間以上の課題の数
  b. 1時間未満の課題の数
❺ 現在の学年の試験で最善を尽くした度合いを選んでください。(ほとんど、1〜7、非常に)。
❻ 現在の学年で、どれだけ頻繁に以下のことを行いましたか (回答：頻繁に、しばしば、時々、ほとんど)。
  a. 展示会、演劇、ダンス、音楽、舞台、他の芸術活動への参加。
  b. 健康活動への参加。
  c. 精神的 (崇拝、瞑想、祈りなど) 活動への参加。
  d. トピックや話題の見解の長所と短所に関する調査。
  e. 他者の目線で考えるように努めた。
  f. 問題や概念の理解方法を変えることで何かを学んだ。
❼ 卒業前にやり遂げたこと、やり遂げたいことは次のどれですか (回答：やり遂げた、計画中、計画していない、決めていない)。
  a. 実習、インターンシップ、実地体験、CO-OP 経験、臨床課題。(EEE)
  b. コミュニティ活動やボランティア活動。(EEE)
  c. 学習共同体や他の正規授業への参加。(EEE)

d. 授業外で教員やプログラムで要求された研究プロジェクトへの参加。(SFI)
e. 外国語コースワーク。(EEE)
f. 留学。(EEE)。
g. 自立学習や自己設計。(EEE)
h. 4年次経験 (キャップストーン・コース、4年次プロジェクトや論文と口頭試問など) の完遂。(EEE)

❽ 教職員との関係を最もよく表すもの選んでください。
a. 他の学生との関係 (非好意的、非協力的、非親密的、1-7 好意的、協力的、親密的)。(SCE)
b. 教員との関係 (不可能、不親切、非同情的、1-7, 可能、親切、同情的) (SCE)
c. 事務職員との関係 (不親切、思いやりがない、融通が利かない、1-7, 親切、思いやりがある、融通が利く)。(SCE)

❾ 典型的な週で以下のことについて何時間費やしましたか。(回答：0、1〜5、6〜10、1〜15、16〜20、21〜25、26〜30、30以上)。
a. クラス (学習、読書、レポート、宿題や臨床実験、データ分析、リハーサル、、他の学習活動) の準備をした。(LAC)
b. キャンパス内でアルバイトをした。
c. キャンパス外でアルバイトをした。
d. 共同カリキュラム活動 (団体、学内出版、学生委員会、男子学生社交クラブ、女子学生クラブ、大学間あるいは学内スポーツ) への参加。(EEE)
e. リラックスや社交時間 (テレビ鑑賞、パーティー)。
f. 同居者 (両親、子供、配偶者など) の世話をした。
g. 通学 (運転、徒歩など)。

❿ 以下のことをどの程度重視しましたか (回答：非常に多く、多く、少し、ほとんど)。
a. 学習や研究にかなりの時間を費やした。(LAC)
b. 学業の成功を手助ける支援をした。(SCE)
c. 経済的、社会的、人種的、民族的に多様な学生との接触を奨励した。(EEE)
d. 非アカデミックな責任 (仕事、家族など) との関係を深めた。(SCE)
e. 社会的繁栄に必要なサポートをした。(SCE)
f. キャンパ活動 (特別講師、文化パフォーマンス、競技種目など) に参加した。
g. 研究でコンピュータを使用した。

⓫ 大学での経験は、以下の知識、技能、個人的成長にどの程度貢献しましたか (回答：非常に多く、多く、少し、ほとんど)。
a. 広く一般教育を学ぶことにおいて。
b. 仕事や仕事関連の知識や技能を習得することにおいて。

c. 明瞭で効果的な文章を書くことにおいて。
d. 明晰で効果的な会話をすることにおいて。
e. 批判的思考力を育てることにおいて。
f. 数量的分析をすることにおいて。
g. コンピューターや情報技術を使用することにおいて。
h. 他者と効果的な仕事をすることにおいて。
i. 地方、州、国政選挙の投票において。
j. 効果的学習において。
k. 自らを理解することにおいて。
l. 他の人種や民族的バックグラウンドの人々を理解することにおいて。
m. 現実の複雑な世界問題を解決することにおいて。
n. 価値や個人の倫理規律を伸ばすことにおいて。
o. 地域社会の福祉に貢献することにおいて。
p. 精神的な深まりの意義を見いだすことにおいて。

⓬ 総合的に判断して、大学の学問的支援をどのように評価しますか。(回答:秀、優、良、劣)
⓭ 全般的な大学の教育経験をどのように評価しますか。(回答:秀、優、良、劣)
⓮ もし、最初からやり直すことができるなら、現在と同じ大学に行きますか。(回答:絶対に行く、多分行く、多分行かない、絶対に行かない)

以下がバックグラウンド情報に関する項目である。
⓯ 生誕。
⓰ 性別。
⓱ 留学生あるいは外国人ですか。
⓲ 人種的あるいは民族的バックグラウンド。
⓳ 現在の学年。
⓴ 大学教育をはじめたのは現在の大学か、それとも別の大学ですか。
㉑ 高校卒業以来、現在の大学を除いて、以下のどのタイプの学校に在籍しましたか。
㉒ 現在の登録状況は以下のどれに該当しますか。
㉓ 男子学生社交クラブあるいは女子学生クラブのメンバーですか。
㉔ 運動競技後援チームの運動選手ですか。
㉕ 大学の成績は以下のどれに該当しますか。
㉖ 在学中の住居で最も該当するものは以下のどれですか。
㉗ 親や両親の最終学歴
㉘ 専攻や予想される専攻について記載してください。

付録3

(弘前大学) (2010年3月25日)

最終講義　大学教育の現状と課題
―――なぜ「単位制度の実質化」が問われるか―――

はじめに
　中央教育審議会は、『学士課程教育の構築に向けて (審議のまとめ)』(答申) (2009年3月25日) においてグローバルな視点から学士課程教育の構築を打ち出した。答申のタイトルには違和感を覚える。なぜ、再構築としないで「構築」なのか。これでは、学士課程教育が存在しなかったような疑問を抱かせる。「構築に向けて」も、これから学士課程教育を構築するかのような消極さが感じられる。周知のように、新制大学では「一般教育」と「単位制度」を中心とした学部教育 (学士課程教育) が1949年にスタートした。同答申が戦後日本の大学改革政策を省みて、真の学士課程教育に値するものがなく、新たに「構築」する必要があるとの考えたうえの表題であるならば頷ける。

　単位制度の具体的な提言は、中央教育審議会『我が国の高等教育の将来像 (答申)』(2005年1月28日)「第3章　新時代における高等教育機関の在り方」の学士課程「カリキュラム、単位、年限」項において、「単位の考え方について、国は、基準上と実態上の違い、単位制度の実質化 (単位制度の趣旨の沿った十分な学習量の確保) や学習時間の考え方と修業年限の問題等を改めて整理した上で、課程中心の制度設計をする必要がある」として、「単位制度の実質化」を促したことに端を発した。これは、大学教育および研究の質の向上を提言したもので、単位制度の基準上および実態上に齟齬があるとして単位制度の見直しを提言したものである。

　同答申の重要な点は、「学習時間の確保」を促す単位制度の実質化にある。言うまでもなく、単位制度は大学教育の根幹にかかわる。それにもかかわらず、十分に機能していないとの反省にもとづく提言である。半世紀にわたってどのような大学教育が行われたのか、国の教育政策が問われる。

　現状の大学教育は過去を映し出す鏡であり、歴史の反省が活かされていない証でもある。

1　戦後日本の大学教育改革政策と単位制度の導入
　戦後日本の教育改革、なかでも高等教育改革は初等・中等教育改革とは根本的に異なることを指摘しておかねばならない。初等・中等教育改革は、GHQ占領軍が日本の教育関係者との共同作業で行った抜本的な改革であった。そして、この歴史的大改革を推し進めたのが、南原繁・東京大学総長を中心とする当時の

大学関係者であった。その日本側教育家委員会は、GHQ占領軍に協力する「見返り」として、大学教育改革に口を出させないという「暗黙の了解」を取りつけた。すなわち、初等・中等教育が占領下の大改革であったのに対して、大学教育は「改革」の名に値しない旧制の高等教育制度を温存する「再編」に止まったという歴史の舞台裏があった。その結果、新制大学の中核であった「一般教育」も「単位制度」も、結果的には、日本側の自主性に委ねられた。人間は新たな局面に直面するとき、自らの経験を拠り所にする習性がある。「一般教育」導入においても、旧制大学や旧制高校の考えを温存した。すなわち、新制大学の基本は、旧制高校と旧制大学の教育を一体化することであったにもかかわらず、その理念は十分に踏襲されず、新制大学の1・2年を一般教育、3・4年を専門教育に分ける折衷案による日本独自の大学制度を築き上げた。単位制度においてもしかりであった。講義は単位の目安であると誤解されたことから、講義のみで単位が与えられるものと歪曲された。その「後遺症」は現在の大学教育に重くのしかかっている。

　単位制度とは、もともと、ハーバード大学において選択制が導入されたことに端を発したものである。1869年、チャールズ・エリオット総長は「19歳、20歳の青年は、自分が何を好み、何に最も適しているのか知らなければならない」と主張して、従前の必修科目制を廃して自由選択科目を導入した。それまでのアメリカの高等教育機関は、ほとんどがヨーロッパの制度に共通の比較的固定化した必修カリキュラムの形態に従う傾向があった。エリオットは、学生が足並み揃えて同じ科目履修する姿は、あたかも「兵士の行進」のようであると揶揄して、選択の自由のなさを厳しく批判した。すなわち、アメリカにおける単位制度は、自由選択制が導入されたことによる必然的な帰趨であり、選択制によるカリキュラムの自由化の副産物であった。

　1単位の規定については、19世紀の終わりから1900年代初期にかけて、アメリカの各大学で共通となり、大学のカタログには各科目の単位数、そして「1週ごと」の教室や実験室での時間数が記載され、学位の取得要件は履修単位数で規定された。たとえば、ワシントン大学（セントルイス）では、1902年以降、学士号の学位の単位履修要件がカタログの中で記載され、翌年から「クレジット3単位」が学科目の頭に付けられ、1908年から各授業科目に付けられた。1903年3月の学部議事録によれば、「平均的な学生の場合、（1単位は）授業や講義の1時間は約2時間の準備を必要とし、2時間の実験は1時間の準備を含むことを想定する」と記録された。すなわち、アメリカの大学における単位制度は、長い歴史を踏まえたものであった。

　戦前日本の大学にも単位制度が存在した。たとえば、「大正9年の大学令公布に伴う大学教育の変革までは、帝国大学では学年制を採用していたが、それ以

後は、多くの官公私の各大学で単位制度が採用されるようになった。この制度では、講義、実験、実習ごとに一定の時間数を単位として授業時間数を計り、学科目ごとに授業量を表す単位数を定め、所定の条件の下に、所定の単位数以上の学科目の学習を修了すれば、学科目に関する限り、卒業資格が得られることになっていた。所定の条件については大学によっていろいろの差異があったが、学習の修了認定はほとんど共通的に、主として学期末あるいは学年末の試験の成績によっていた」というものであった。戦後との違いは、旧制度では授業科目の単位数が授業時間から算定されたのに対し、新制度では平均的能力の学生が学科目の学習のために費やす標準的時間から算定され、学習が教室内で行われると否とに関わらず、毎週3時間15週の学修活動を1単位としたことである。

2 なぜ、単位制度が導入されたか

戦前の大学教育に問題があった。具体的には、旧制大学における「詰め込み主義を基礎とする監督教育」を除去し、旧来の受動的学習から解放して自学自修を奨励するため、さらに、学習の自発性を振起させるねらいがあった。たとえば、単位制度の導入に直接にかかわったCI＆E教育課高等教育班ウォルター・イールズは、「日本では学生は教室でじっと座っている。先生は土びんから水を注ぐように上から知識を注ぎ込む。後から後から注ぎ込む。一杯になるまで注ぎ込む。場合によっては受入れるものが一杯になってもまだ注ぎ込む。日本の学生は湯呑みのように扱われている」と、当時の状況を諷刺的に批判した。

3 なぜ、単位制度が形骸化したか

一つの要因は、新制大学の改革を審議した教育刷新委員会委員には、単位制度がどのようなものかの認識が欠落していたことによるものであった。彼らの議論の中心は、「単位制」ではなく、「科目制」であって、単位制度には消極的な態度で臨んだ。たとえば、東京帝国大学学部長会議では、単位制度に反対する意見が飛び交い、単位制度では「人物養成」ができないと反対するなど認識のなさを露わにした。

単位制度の運用にも問題があった。伝統的な1コマ（＝2時間）の連続講義ではなく、1時間の講義を週に何回か繰り返して行うことが、アメリカ式「単位制度」を導入するうえで不可欠であったにもかかわらず、このことが看過された。イールズは、「教官の毎週受持時間数は旧制大学におけるよりも多くしなければならない」と「教官」の週あたりの授業回数を増やすことを授業改善の一つとして提言したが看過された。「単位制度」という新しい概念は、日本の伝統的な風土に定着せず、混迷を極め、結局「学年制」に「単位制」を上乗せするという中途半端なものになった。単位制度の形骸化は、新制大学のスタートから危惧されて

いたことである。〔詳細は、拙著『戦後日本の高等教育改革政策――「教養教育」の構築』(玉川大学出版部、2006年)を参照〕

4　なぜ、「単位制度の実質化」が問われるか

冒頭で指摘したように、中央教育審議会答申『我が国の高等教育の将来像』(2005年1月28日) は、単位制度の考え方について、「単位制度の実質化 (単位制度の趣旨の沿った十分な学習量の確保)」として「単位制度の実質化」を促した。

このことは、文科省2005年度シラバスの作成状況からもわかる。たとえば、日本の大学におけるシラバス作成状況は約100％に達しているが、具体的内容を項目ごとにみると、図付録3-1のように「準備学習等についての具体的な指示」が極端に低いことが明らかである。

これを踏まえて、中央教育審議会は『学士課程教育の構築に向けて (審議のまとめ)』(答申) (2009年3月25日) において、改革の具体的な方策として、教育内容・方法等の改善を促した。教育方法に関して、学習時間の確保など単位制度の実質化が取り上げられ、シラバス上での問題を指摘し、「準備学習等についての具体的な指示」を盛り込んだ大学は約半数に止まっており、学生が必要な準備学習等を行ったり、教員がこれを前提とした授業を実施したりする環境となっていないことが懸念される、と注意を喚起した。これは、裏を返せば、単位制度が機能していない表れである。

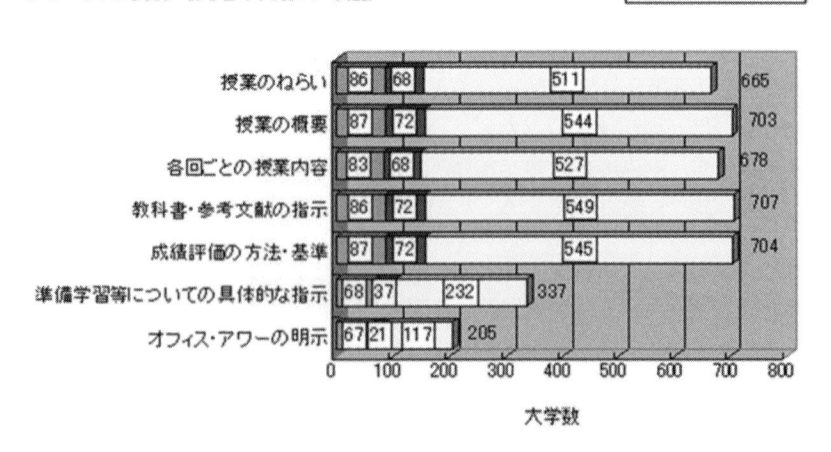

図付録3-1　シラバスの具体的内容

出典：文部科学省ホームページ

大学評価・学位授与機構の認証評価における大学評価基準は、教育内容及び方法に係る基準の基本的な観点として、「授業時間外の学習時間の確保、組織的な履修指導、履修科目の登録の上限設定など、学生の主体的な学習を促し、十分な学習時間を確保するような工夫」をあげている。そこには、形骸化した単位制度を見直し、「自学自修」を促進するねらいがあり、能動的学習のあり方を「単位制度の実質化」として具体的に求めたものである。単位制度の形骸化の責任は、大学側や教員にある。

　2007年度弘前大学『21世紀教育科目履修マニュアル』は、学生が科目履修するために必要な単位取得について詳しく書かれている。しかし、「マニュアル」は、学生だけでなく教員にも履行させる必要がある。1単位は、15時間ではなく45時間であって、授業時間外の30時間の課題をどのように学生に課すかが教員に問われている。

　最近、多くの大学の学生への授業アンケートで、画一的に「準備学習」の有無を問うているが、他のアンケート内容との整合性を欠き、平均値を下げていることが2009年9月24日に東北大学で開催された「平成21年度東北地域大学教育推進連絡会議」の事例で報告された。学生には準備学習が課せられていないから、評価が低くなるのは当たり前である。大学設置基準上では、講義のために2倍の準備時間を学生に課さなければならないことになっている。

「国際社会を考える（D）」 平成20年度後期アンケート集計結果」

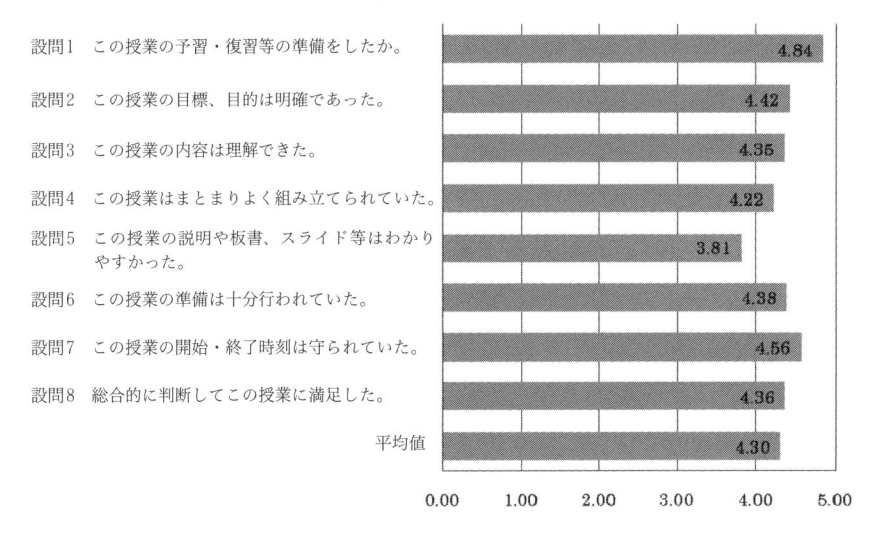

設問	内容	値
設問1	この授業の予習・復習等の準備をしたか。	4.84
設問2	この授業の目標、目的は明確であった。	4.42
設問3	この授業の内容は理解できた。	4.35
設問4	この授業はまとまりよく組み立てられていた。	4.22
設問5	この授業の説明や板書、スライド等はわかりやすかった。	3.81
設問6	この授業の準備は十分行われていた。	4.38
設問7	この授業の開始・終了時刻は守られていた。	4.56
設問8	総合的に判断してこの授業に満足した。	4.36
平均値		4.30

図付録3-2　平成20年度後期アンケート集計結果

弘前大学でも、2006年度後期から「学生による授業評価アンケート」の項目の中に「この授業のために、予習・復習の準備を行ったか」を加えたが、趣旨が徹底されていないために、この項目に対する評価は全般的に低い。それは、授業シラバスの中に「準備学習等についての具体的な指示」が含まれていないからである。

図付録3-2は、私の2008年度後期「国際社会を考える(D)」テーマ科目のものである。これを紹介したのは、設問1が高いことに注目してもらいたいからである。その理由は、この授業では、単元ごとに「準備学習等についての具体的な指示」が出され、「ソクラテス・メソッド」（予習しないで授業を受けてはならない）の原則が徹底されていたからである。

北海道大学では、2009年度からシラバスに「準備学習（予習・復習）等の内容と分量」を記入させた[1]。弘前大学でも、2010年度シラバスから導入することにして、以下のように説明している。

> 平成21年12月開催の教育・学生委員会において審議され、平成22年度から新規に追加されることとなった項目です。講義1単位の修得に必要な学習時間は45時間（教室内15時間の授業＋教室外30時間の課外学習（予習・復習））であることを考慮し、なるべく具体的に記入してください。
> （例）
> ・指定した教科書の〇〇を事前に読んでおくこと。
> ・授業終了時に示す課題についてレポートを作成すること。
> ・毎回授業の最初に前回の授業内容に係る小テストを実施するので、復習しておくこと。
> ・次回の授業範囲を予習し、専門用語の意味等を理解しておくこと。
> ・基本的な数学用語や、概念の定義をきちんとマスターする。復習に力を入れ次回の授業にあいまいな事項や疑問点を持ち越さないようにする。宿題をする以外に予習や復習には各々最低でも2時間以上をかけること。教科書の例題や練習問題をやって計算練習もすること。

これでは準備学習の趣旨が十分に理解されているとは言いがたい。なぜなら、授業における準備学習は、単元ごとに異なるにもかかわらず、ホームページ上の1枚のシラバスに記載させてもあまり意味がないからである。上記事例で紹介されたような形式的な記述になることが危惧される。ホームページ用のシラバスと授業用のシラバスは峻別すべきである。

5 『大学設置基準』の規定

　答申において「単位制度の実質化」を喚起する一方、各授業科目の授業期間について「授業回数を15回確保する」とか「試験を授業回数に含まない」など教員間に混乱が生じている。この議論は、授業の「回数」を問題にし、あたかも『大学設置基準』に準拠しているかのような誤解を与える。『大学設置基準』は、単位や授業回数についてどのように規定しているのだろうか、以下に概要を紹介する。

　　（単位）
　　第二十一条　各授業科目の単位数は、大学において定めるものとする。
　　2　前項の単位数を定めるに当たっては、一単位の授業科目を四十五時間の学修を必要とする内容をもって構成することを標準とし、授業の方法に応じ、当該授業による教育効果、授業時間外に必要な学修等を考慮して、次の基準により単位数を計算するものとする。
　　一　講義及び演習については、十五時間から三十時間までの範囲で大学が定める時間の授業をもって一単位とする。
　　（後略）

　すなわち、『大学設置基準』は、「一単位の授業科目を四十五時間の学修」と規定している。「学修」とは、「授業」と「準備学習」とを合わせたものである。

　　（各授業科目の授業期間）
　　第二十三条　各授業科目の授業は、十週又は十五週にわたる期間を単位として行うものとする。ただし、教育上特別の必要があると認められる場合は、これらの期間より短い特定の期間において授業を行うことができる。

　すなわち、『大学設置基準』では、「回」でなく、「週」と規定し、「短い期間」もあり得るとしている。「回」と「週」では雲泥の差がある。「回」の場合は、授業回数の多寡が問題になるが、「週」の場合は、学修の「質」が重視されることになる。もともとは、一つの授業科目を週3回行うことを前提としたものである。中教審答申の「単位制度の実質化」の背景には、国際比較から、日本の学生の学習時間の短さが顕著であり、学生の学習時間の確保するねらいがあり、学生の準備学習を前提とした教員の教育方法のあり方が提言されているのである。それにもかかわらず、教員の授業回数をむやみに増やすだけでは、むしろ逆効果で何の問題解決にもならない。

　試験を授業回数と見なすかどうかについて、『大学設置基準』は以下のように規定している。

　　（一年間の授業期間）
　　第二十二条　一年間の授業を行う期間は、定期試験等の期間を含め、三十五

すなわち、試験も含めて各学期で16回の授業期間は、『大学設置基準』の規定に合致している。

6 「大学生研究フォーラム2009」

2009年7月25日〜26日、京都大学高等教育研究開発推進センター主催による

写真付録3-1　大学生研究フォーラム2009のポスター

「大学生研究フォーラム2009」が開催され、「大学生の何が成長しているのか、その中身を考える」についてのパネルディスカッションが行われた。大学教育において「何が育っていて、何が育っていないのか？」は、「単位制度の実質化」とも密接に関わる問題である。前述したように、戦後日本の大学は、アメリカをモデルに単位制度を採用し、1時間の講義に対して2時間の教室外学習を合わせた3時間をもって1単位と規定した。しかし、大学の現状を見ると、講義のみで単位が与えられていると言っても過言でない。換言すれば、教室内授業による知識は育っているが、教室外学習が不十分である。これは、シラバスに問題がある。「単位制度の実質化」には、教員や学生の意識変革のみならず、能動的学習への実践的な取組が不可欠である。

このような問題意識から、私の授業では2/3の教室外学習時間を1/3の講義に繋げるためにどのような授業実践を行い、学生にラーニング・ポートフォリオ（学習実践記録）を書かせる事例を報告した。ラーニング・ポートフォリオとは、学生が学習過程を省察し、学習成果を裏づける証拠資料にもとづいて記述したものである。学生が授業、そして自らの学習で何を学び、それがどう活かされているかを知る機会は、教員にはほとんどない。このフォーラム2009では、私の授業を受け、実際に、ラーニング・ポートフォリオを作成した学生の発表もあった。彼女のラーニング・ポートフォリオは、拙著『ラーニング・ポートフォリオ――学習改善の秘訣』（東信堂、2009年）の巻末に「ラーニング・ポートフォリオ――日米大学の比較および授業全体を通して学んだ、学習における大切なこと

写真付録3-2　大学生研究フォーラム2009のシンポジスト

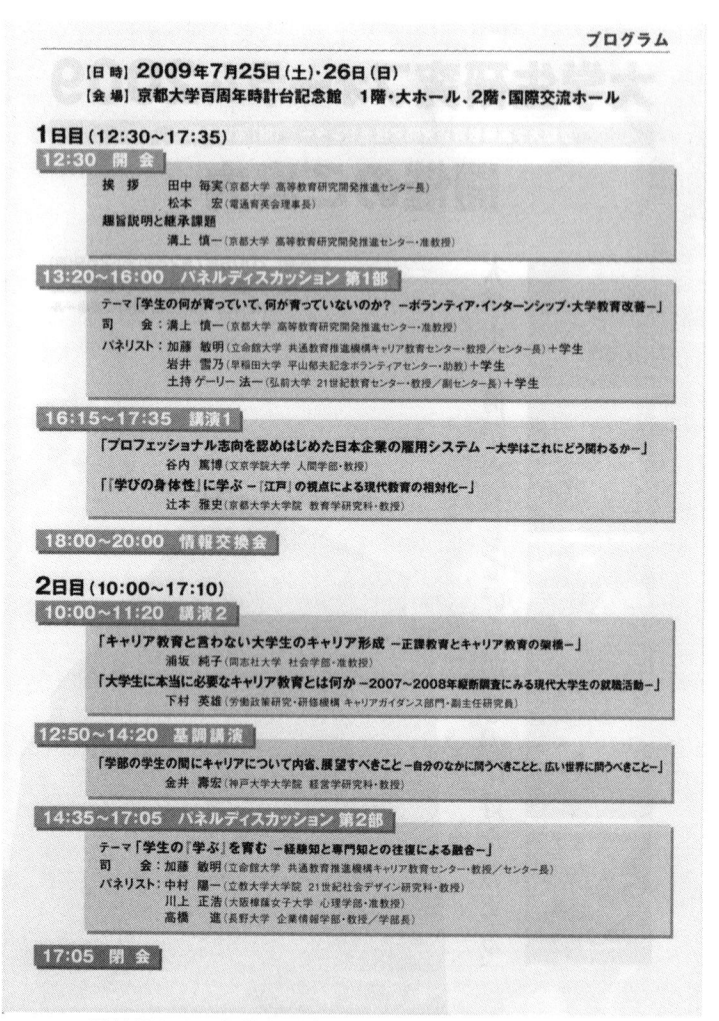

```
【日時】2009年7月25日(土)・26日(日)
【会場】京都大学百周年時計台記念館　1階・大ホール、2階・国際交流ホール

1日目(12:30～17:35)
12:30 開会
　挨拶　田中 毎実(京都大学 高等教育研究開発推進センター長)
　　　　松本 宏(電通育英会理事長)
　趣旨説明と継承課題
　　　　溝上 慎一(京都大学 高等教育研究開発推進センター・准教授)

13:20～16:00　パネルディスカッション 第1部
　テーマ「学生の何が育っていて、何が育っていないのか？ －ボランティア・インターンシップ・大学教育改善－」
　司　会：溝上 慎一(京都大学 高等教育研究開発推進センター・准教授)
　パネリスト：加藤 敏明(立命館大学 共通教育推進機構キャリア教育センター・教授/センター長)＋学生
　　　　　　　岩井 雪乃(早稲田大学 平山郁夫記念ボランティアセンター・助教)＋学生
　　　　　　　土持ゲーリー法一(弘前大学 21世紀教育センター・教授/副センター長)＋学生

16:15～17:35　講演1
　「プロフェッショナル志向を認めはじめた日本企業の雇用システム －大学はこれにどう関わるか－」
　　　　谷内 篤博(文京学院大学 人間学部・教授)
　「『学びの身体性』に学ぶ －『江戸』の視点による現代教育の相対化－」
　　　　辻本 雅史(京都大学大学院 教育学研究科・教授)

18:00～20:00 情報交換会

2日目(10:00～17:10)
10:00～11:20　講演2
　「キャリア教育と言わない大学生のキャリア形成 －正課教育とキャリア教育の架橋－」
　　　　浦坂 純子(同志社大学 社会学部・准教授)
　「大学生に本当に必要なキャリア教育とは何か －2007・2008年縦断調査にみる現代大学生の就職活動－」
　　　　下村 英雄(労働政策研究・研修機構 キャリアガイダンス部門・副主任研究員)

12:50～14:20　基調講演
　「学部の学生の間にキャリアについて内省、展望すべきこと －自分のなかに問うべきこと、広い世界に問うべきこと－」
　　　　金井 壽宏(神戸大学大学院 経営学研究科・教授)

14:35～17:05　パネルディスカッション 第2部
　テーマ「学生の『学ぶ』を育む －経験知と専門知との往復による融合－」
　司　会：加藤 敏明(立命館大学 共通教育推進機構キャリア教育センター・教授/センター長)
　パネリスト：中村 陽一(立教大学大学院 21世紀社会デザイン研究科・教授)
　　　　　　　川上 正浩(大阪樟蔭女子大学 心理社会学部・准教授)
　　　　　　　高橋 進(長野大学 企業情報学部・教授/学部長)

17:05 閉会
```

図付録3-3　大学生研究フォーラム2009プログラム

──」と題して収録されている。同フォーラム2009では、「能動的学習の実践やラーニング・ポートフォリオ作成から学んだこと」と題して発表した（詳細な報告内容は、末尾の「付録」を参照）。

おわりに──弘前大学でのFDの取組み

　5年半という短い間であったが、2004年10月に新設された高等教育研究開発

室で授業改善のためのFD活動を教職員と一緒に実施することができた。本学の取組みは、規模は小さいながらも内容的には先駆的なものであった。とくに、「単位制度の実質化」をテーマとしたFDワークショップは全国からも注目された。本学で単位制度の実質化をテーマとしたFDワークショップがはじまったのは2006年度第3回からであった。そして、2008年に京都大学高等教育研究開発推進センターによる「単位制度の実質化を目指すカリキュラム評価方法の開発」では、第5回弘前大学FDワークショップでの取組みが紹介された。たとえば、単位制度の実質化を目指して学生の授業外学習を促すための能動的学習および学生の学習を評価するラーニング・ポートフォリオの導入が参加者に注目された。

　本学のFDワークショップでは、数年前からラーニング・ポートフォリオを成績評価に取り入れた学生参加型のシラバス作りのワークショップを実施した。また、弘前大学21世紀教育のテーマ科目「国際社会を考える(D)」での授業実践およびラーニング・ポートフォリオの作成については、『ラーニング・ポートフォリオ――学習改善の秘訣』（東信堂、2009年）と題して刊行され、学生中心の能動的学習の重要性を提言した。本学の取組み実践は、3月末に「ティーチング／ラーニング・ポートフォリオを活用した授業評価と授業改善への取り組み」と題して、東北大学高等教育開発推進センター編『学生による授業評価の現在』（東北大学出版会）から刊行される。

　さらに、ティーチング・ポートフォリオに関しては、他大学に先駆けてカナダ・ダルハウジー大学ワークショップに8名の教員を派遣させて「認定書」を授与され、他大学のモデルとなった。このような先駆的な取組みが高く評価され、2009年度から特別教育研究経費「ティーチング・ポートフォリオを活用したFD活動」に取組んでいる。教員が、ティーチング・ポートフォリオ（教育実践記録）を作成し、授業を省察することを通して授業シラバスを見直し、能動的学習を促す授業シラバスへ改善することが、「単位制度の実質化」に繋がると考えている。

〔詳細は、拙著『ティーチング・ポートフォリオ――授業改善の秘訣』（東信堂、2007年）を参照〕

注
1　北海道大学高等教育機能開発センター安藤厚「GPAとは？――北海道大学における総合的運用の事例から――」（弘前大学GPA講演会、2009年9月18日）

付録4
能動的学習の実践やラーニング・ポートフォリオ作成から学んだこと

弘前大学人文学部3年　岩崎　夏千

1. はじめに

　私は、2007年度後期、大学1年生のときに、21世紀教育科目のテーマ科目の一つである「国際社会を考える(D)」を受講した。この授業を受講した際、生まれて初めてラーニング・ポートフォリオを作成した。その経験は、その後の大学生活に大いに役立つものとなった。また、能動的学習の重要性も強く感じることができた。この授業との出会いが、その後大学で何をどのように学んでいくか、将来何を目指すのか、ということの可能性や選択肢を広げることになった。

　本レポートでは、この授業全体を通して学んだこと、能動的学習の実践やラーニング・ポートフォリオ作成から学んだこととともに、そのことが現在どのように大学生活に役立っているかをまとめていく。添付資料として、私が実際に作成したラーニング・ポートフォリオをつける（注：添付資料の実際のラーニング・ポートフォリオについては、拙著『ラーニング・ポートフォリオ——学習改善の秘訣——』の巻末を参照）。

2. 授業全体を通して学んだこと

　「国際社会を考える(D)」は、日米の大学の比較という学習内容を通して、学習への取り組み方や能動的学習の重要性など、「学習の仕方」を学ぶことのできた授業だった。

　私がこのテーマ科目を履修した理由は、学習内容に興味があったことはもちろん、授業スタイル（予習、指定図書課題、ポートフォリオなど）がとても新鮮でやりがいがありそうだと感じたためである。

　この授業は、指定図書課題（予習）—グループ学習—授業での全体討論—講義メモの提出、という流れで進められ、これまで受けてきた他の授業とは異なる特徴をもっていた。まず、この授業では「ソクラテス・メソッド」に基づき、必ず予習をしてこないと授業へ参加することが許されなかった。高校の授業や大学の他の授業においても、予習は必須のものである。しかし、それらはあくまで自己責任であり、大体の範囲は決められているものの、実際は予習をどのように、どれくらいやってくるのかは個人が決める。予習の方法まで示してくれる先生というのも少ない。当てられたときに困らないように……という目的で行なうその場しのぎの予習は、この授業では通用しない。この授業では、毎回シラバスによって自分がこれから何を学ぶのかが明確に示されていた。予習内

容や指定図書課題も明確かつ、自分で調べ、考えるよう工夫されており、必ず図書館を利用しなくてはならなかった。最初は義務的に通っていたが、回を重ねるにつれ、図書館に通うことが楽しみになっていった。グループ学習では、活発な話し合いが出来た。互いに主張し合うだけでなく、疑問に思ったことをメンバーにぶつけ、そのことについて話し合い、それでも答えが出ない場合は先生に質問した。高校までは、学習内容に関する質問は一つの答えを待っていた。しかし、大学の講義では一つの質問での解決のアプローチが一つではない。例えば、グループで話し合ったり、その上で先生に質問したりと何段階も経ることができる。意見を述べ合うことで新たな発見を見出すこともできるため、過程が充実していて、ただの一問一答ではなかった。講義メモでは、学んだこと、考えたこと、疑問に思ったことを沢山書いた。ただの感想文でも、講義内容の写しでもなく、自分の中の疑問点「？」や意見が盛り込まれたものである。講義メモは指定図書課題と一緒になっていて、毎回提出が求められたので適度な緊張感も生まれた。

　全体を振り返ってみると、全てが能動的学習につながる授業内容だった。指定図書課題のために図書館へ足を運ぶこと、課題図書を読み、パラフレーズしてまとめ、考えること、グループでの話し合いなど、全てが能動的で、講義も能動的に考えて書くためのもので、決して受動的ではなかった。自ら課題を発見し、解決に向けて努力することこそ能動的学習であると身をもって体験できたし、それがこの授業の特色であった。

3. 能動的学習

　この授業では、能動的に学ぶとはどのようなことなのか、能動的学習を実践することが知識の定着や理解、考えを深めることにどれほど効果的か、ということを体験できた。能動的学習は大学での学習に大いに活かしていくことができる。特に、専門的知識の理解度を高めたり、自らの意見を深めたり、批判する能力を養うことに効果的だと感じた。

　また、この授業を通して、高校時代の学習の仕方から大学の学習の仕方へと転換を図ることができた。学習の仕方とは、本来自分で習得すべきもの、個人によって違うもの、わざわざ教わらないもの、という印象を持っていた。しかし、高校から大学への転換の際には、学習の仕方を大幅に変える必要性に迫られる。なぜなら、大学に入って勉強するということは、研究への一歩を踏み出すことだからだ。大学と高校の違いは、学んだ内容をどう活かしていくかにあると考える。よって、与えられた課題をこなすだけ、黙って講義を聴くだけ、という学習スタイルからの転換が不可欠なのだ。課題をこなすという過程や講義の中で自ら興味・関心や疑問点を見つけることが重要な意味を持つ。与えられたもの

の中から新たな課題を見つけて解決しようとすること、そうした学習によって得られた知識はいつまでも自分の中に残る、ということを体験した。また、得た知識から自分はどう考えるのか、という意見を持つことも大事になってくる。テストがゴールの学習ではなく、一つの授業のゴールや到達目標を自分なりに設定し、そのためにどのように学ぶのかを自分で考えながら学習を進めることが必要なのではないだろうか。能動的に学ぼうと自ら動くことで、答えにたどり着くまでの過程の中に様々な発見をすることができる。実際、この授業で得たものは多く、現在もあらゆる場面において能動的に学ぼうと心がけている。自分で課題を見つけ、その解決のために図書館へ行ったり、議論したりすることは、専門的分野で学ぶうえでも必要なことだし、一生役立つものとなるだろう。

4. ラーニング・ポートフォリオ

　実際にラーニング・ポートフォリオを書くにあたり、全ての指定図書課題や講義ノートを読み返した。それを踏まえ、学習プロセスを省察し、文章化することで、学習内容の復習にとどまらず、そのとき自分が何に疑問を感じ、どのように解決したのかを振り返ることができた。一つの学習内容についても、「このようにしたから理解できた」あるいは「もっとこうすればよかった」といったことを考えながら振り返るので、作成を通じて全15回の授業を鮮明に省察できた。省察により学習プロセスを振り返ることは、自分の学習スタイルの見直しにもつながった。よって、これからの学習スタイルを改善していくことにも大いに役立つものとなった。と同時に、学習した内容のみを見返すよりも知識が定着するように感じた。また、ラーニング・ポートフォリオを書く、という最終的な目標があれば、おのずと学習に対するモチベーションも上がる。日々能動的に学習をしていないとポートフォリオをまとめる際に苦労することになるし、そのことが結果として積極的に学ぶことにつながり、学習内容を深める役割を果たした。したがって、ラーニング・ポートフォリオの作成は自らの学習スタイルの改善や学習内容を深めるという点で、大変よい経験となった。

5. 現在の学びへのつながり

　これまで述べてきたように、この授業を通して学んだことは、大学生としてどのように学ぶことが必要とされているのか、改めて考えさせるものとなった。実際にどのように活かされているかというと、能動的学習の重要性に気付き、自ら実践することで、専門科目においても充実した学びを続けることができている。ラーニング・ポートフォリオの作成を通じ、学習プロセスを省察することで学習スタイルを見直し、知識の定着にもつながった経験から、現在でも自分なりに省察を行い、学習に役立てている。そして、この授業を受講したことがきっ

かけで、教職に関心を持つようになり、2年生から教員免許取得のための授業を履修している。日米の大学の比較から教育について考えることへの関心が湧いた。また、どのように学習に取り組むことが効果的なのか、それらを実際に行なうにはどのようにしたらよいのか、など考えさせられることが多々あった。それらの思いが将来教育の道へ進むという選択肢を持つことにつながった。今は、可能性のあるものにはどんどんチャレンジしていきたい、という思いが強い。

6. まとめ

　以上のように、能動的学習の実践やラーニング・ポートフォリオの作成は大学生として何をどのように学んでいくのかを改めて見直すきっかけとなった。と同時に、学習内容をより理解し、自分なりの考えを深めることもできた。積極的・主体的に学ぶことは自分の可能性を広げてくれる。そこから得られるものは人それぞれ、一人ひとり異なるが、大学での学びを将来につなげる非常に重要なものとなるだろう。

付録5

意義ある学習を目指す授業設計のための自己管理用手引き

L. ディー・フィンク博士
授業開発プログラムディレクター
オクラホマ大学
著者
『意義ある学習体験の創出～
大学授業設計のための統合的アプローチ』

土持ゲーリー法一・監訳
弘前大学２１世紀教育センター
高等教育研究開発室

意義ある学習を目指す授業設計のための自己管理用手引き

目　次

序文	3
統合的授業設計の総論	4
モデル1：統合的授業設計の主要構成要素	5
統合性のある授業の設計	7
設計の初期段階：強固な主要要素の構築	7
設計の初期段階の詳細：意義ある学習を促進する授業設計	8
ステップ1．状況要因	9
ステップ2．学習目標	11
ステップ3．フィードバックと評価手順	15
ステップ4．授業／学習活動	18
能動的学習	19
豊かな学習体験	21
徹底した省察的対話	22
情報とアイディア	23
ステップ5．統合	24
設計の初期段階の最終チェックと見直し	26
モデル2：授業設計評価のための基準	28
設計の中間段階：主要要素を一貫性のある総体として組み立てる	29
ステップ6．授業構成	29
ステップ7．インストラクショナル方略	30
ステップ8．学習活動の全体計画作成	31
設計の最終段階：重要な残りの作業	34
ステップ9．どのようにして成績をつけるか	34
ステップ10．どんな場合に失敗するか	34
ステップ11．計画内容を学生に分からせる	35
ステップ12．授業の進捗状況をどのようにして確認するか	35
結論的助言	36

意義ある学習を目指す授業設計のための自己管理用手引き

序文
私たちは、授業にあたって二つの密接に関連しているが、明らかに異なる活動に深くかかわる。一つ目は、情報を収集し、どのように授業を教えていくべきか多くのことを決めながら授業設計をおこなう。二つ目は、設計した授業を実行するにあたり、教員と学生の相互関係を培う。ここで述べる教員と学生の相互関係の概念は非常に広範な意味を持ち、講義、討論の指導、実習、助言、電子メールによる伝達などを含むものである。優れた指導をおこなうには、授業設計と教員と学生の相互関係の両方において有能でなければならない。

しかしながら、これら二つの活動のうち、優れた授業設計をおこなう能力は、一般的に非常に限定的な要因である。というのは、われわれの多くが授業設計の方法についてごく限られた訓練しか受けていないか、あるいは全く受けたことがないからである。その上、過去２０年ぐらいの間に大学の指導や学習に関する研究が進められ、授業設計について新しい考え方が導き出され、本質的に何が可能であるかという点でハードルを高くした。そこには、能動的学習や意義ある学習、そして教育的評価といった考えも含まれている。

大学の教員たちは、どうやってこのような概念について理解し、利用することができるか。この「自己管理用手引き」は、授業設計のための有益かつ体系的なプロセスを紹介する目的で作成したものである。これは、従来のインストラクショナル・デザインの多くのモデルに見られたものと同じ構成内容を基にしているが、それらの構成内容を直線でつなぐのではなく、相関的、一貫性のあるモデルに組み立てている。様々な利点があるなかで、このモデルは授業設計の優劣を決定するための明確な基準を提示する。

この手引きは、統合的授業設計の主要な３段階のそれぞれの段階において、導入説明、ワークシートおよびアクション問題から構成されている。

設計の初期段階：**強固な主要要素の構築**
ステップ１．重要な状況要因の確認
ステップ２．重要な学習目標の確認
ステップ３．適正な**フィードバックと評価**手順の作成
ステップ４．効果的な**授業／学習**活動の選択

ステップ5．主要要素が統合されていることの確認

設計の中間段階：主要要素を一貫性のある総体として組み立てる
ステップ6．テーマに沿った授業構成の作成
ステップ7．インストラクショナル方略の選択あるいは策定
ステップ8．学習活動の全体的計画作成のために授業構成とインストラクショナル方略を統合

設計の最終段階：重要な残りの作業の完成
ステップ9．成績評価システムの確立
ステップ10．想定可能な問題の発見・修正
ステップ11．授業のシラバス作成
ステップ12．授業内容および指導の評価を計画

ステップごとの導入説明を熟読し、その後でワークシートおよびアクション項目をできる限り完成させる。ある特定のアイディアについて十分理解できない場合や自身の授業にそれを適用するのが困難な場合は、まず、できることをして次に進むべきである。総じて、後に立ち戻ることが可能であり、必要なアイディアがより明確になるだろう。

この手引きでは、最初に統合的授業設計の総論を述べ、その後で主要な各段階についてひとつずつ論じることとする。

統合的授業設計の総論

この統合的授業設計のモデルに示される基本的な構成要素は、その他のインストラクショナル・デザインのモデルに見られるものと同様である。すなわち、**状況要因**を分析し、**学習目標**を策定し、**フィードバックと評価**手順を設定し、**授業／学習活動**を選定するということである。しかし、このモデルで明らかに異なる点は、これらの要素が相関性が分かりやすく強調されるように、一緒に示されていることである。（下記のモデル1を参照）

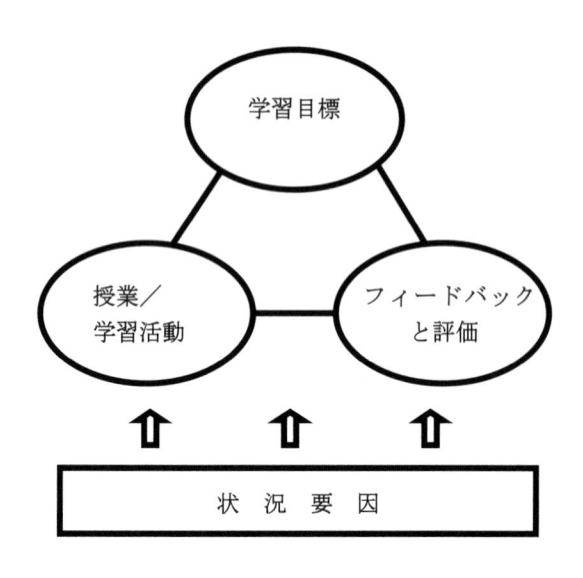

図付録5-1　統合的授業設計の主要構成要素　モデル1

このモデルの利点の一つは、統合的授業の重要性を分からせることで、統合的授業か、そうでないかを見分けることができる。この点を例示するために、統合的でない、あるいは一貫性のない極端な例をあげてみよう。

教員が学生に対し、(a)重要な内容をすべて習得し、(b)主題について批評的な考え方を学習してほしいと求める授業を想定してください。これらが学習目標である。しかし、実際の授業をみてみると、きわめて普通の講義形式の授業をしている（これが「授業／学習活動」である）。ここで、最初の問題が出てくる。すなわち、授業／学習活動が学習目標と整合していない。学生たちは講義から授業内容を学習することはできるかもしれないが、批評的な考え方を演習したり、フィードバックしたりすることは明らかに無理である。

ここで、教員が中間あるいは期末試験を作ろうとしたときに直面するジレンマに注目したい。教員は当然のこととして、理解や記憶による設問、すなわち内容に関連した問題を出すことはできる。しかし、考え方に関する質問を入れる

べきかどうか。

もし考え方の質問を入れるならば、授業の評価の部分は学習目標に適正につながるだろう。しかし、学生たちは批評的な考え方をするための十分な学習活動をしていないので低い評価となるだろう。それゆえに、批評的な考え方に関しては学習活動と評価との間に断絶が生じることになる。(以下の図が、このような選択をおこなった教員の状況を示している。)

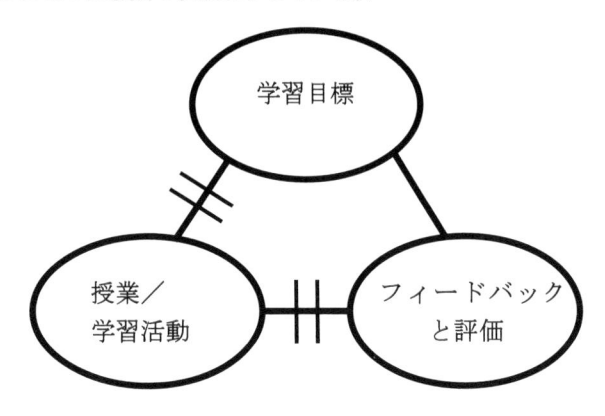

図付録5-2　統合性の問題：例1

また一方、教員が試験に考え方の問題を入れないことにすると、評価は授業／学習活動と一致するが、学習目標とは矛盾するものとなる。(この選択は、下記の図に示される。)

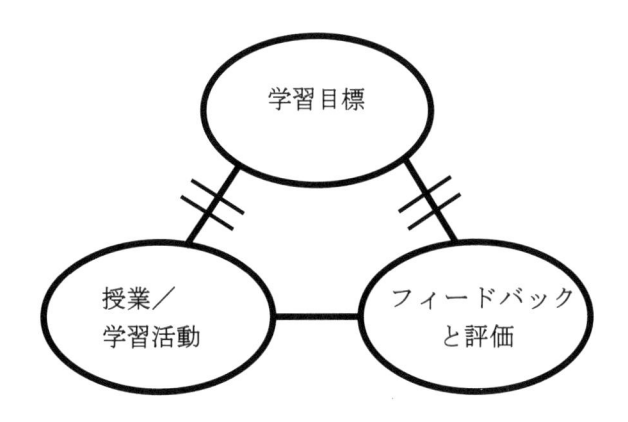

図付録5-3　統合性の問題：例2

パターンに注意：教員が授業においてつながりのひとつを崩すと、必然的に、もうひとつのつながりも絶たれることになる。3つの重要なつながりのうちのふたつが崩れると、授業そのものが崩れる。それゆえに、統合性のある設計をすることが非常に重要なのである。

統合性のある授業の設計

授業を設計する際、われわれは情報を収集し、どのように授業を進めるか決定していく。学生たちが意義ある学習体験を得る可能性が高いものになるように、われわれはこれら両方の活動に尽力したい。そのために、われわれは体系的な方法で授業設計プロセスを遂行する必要がある。それは、各ステップを次のステップに移行する前に完遂することを意味する。後に続くステップは、それ以前のステップをもとに積み上げていくので、このことは重要である。統合的授業設計（モデル1）をおこなうためには、まず強固な主要要素を構築することからはじめる（設計の初期段階）、次にそれらを一貫性のある全体に組み立てる（設計の中間段階）、そして最終的に、いくつかの重要な作業をおこなう（設計の最終段階）。

設計の初期段階（ステップ1～5）：強固な主要要素の構築

統合的授業設計の主要要素は、モデル1に示されている。このモデルにおける最初の要素は、<u>状況要因</u>に関する情報を収集することである（例：授業の受講生は何人か、主題について学生たちは事前にどの程度の知識があるのか、など）。[この要素はモデ1の図で「状況要因」として長方形の部分に示されている。]この情報は、後に授業に関する3つの重要な決定を行うために活用される。（モデル1の図において楕円形の部分）

状況要因に関する情報を収集した後、最初に決めるのは<u>学習目標</u>である。すなわち、学生たちに授業から何を取得してほしいかである。何が学習において重要で、コース終了から2～3年後に彼らは何を覚えておくべきか。彼らにどのような考え方や応用能力を伸ばしてほしいのか。コース終了後、彼らにどのように学習を継続してほしいのか。

「バックワードデザイン」の原理を用いて、次に、<u>フィードバックと評価</u>に関する決定に移る。ここでの基本的な問題点は、授業について設定した学習目標をどれだけ達成できたかを学生たちはどうやって証明するのか。これには、通常、筆記試験が用いられるが、他の方法も活用する必要があると考える。このように、授業展開の初期の段階でフィードバックと評価について取り組むこと

の利点として、学生たちが優れた発表をおこなうのに何が重要か明確になれば、効果的な授業／学習活動を考案するのがやり易くなる。

次に、適正かつ必要な授業／学習活動を策定しなければならない。意義ある学習目標と効果的な評価方法を設定したならば、授業になんらかの能動的学習を取り入れる必要があるのは当然である。

最後に、授業設計の統合性について、すべての要素が相互に整合性があり、支え合っていることを確認するためのチェックが必要である。学習活動はすべての学習目標に一致しているか。フィードバックと評価活動は、学習目標および学習活動と一致しているか。

設計の初期段階(ステップ1－5)の詳細：
意義ある学習を促進する授業設計

学生にとって意義ある学習体験ができる授業をしたいと教授が考えるならば、そのような質を授業のなかにデザインする必要がある。どうすればできるのか。下記に示すとおり、インストラクショナル・デザインプロセスの基本的な5つのステップに従っておこなう。

ステップ1．さまざまな状況要因を慎重に考察する
- 当該授業の特別なインストラクショナルチャレンジは何か。
- 学生たちはこの授業に何を期待しているか。学部、組織、同僚仲間、大きく社会は何を期待しているか。
- この授業は、より広範なカリキュラム枠にどう組み込まれるか。

「バックワードデザイン」プロセスを活用する
このプロセスは、学習プロセスの最終点からスタートし、「終わり」からはじめに向けて作業する。以下の重要な決定をおこなうには、状況要因(上記ステップ1)の情報を活用する。

ステップ2．学習目標　授業終了までに学生たちに何を習得し、数年後まで持ち続けてもらいたいか。
- 「理解と記憶」を中心とした学習を超えて広範に考える。
- 提案：「意義ある学習」のための分類図(**図付録5-4**)を枠組みとして活用する。

ステップ3．**フィードバックと評価手順**　学生たちは学習目標を達成したことを証明するのに、何をしなければいけないか(上記ステップ1に同じ)
- 授業の成績をつける根拠とする一方で、学生たちの学習を助けるのに何ができるか考える。
- **提案**：「教育的評価」概念で思考する。

ステップ4．**授業／学習活動**　フィードバックと評価活動において優秀であるために、学生たちにとって授業中にどんなことが必要であるか。
- より広範な学習目標をサポートするように「学生たちを巻き込む」方法を創造的に考えること。
- 提案：「能動的学習」活動を活用する。特に以下の点に関連して、
   - 学生たちが同時に数種類の意義のある学習を達成できるような**「豊かな学習体験」**を経験させる。
   - 学生たちに何を学習しているのか、どのように学習しているのか、そして学習内容の意義について思い巡らせ、熟考させるような**「徹底した省察的対話」**の機会を与える。
- 提案：さまざまな活動を効果的なインストラクショナル方略、すなわち、相互依存的学習活動のシーケンスで一貫性のある授業構成に組み立てる。

ステップ5．**必ず主要な要素はすべて統合されていること**
- 主要な要素(ステップ1－4)はすべて一貫性があり、それぞれが支え合っていることを確認するためにチェックする。

ステップ1．状況要因

授業設計をおこなうにあたり、最初にすることはていねいに現状を把握することである。それは、授業および学習状況についてすでに分かっている情報を検討し、場合によっては、さらに追加情報を集めることである。これらの情報は、授業に関する重要な決定をおこなうために活用する。

授業に影響を及ぼす可能性のある重要な状況要因がいくつかある。考察に役立つと思う一般的分類を以下に示す。
- 授業／学習状況の特殊な事情
- 学習状況の一般的事情
- 教科の性質
- 学習者の特性
- 指導者の特性

特殊な背景的要因は、常に重要である。その他の要因は時として重要であるが、

そうでないときもある。しかし、それらすべてについて検討することは常に有用である。
一般的分類（および各分類項目に関連する特別な要因）は、ステップ1のワークシートに示されている。当該授業に関連して、これらの要因のそれぞれについて再検討する。そして、いずれかの要因について情報があれば記入する。情報はないが重要かもしれないと考えるなら、どのように情報を入手できるかアイディアを記入する。

ステップ1．ワークシート
考慮すべき状況要因

1．授業／学習状況の特殊な事情

授業には何人の学生が受講するのか。授業は下級生対象か、上級生対象か、大学院生レベルか。教室の授業は、どれだけの時間および回数おこなわれるのか。授業はどのような形式でおこなわれるのか。実演か、オンラインか、あるいは教室か実験室か。学習環境としてどのような物理的要素が授業に影響を及ぼすか。

2．学習状況の一般的事情

この授業またはカリキュラムに対してどのような学習の期待が持たれているか：大学、カレッジ、および／または学部から、同僚仲間から、社会から。

3．教科の性質

教科は主として理論的か、実践的か、あるいはその組み合わせか。教科は主として、一点集中的か、多岐に分かれているのか。領域内で重大な変化や論争が発生しているか。

4．学習者の特性

学習者たちの生活状況はどうか（例えば、就業、家庭、職業の目標）。この教科に対して、学生たちは通常、どの程度の事前の知識や経験を持ち、どんな最初の感情を抱いているのか。彼らの学習目標、期待、および好まれる学習形態はどうであるか。

5．指導者の特性

教員は授業および学習について、どんな教育信条や価値観を持っているのか。教員の心構えはどうであるか：教科に対して、学生に対して。教員はこの教科についてどの程度の知識があり、精通しているのか。教員の指導における強み、長所は何か。

ステップ2. 学習目標

状況要因を見直した後、次に学生たちに授業で何を学び取ってほしいかを決める。多くの人が、この作業で内容中心のアプローチを選択する："学生にはトピックX、トピックYおよびトピックZについて学習してほしい。"これが簡単で自然なアプローチではあるが、大抵の場合、"理解と記憶"型の学習を過度に強調する結果となる。これらは重要なことである。しかし、教員が学習中心のアプローチを取るならば、追加的に幾種類かの意義ある学習も必要と認めるのが普通である。

教員に次のように自問してみることを勧める：コース終了後2・3年経った頃、この授業が学生たちにどんな影響を与えることを望むか。この授業を受けた学生と受けなかった学生の違いは何か。

学生と教員が、真に意義ある何を学生が学ぶべきかについて考えるとき、通常、彼らの答えに"理解と記憶"型の学習も含まれるが、それだけに集中することはない。ほとんどの場合、彼らは、批評的な思考や授業で得た知識の創造的な活用の仕方、現実社会の問題解決を学ぶことや自分自身や他人に対する考え方を変えること、生涯学習の重要性に気づくことなど、これらを重視することが多い。

意義ある学習の本質とは何か、という問いに対する人々の反応を長年にわたって研究してきた結果、私は意義ある学習の分類図を提案している。これは、6種類の主要な意義ある学習形態で構成されており、さらに多数の下位範疇がついている。この分類法は、次のページの**図付録5-4**に示されている。この分類図は、重要な学習目標として授業に加えたいと思われるような意義ある学習形態を定めている

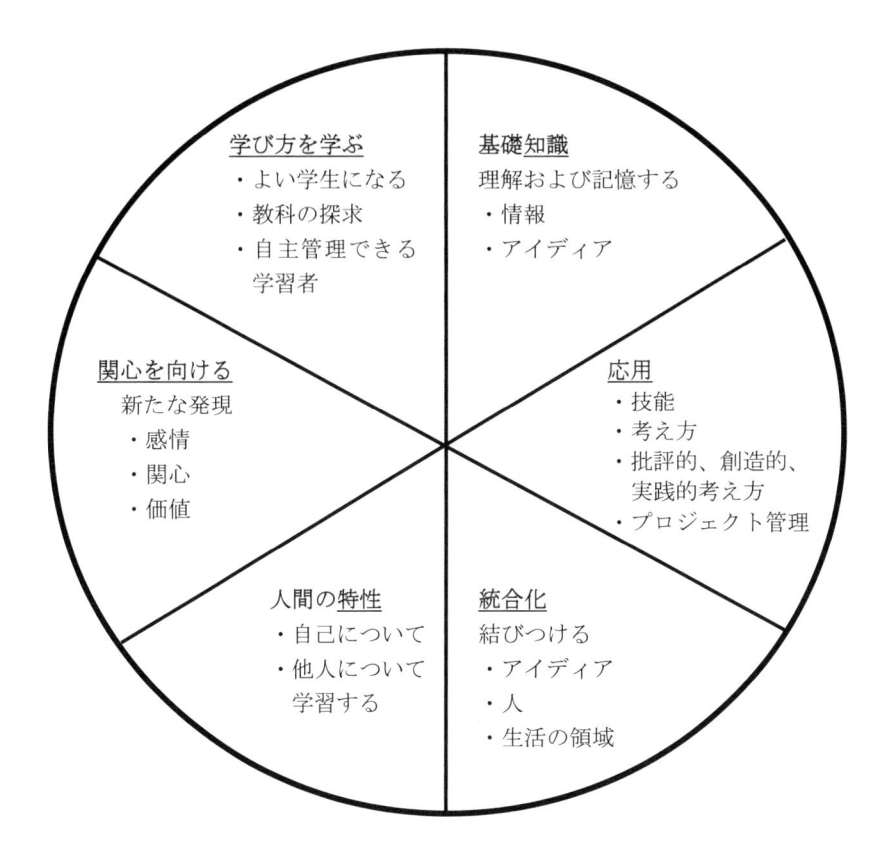

付録5　意義ある学習を目指す授業設計のための自己管理用手引き　223

```
           学び方を学ぶ        基礎知識
           ・よい学生になる    理解および記憶する
           ・教科の探求        ・情報
           ・自主管理できる    ・アイディア
             学習者

   関心を向ける                      応用
   新たな発見                        ・技能
   ・感情                            ・考え方
   ・関心                            ・批評的、創造的、
   ・価値                              実践的考え方
                                    ・プロジェクト管理

           人間の特性          統合化
           ・自己について      結びつける
           ・他人について      ・アイディア
             学習する          ・人
                              ・生活の領域
```

図付録5-4　意義ある学習の分類図

この特殊な分類法の重要な特徴は、次のページの**図付録5-5**に示されているように、それぞれの種類の学習が相互に作用していることである。これは、それぞれの種類の学習が他の種類の学習を刺激することを意味する。これは、あなたの授業の学習目標を選定するのに重要な影響を与えるだろう。意義ある学習の6種類すべてを入れるのは負担が重過ぎると感じるかもしれない。しかし、現実には、より多く入れるほど、それぞれの学習目標が相互により大きく支えあって学生たちの学習がより高い価値あるものとなるだろう。

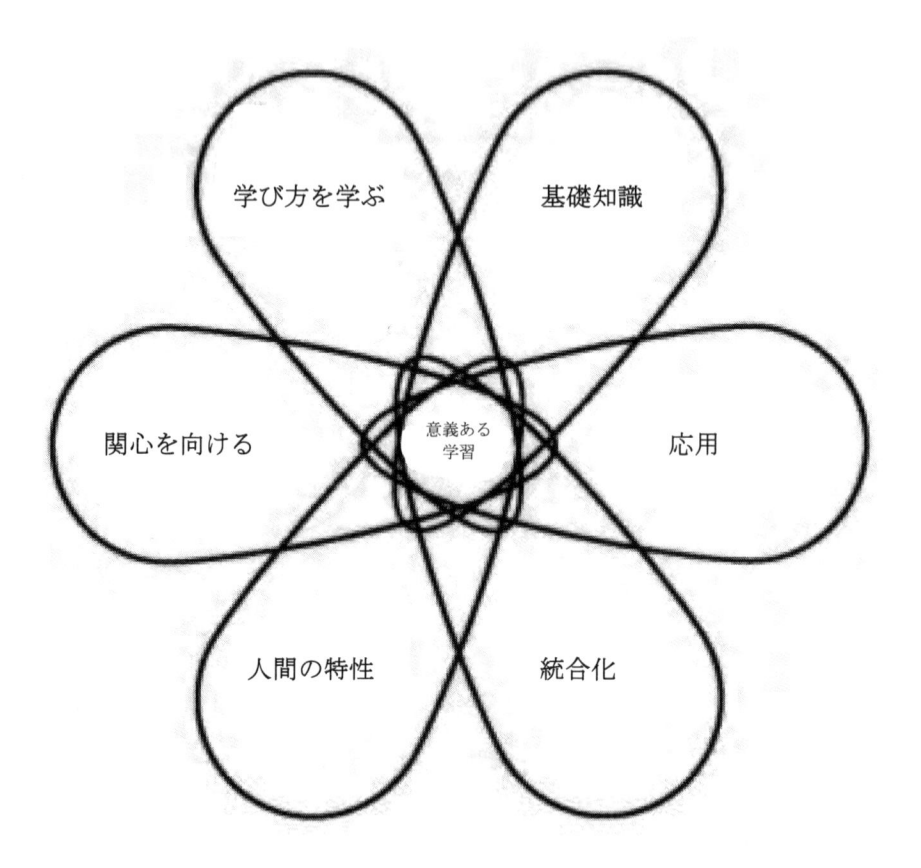

図付録5-5　意義ある学習の相互作用の特質

ステップ2．ワークシート

意義ある学習目標策定のための質問

"この授業終了後、1年(あるいはそれ以上)経過したとき、私は学生たちに次のことを求め、望む＿＿＿＿＿＿＿＿＿＿"

基礎知識

* 学生たちが今後理解し、記憶するのにどんな主要な情報(例、事実、用語、公式、概念、原理、関係性など)が重要であるか。
* 学生たちが、この授業を理解するのにどんな主要なアイディア(視点)が重要であるか。

応用目標

* 学生たちは、どんな考え方を学習することが重要であるか。
  * <u>批評的考え方</u>で、学生たちは分析や評価をおこなう
  * <u>創造的考え方</u>で、学生たちは想像や創造をおこなう
  * <u>実践的考え方</u>で、学生たちは問題を解決し、決定をおこなう
* 学生たちは、どのような重要な技能を習得する必要があるか。
* 学生たちは、複雑なプロジェクト管理の仕方を学習する必要はあるか。

統合目標

* 学生たちはどんな関連性(類似性や相互作用)を認知し、結びつけるべきか。
  * この授業の範囲内のアイディア間で。
  * この授業の範囲内の情報、アイディア、視点、および他の授業や領域における情報、アイディア、視点では。
  * この授業の範囲内の材料や学生自身の個人的、社会的および/または仕事生活では。

人間の特性の目標

* 学生たちは、自分自身について何を学ぶべきか
* 学生たちは、他人に対する理解や他人との相互関係について何を学ぶべきか

関心を向ける目標

* 学生たちにどのような変化や価値観を取り入れてもらいたいのか。
  感情
  関心
  アイディア

学び方を学ぶ目標

* 学生たちに何を習得してもらいたいのか
  ・どうすればこのような授業で優秀な学生になれるか
  ・この授業の特定教科についてどのように学習するべきか
  ・どうすればこの教科の自主管理できる学習者になれるか、すなわち、自分が何を学習するべきか、学習したいかについて学習予定をたてて、学習の計画を持つことである。

ステップ3. フィードバックと評価手順

内容中心の授業では、通常、学生が習得できたかどうかを教員が評定するのに、学期途中で2回の中間試験と最終試験で十分なフィードバックと評価であると考えられている。しかし、学習中心の授業の場合は、もっと工夫したアプローチが授業設計のこの部分に求められる。まとめて"教育的評価"として知られているフィードバックと評価手順の組み合わせが、(単に、教員に成績をつける基準を提供するためにデザインされている)"監査的評価"を超えて必要とされる。実際に、教育的評価は学生の学習の質を重視している。後のページの図3に、教育的評価の4つの主要要素がより伝統的な監査による評価と対照的に示されている。

<u>将来を考えた評価</u>には、演習、質問、および／あるいは、与えられた課題や問

題、決定事項に対して現実的状況を作り出す問題を組み入れている。この種の設問や問題を組み立てるには、教員はコースが終了した後の将来のことを考えて問いかける必要がある。「自分はどのような状況下で学生たちがこの知識を活用するべきか、また活用できることを期待しているのか」。それから、できるだけ現実の近い状況を再現する質問や問題を作る。また、問題は多少自由形式にして、事前に完全に組み立てられていないようにするべきである。学生たちの回答の質を評価できるように、必要に応じて何らかの前提条件や制限を与えることも可能である。

この特徴を説明するために、かつて私が世界地理を教えたことがある授業で、学生たちが例えば東南アジアについて１単位学習した例をあげてみよう。時代遅れの評価方法では、学生たちにその地域の国々の人口や資源にどんな相違があるか質問するだろう。将来を考えた評価の質問では、学生たちにその地域で会社を設立しようと考えている企業で自分が働いていると想像してもらう。企業側は、どの国に必要な政治的安定性や製品に対する購買力や経済成長の見込みがあるのかなどについて、学生たちの意見を求める。このような質問であれば、学習したことを実際に活用できる状況を想像するように学生たちに求めるのである。

教員は、学生の学業を評価するのに用いられる評価基準を明確に説明するべきである。教員は次の問いを自らに問いかけた後、学生たちとも話し合う必要がある。"この領域で質の高い仕事とは、一般的にどんな特徴や特性があるのか。" それらが評価の基準である。さらに、基準のひとつひとつについて合格と認められたり、特に優秀であると評価されたりするには、どのぐらい優れた学業が求められるのか。これに対する答えが教員の評価基準を示すものである。

教員が、学生に自己評価をさせる機会を与えることも重要である。人生において後日、学生たちは自分自身の能力を自己評価する必要が生じるだろう。ゆえに、授業を受けている間に評価の仕方を学びはじめるべきである。授業で最初はこれをグループで行い、後に個人でさせてもよい。それとあわせて学生たちは、自分の学業を評価、判定するための適正な基準を作成し、論議することも必要である。

学生たちがどのように能力を発揮するべきか学習に努める一方で、教員はフィードバックをする必要がある。質の高いフィードバックは、"忠実 (FIDeLity)" フィードバックの特徴を備えている。すなわち、

- **F**requent（頻繁に）：フィードバックを毎日、毎週、あるいは、できるだけ頻繁におこなう
- **I**mmediate（迅速に）：できるだけ迅速に、学生にフィードバックする
- **D**iscriminating（区別する）：学業の不合格、合格、優良の違いをはっきりさせる
- **L**oving（愛情）：フィードバックするのに共感を示す

質の高いフィードバックによる学習を重視する

私が本を出版した後に、スコットランドとイギリスの教育者グループが、学生の学習を重視した方法でフィードバックするために7つの原理を非常に印象的なリストにまとめた。7つの原理は、この手引きの付録に加えている。

　注：重要な部分は13ページあるが、全文はウェブサイトからダウンロードできる。このウェブサイトURLは付録に載せている。

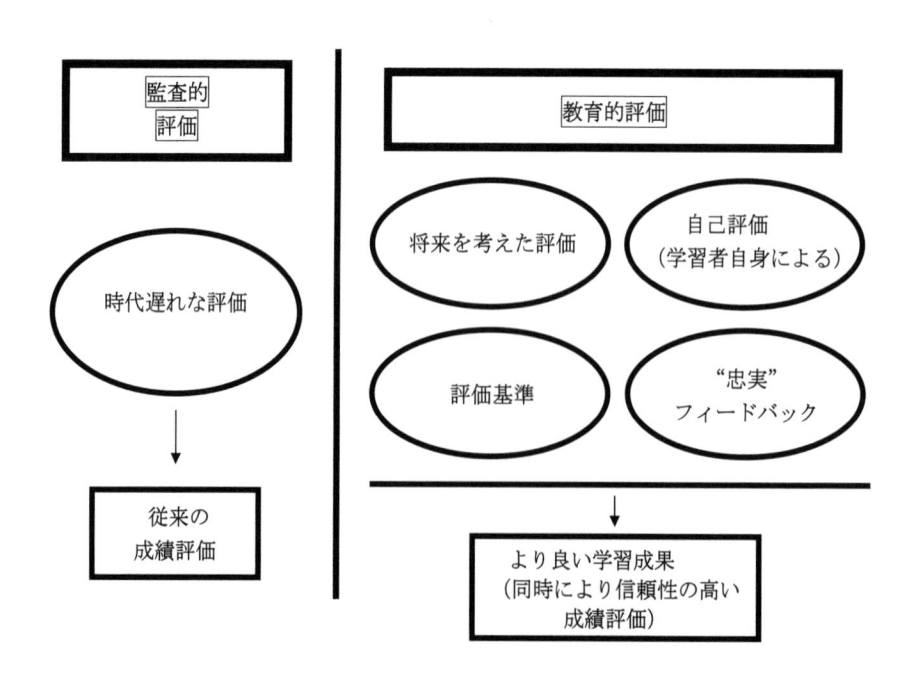

図付録5-6　監査的評価と教育的評価

ステップ3．ワークシート

教育的評価の手順

1．将来を考えた評価
将来を考えた評価の考え方を一つか二つ作成する。学生たちが学習したことを活用できるような状況を見つけ、その状況を質問、問題あるいは課題と合わせて再現するように努める。

2．評価基準
主要な学習目標の一つを選び、できの悪い業績と優秀な業績を区別できる基準を少なくとも二つ定める。次に、それぞれの基準に対して、2－3のレベルのスタンダードを書く。

3．自己評価
学生たちに自分の成果を自己評価させるためにどんな機会を与えることができるか。

4．"忠実（FIDeLity）"フィードバック
学生たちに以下に述べるようなフィードバックをおこなうには、どんな手法を展開できるか。
  Frequent　頻繁に
  Immediate　迅速に
  Discriminating　明確な標準＆基準に基づき区別する
  Lovingly　共感を込めてフィードバックする

ステップ4．授業／学習活動

大学の教員たちは授業で何をおこなうべきか考える時、伝統的な形の"講義と討論"をおこなってきた。授業によっては、講義に重きを置いているものもあるし、討論をより重視していることもある。しかし、ステップ2で提唱したような意義のある学習をおこなうためには、新しいツールや、新しい種類の授業と学習活動が必要となるだろう。それらはどこで見つけることができるか。われわれは、いかにしてより<u>能動的な</u>学習を授業に取り入れるべきか、理解し、習得する必要がある。

能動的学習
大学の授業に関する文献で、過去10年あまりの間により力強く提唱されてきた考え方は、能動的学習の概念である。本質的に、能動的学習の概念は、「学生たちは受動的よりも能動的な方法で学習したほうが、より多く学び、学習したことをより長く持ち続けることができる」のを証明する研究を支持している。

能動的学習とは、何を意味するのか。能動的学習の支持者であるボンウェルとアイソン（1991）は、能動的学習のことを"学生たちが行動しながら、していることについて考えるように引き込む"と表現している。"行動する"ということで彼らはディベートやシミュレーション、指導によるデザイン、小グループの問題解決、ケーススタディなどの活動に言及している。この定義を私流に表現したのが**図付録5-7**である。学生たちは、講義を受講したり、教科書を読んだりする時は、"情報や考え方"を受け取っているのであり、学習過程で重要な部分ではあるが、比較的受身な方法である。学習をより能動的にするには、なんらかの体験的学習や省察的対話の機会を加えることによって、全般的学習体験をいかに高めることができるかを習得する必要がある。

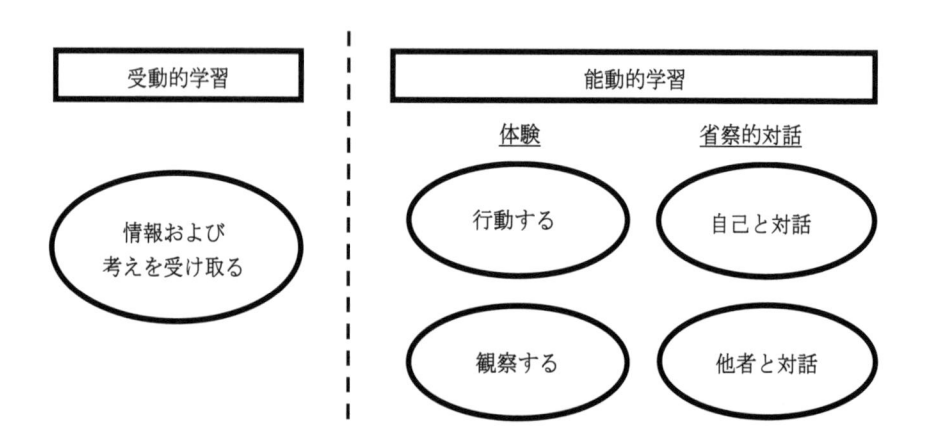

図付録5-7 受動的学習と能動的学習の最初の比較

"能動的学習"の拡大した見方
意義ある学習の達成を可能とする完全な学習活動の組み合わせを作成するには、能動的学習について範囲を拡大した、もっと全体的な視点が必要である。それは"知識やアイディアを得る"だけでなく、"体験"や"熟考"も含むものである。**図付録5-8**で新しく概念化した能動的学習を図示しており、3つの学習モード全てがより完成度の高い学習活動の組み合わせに不可欠な部分となっている。

体験
・行動、観察
・実習、模擬
・豊かな学習体験

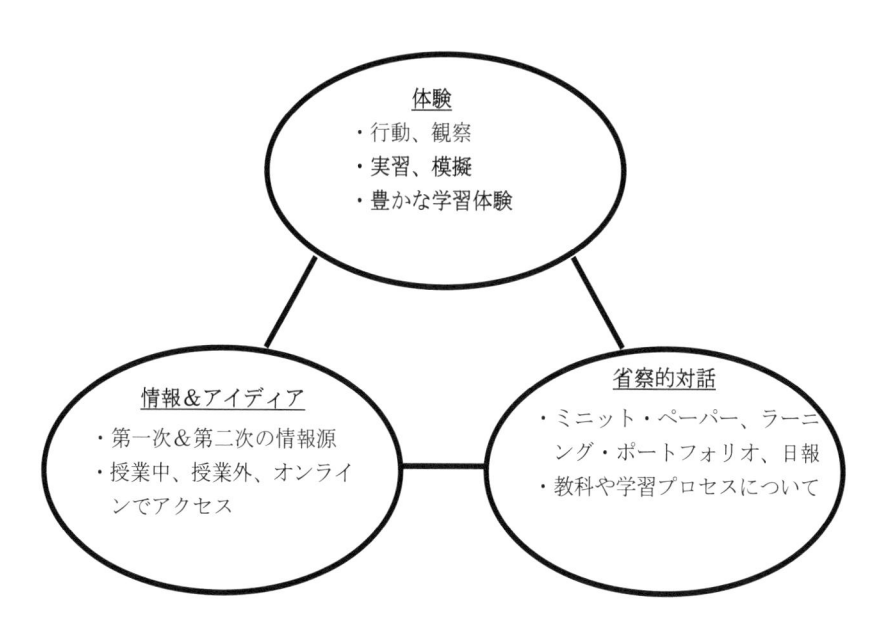

情報&アイディア
・第一次&第二次の情報源
・授業中、授業外、オンラインでアクセス

省察的対話
・ミニット・ペーパー、ラーニング・ポートフォリオ、日報
・教科や学習プロセスについて

図付録5-8　能動的学習の全体像

学習活動を選択するのに、2つの原則が指針となる。一つは、効果的な学習活動の組み合わせには、次にあげる能動的学習の3種の構成要素：すなわち、情報&アイディア、体験、省察的対話の各要素から活動が含まれていることである。二つ目は、可能な限り直接的な学習活動を見出す努力をするべきである。間接的あるいは想像的なやり方も場合によっては必要である。しかし、能動的

学習ができる直接的な方法があれば、学生の学習の質を高めることができる。

私自身の経験や、この能動的学習の全体像に関して有能な教員が実際に何をしているかについて書かれた文献を読んでみて分かったことは、優れた教員は、能動的学習の3つの構成要素全てをさまざまな方法で取り入れているということである。**表付録5-1**で示すとおり、教員たちは情報やアイディア、体験および省察的対話を直接的に提供するときもあるが、間接的に、あるいはオンラインでおこなうときもある。

表付録5-1　全体的・能動的学習のための学習活動

	情報＆アイディアを得る	体験 実習	体験 観察	省察的対話: 自己	省察的対話: 他者
直接	・第一次データ ・第一次情報源	・本物の設定で実習	・現象を直接観察	・省察的熟考 ・日誌	・対話（授業内授業外）
間接 想像的	・第二次データと情報源 ・講義、教科書	・事例研究 ・ゲーム、シミュレーション ・ロールプレイ	・ストーリー（フィルム、口述歴史、文献にアクセス可能）		
オンライン	・授業ウェブサイト ・インターネット	・先生が学生に＿＿＿の直接体験を課題として与えることができる。 ・学生はオンラインで間接的体験ができる。		・学生は考察し、その後オンラインで多様な対話に関わる事ができる。	

学生たちのために、より確かな学習体験を展開できる方法を探るのに役立つように、豊かな学習、徹底した省察的対話、そして情報とアイディアという三種の能動的学習活動のそれぞれにいくつかのアイディアを提案する。

豊かな学習体験　学習体験に経験的要素を加えようとするならば、"豊かな学習体験"を求めるべきである。ある種の学習体験は、学生たちが同時に幾種類もの意義ある学習を習得することができるので"豊か"である。これが可能となるのはどのような方法であるか。以下に、複数の種類の意義ある学習を同時に推進できる活動内容を授業内と授業外に分けて表示する。

授業内：	授業外：
・ディベート	・サービス・ラーニング
・ロールプレイ	・状況観察
・シミュレーション	・真正なプロジェクト
・ドラマ化	

アクション　学生たちに"実習"あるいは"観察"を体験させるような授業に加えるべき学習体験を見つける。どんな"豊かな学習体験"があなたの授業に適しているか。

徹底した省察的対話　能動的学習のもうひとつの重要な要素は、学生たちに学習体験の意義について熟考する時間と激励を与えることである。省察的対話には多様な形態がある。(次の**表付録5-2を参照**)(日報や日記に書き込む場合のように)自分自身で熟考することもできるし、(教員や他の人との討論の場合のように)他者と意見を交換することもできる。もう一つの重要な区別は、主題について論じる実体的文書(例えば、典型的な学期末レポート)と自分の学習について述べる省察的文書とのちがいである。省察的文書においては、学生たちは、自分は何を学習しているのか、自分が学習していることの価値は何か、どのように学習しているのか、この他に学習する必要があるか、など異なる種類の質問について意見を述べる。

表付録5-2　徹底した省察的対話

対話の相手は誰か
　　　・自分自身　　(学習日記、ラーニング・ポートフォリオ)
　　　・他者　　(教員、他の学生、教室外の人々)
何について

- **授業に主題について（実体的文書）**
    この概念または話題について<u>適正かつ十分な理解</u>とは何か。
- **学習プロセスについて（省察的文書）**
    - 自分は<u>何</u>を学習しているのか
    - この学習の<u>価値</u>は何か
    - <u>どのように</u>学習したか：最良、大変快適に、難解、など
    - この<u>他</u>に何を学習する必要があるか

文書の形態
- ミニット・ペーパー
- 学習週記
- ラーニング・ポートフォリオ（授業最終、プログラム最終）

大学の授業に関する文献によると、省察を促進するための多様な手法が確認されている。ミニット・ペーパーでは、教員が学生たちに1週間に一度か、クラスの終わりに、短いが焦点を絞った質問を与えて答えさせる。質問の例として、"今日学習したことで最も重要なことは何か。この授業で最も分かりにくい点は何か。"さらに望むべきは、学生たちに学習の週報を書く練習をさせることである。彼らに、学習体験について定期的に省察するように求める。前述の表に示した4つの質問や、（あるいはもっと限定的な質問）をすることで学生の省察努力を手引きする必要もあるだろう。

もう一つの優れた実践方法は、学生たちにコースの最終でラーニング・ポートフォリオをまとめさせることである。これは、8-12ページの物語風作品とその内容を補足・説明するための資料の付録である。物語風作品には、学生が学習体験に関する省察内容を記述し、前述した質問などについて再度意見を述べる。

アクション：どのような省察的対話を授業に組み込むことができるか。

<u>情報とアイディア</u>　授業時間の一部を前述のような体験や省察的活動のために自由に活用するためには、授業に関する重要な情報やアイディア、すなわち授業内容を学生たちに紹介するための別の方法を見つける必要が生じるだろう。それには、授業に出席する事前にもっと文献を読んでこさせることが必要な場合もあるかもしれない。あるいは、授業専用のウェブサイトを開設し、内容に

関連した資料を掲載することもありうるだろう。もしくは、授業に関連した優れた内容を載せている選定したウェブサイトを見るように学生たちに指示を与えることもできる。

アクション：講義をおこなう以外に、学生たちにどのような方法で主題の課題や考え方に早期に触れる機会を与えることが可能であるか（できれば授業外で）

ステップ5. 統合

これまでの設計の初期段階（ステップ1−4）において、授業設計のための強固な主要要素を構築してきた。この初期の段階を完成するには、これら4つの要素がどのように適正に調整されているかチェックする必要がある。ステップ5のワークシートで、これら4つの要素のそれぞれがどのように互いに統合されるべきかを詳細に説明する。

ステップ5　ステップ1−4を統合する

1. <u>状況要因</u>
   - 状況要因を丁寧かつ徹底的に検討する作業は完了していると仮定して、それらの状況要因が学習目標、フィードバックと評価、学習活動を決める際にどのようにうまく反映させているか。
   - どんな潜在的矛盾が問題を引き起こす可能性があると考えられるか。
   - あなたの教育信条や価値観、学生の特徴、特別または一般的事情あるいは主題の本質とあなたが授業の進め方として提案するやり方には何らかの不一致があるか。

2. <u>学習目標およびフィードバックと評価</u>
取り組むべき問題：
   - 評価手順がどの程度十分に学習目標のすべての範囲を網羅できるか。
   - フィードバックで学生たちに学習目標のすべてについて情報を提供しているか。
   - 学習目標には、学生たちが自分の学業の評価方法を学ぶのを手助けすることも含まれているか。

3. <u>学習目標および授業／学習活動</u>
   - 学習活動はすべての学習目標を効果的にサポートしているか。

- 主要な学習目標のいずれにも役に立たない不適正な活動はないか。

4. **授業／学習活動とフィードバックと評価**
   - 学業を評価するのに活用する評価基準を学生たちが理解する準備として、フィードバックの繰り返しが如何にうまく役立つか。
   - 実践的な学習活動や付随するフィードバックの機会が、学生たちにとって最終的評価活動のための準備として如何にうまく役立つか。

統合性に関して、特に上述のステップ2-4についてチェックするのに良い手法は、次のページのワークシート1を活用することである。**最初に**、授業の学習目標を表に記入する。できれば、分類表に示された意義のある学習のそれぞれの種類について、ワークシートを1枚用意する。**二番目**に、主要な学習目標のそれぞれについて、学生がしかるべき学習を達成できたかどうかを知る方法を確認する。すなわち、どんな種類のフィードバックや評価を使うことができるか。**三番目**に、再度、主要な学習目標のそれぞれについて、学生がしかるべき学習を達成するために何をする必要があるのか確認する。評価と学習活動が同一であるか、非常に類似していることに気づくことがよくある。

しかし、この課題に取り組むことは、学習目標のそれぞれについて実際に明確な評価方法および学習活動が設けられていること、そして口先だけで言うのではないことを確かめることができ非常に有益である。

（後述の）最終チェックを完了したら、次に、それらの数種類の活動を一貫性のある総体に組み立てるプロセスをスタートすることができる。(31頁 から始まる第二段階)

ワークシート1
授業設計のためのワークシート

授業の学習目標	この種の学習の評価方法	実際の授業—学習活動	有益な資源（例：人、もの）
1.			
2.			
3.			
4.			
5.			
6.			

設計の初期段階の最終チェックと見直し
このモデル計画の主な利点は、授業設計の質を評価するための明確な基準を定めることである。5つの主要基準があるが、そのうちの4つを後のページの**図付録5-9**に、太字、太枠で強調した部分で示している。これによると、優れた授業設計は次の基準を満たしている。

次の条件を含んでいるならば、授業の基本的な設計は合格である。
1．状況要因の徹底的な分析
授業の状況的制限や機会をはっきりさせるために、主要な状況要因のすべてを系統的な見直しに基づいて分析している。

2．意義ある学習目標

単に"理解と記憶"といった学習だけでなく、幾種類かの意義ある学習に焦点を合わせた学習目標を含んでいる。

3．教育的フィードバックと評価

次にあげる教育的評価の要素を含んでいる。将来を考えた評価、学生たちが自己評価できる機会、明確な評価基準、そして"忠実（FIDeLity）"フィードバック。これらが、監査的評価の域を超えたフィードバックおよび評価を可能とする。

4．能動的な授業／学習活動

基礎的情報やアイディアを習得する方法と合わせて、効力のある形で体験的、省察的学習に取り組むことによって、学生たちに能動的学習を体験させるような学習活動を含んでいる。

5．統合／調整

授業の主要要素がすべて統合されている(あるいは調整されている)。すなわち、状況要因、学習目標、フィードバックと評価、授業／学習活動のすべてがそれぞれ互いに影響し、支えている。

授業設計が、これら5項目の基準のそれぞれについて高い評価を得るならば、優れたデザインの基本的要素が備わっているといえる。

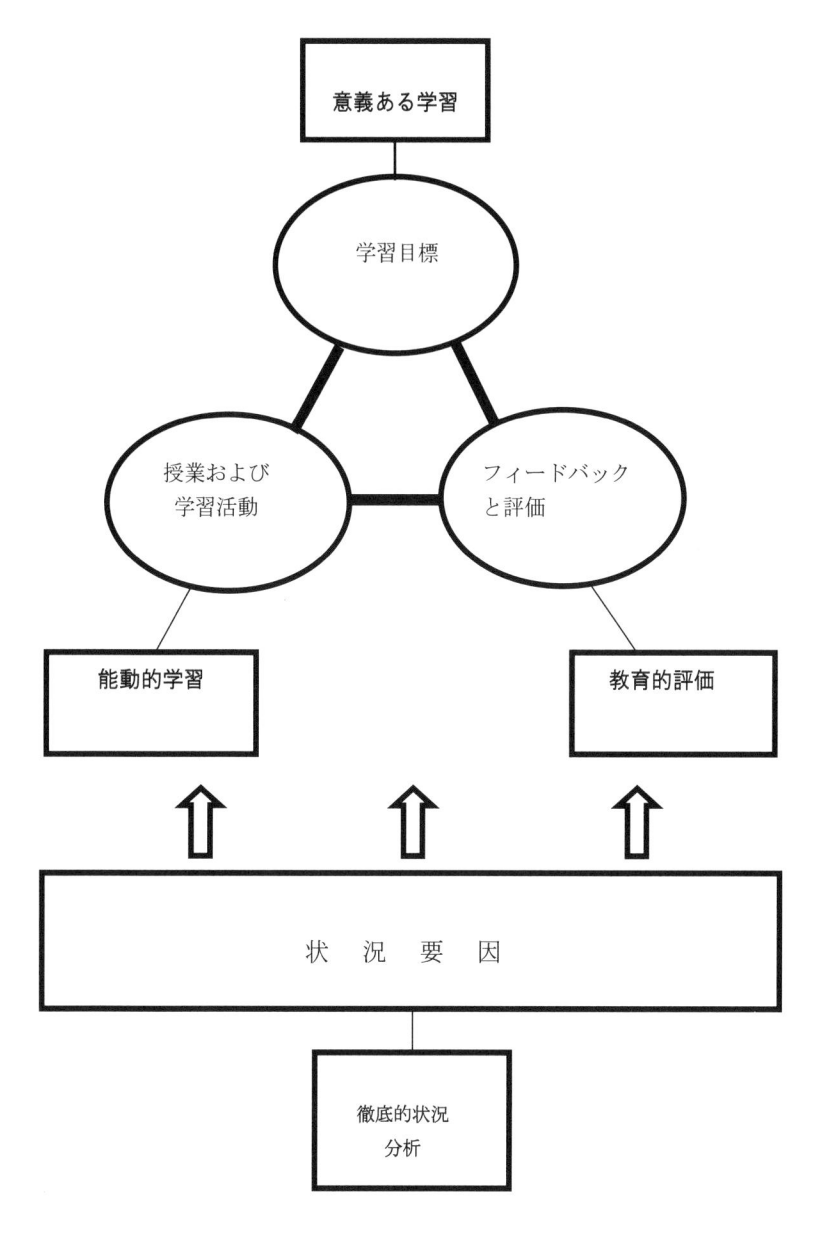

付録5　意義ある学習を目指す授業設計のための自己管理用手引き　239

```
                    ┌──────────────┐
                    │  意義ある学習  │
                    └──────────────┘
                            │
                        ╭───────╮
                       (  学習目標  )
                        ╰───────╯
                        ╱         ╲
                  ╭─────╮         ╭─────╮
                 ( 授業および)━━━( フィードバック)
                 ( 学習活動 )     ( と評価     )
                  ╰─────╯         ╰─────╯
                     │               │
              ┌──────────┐      ┌──────────┐
              │ 能動的学習 │      │ 教育的評価 │
              └──────────┘      └──────────┘
                   ⇧          ⇧          ⇧
              ┌────────────────────────────┐
              │       状 況 要 因           │
              └────────────────────────────┘
                            │
                     ┌──────────┐
                     │ 徹底的状況 │
                     │   分析    │
                     └──────────┘
```

図付録5-9　授業設計のための評価基準

（主要な標準は太枠、太字で示されている）

設計の中間段階(ステップ6-8)
主要要素を一貫性のある総体として組み立てる

授業の基本的構成要素を構築した後、これらの活動を効力ある一貫性のある総体に編成する方法を確定する。これは、**授業構成**を作成し、**インストラクショナル方略**を選択または策定し、その後、授業構成と方略を学習活動の**全体計画**に統合することによっておこなう。

ステップ6. 授業構成

授業構成を作成することは、授業の中心的要点である重要な概念、課題あるいはトピックに焦点を合わせて、単純に学期を4～7区分に分割することを意味する。次に、それらの概念やトピックを論理的シーケンスに組み合わせ、各区分に対し何週間あるいは何回の授業を割り当てるべきか決める(**図付録5-10を参照**)。これをおこなう一つの重要な意義は、学生たちにとって徐々に複雑で困難になってくる問題や課題をどのように作成するべきかが、より分かりやすくなることである。

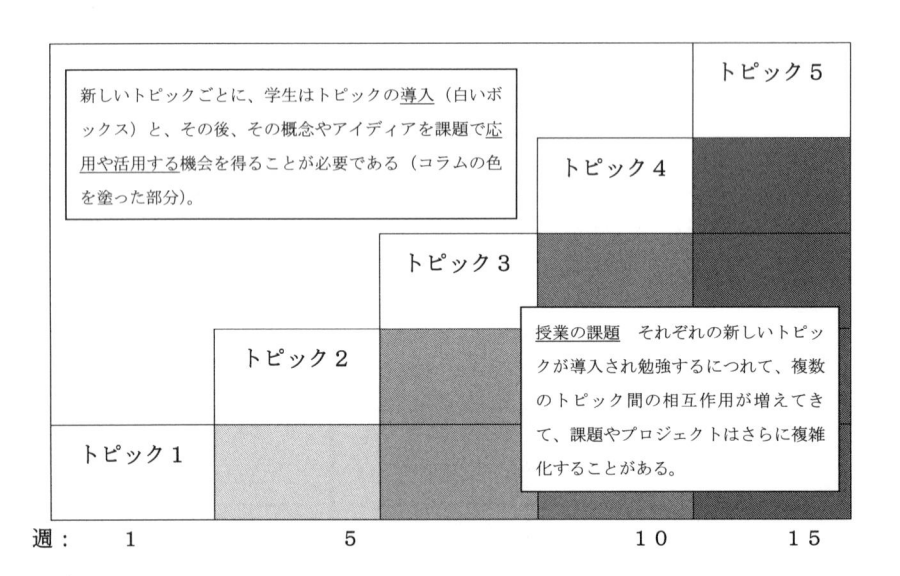

新しいトピックごとに、学生はトピックの導入(白いボックス)と、その後、その概念やアイディアを課題で応用や活用する機会を得ることが必要である(コラムの色を塗った部分)。

授業の課題　それぞれの新しいトピックが導入され勉強するにつれて、複数のトピック間の相互作用が増えてきて、課題やプロジェクトはさらに複雑化することがある。

トピック1　トピック2　トピック3　トピック4　トピック5

週: 1　5　10　15

図付録5-10　授業内容の構成シーケンス

アクション：
- 授業の重要な概念、問題点あるいはトピックを4〜7選定する。
- これらを学生に導入するのに適正な順序（シーケンス）はどうであるか。
- 学生がトピックから次のトピックに移行するにつれて、主題の複雑性が増大するのを課題や問題にどのように反映させるか、最初の考えはどうであるか。

ステップ7. インストラクショナル方略

指導テクニックとインストラクショナル方略との間には重要な概念的区別が必要である。指導テクニックというのは、個別の特定の指導活動である。講義や討論をリードしたり、小グループ活動を設定したりするのは、すべて指導テクニックである。一方、インストラクショナル方略というのは、学習活動の組み合わせであり、特定のシーケンスにアレンジされていて、学生たちがそのシーケンスを進むにつれて学習意欲が高まり、蓄積されるように組まれている。これにはたくさんの必要条件があるなかで、とりわけ次の(a)から(d)のような活動を設定することが求められる。(a) 学生たちがあとに続く作業に対して準備対応できるようにする。(b) どんなことを学生に学習させようとしている場合においても—彼らに実践の機会を与え—迅速にフィードバックする。(c) 学生の学業の質を評価する。(d) 学生に自分たちの学習を省察させる。このことを分かりやすくするために、次の図で授業内と授業外活動のシーケンスの作成の仕方を示す。この図を私は愛情を込めてキャッスル・トップ・ダイアグラムと名づけている（**図付録5-11**を参照）。疑問符の部分に、それぞれの授業内および授業外の時間区分に当てるべき学習活動を定める。目指すところは、それぞれを土台として築き上げる活動のシーケンスを策定することである。

図付録5-11　インストラクショナル方略策定のためのキャッスルトップ・テンプレート

アクション：段階Ⅰで確認した学習活動のいくつかを使って<u>多様な活動のシーケンス</u>を考案する。

ステップ8. 学習活動の全体計画作成

この時点では、授業全体として<u>授業構成とインストラクショナル方略</u>を大胆に<u>統合する</u>必要がある。授業構成とインストラクショナル方略を図示して、その次に、どうすればこの二つの要素が相互に高めあって作用するか方法を探るのが有益と思われる。

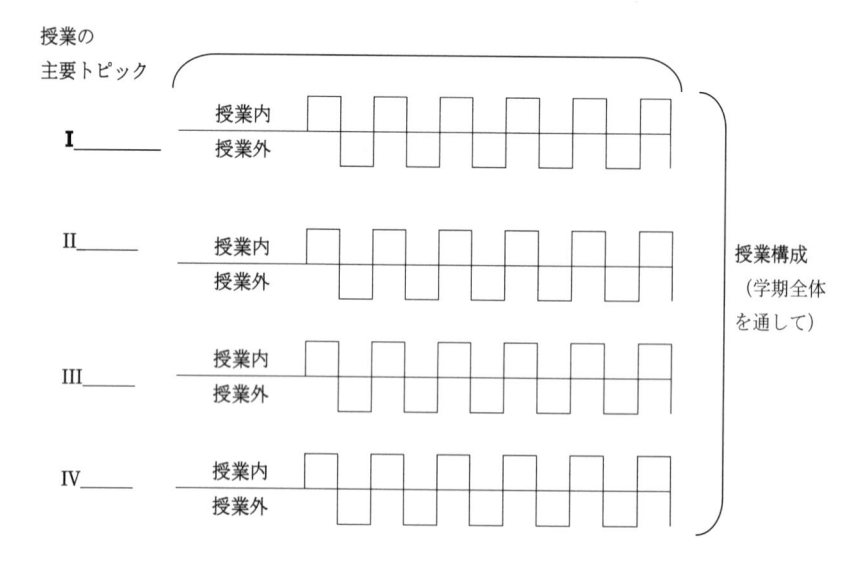

図付録5-12　インストラクショナル方略

上記の**図付録5-12**は、ただ一つの可能性の例を示している。当該授業の条件に合わせて調整する必要があるのは当然である。この図から、優れた授業設計に求められるもう一つの重要な原理を見出すことができる。それは、<u>学習活動の差別化と統合</u>の両方の必要性である。

差別化は、次のような方法で可能である：
> ・日々の学習活動の形態の**多様性**を１〜３週間の期間単位で。
> ・授業のトピックⅠ‐Ⅳにつれて学習の複雑性と難易度の**進展**。
>   統合は、各トピックの単位時間の枠内と各トピックの単位を進行していく過程内の両方でおこなわれるべきである。

ステップ８のまとめとして、学期全体を通して、週ごとに活動スケジュールを設定する準備が必要である。次のページのワークシート２がこのスケジュール作成のための書式として役立つだろう。この作業にあたり、次の問題点を考慮すること：
> ・どの活動を最初にするべきか、すなわちコースをどのように**開始**するべきか。
> ・どの活動で仕上げとしたいか、すなわちコースをどのように**終了**するべきか。
> ・どんな活動シーケンスが授業の**中間期**で学習を高める効果があるか。

アクション：ワークシート２（次のページ）を使って、授業の学習活動シーケンスを作成する。スケジュールの計画作成で、授業設計プロセスのうち、**設計の中間段階**が終わる。

これで一貫性のある全体として編成した統合された要素の組み合わせができたこととなる。いくつかの追加作業を完成させるべき、**設計の最終段階**の準備ができた。

ワークシート2
学習活動のシーケンス

各週のセッション(授業時間)

週	クラス	間隔	クラス	間隔	クラス	間隔
1						
2						
3						
4						
5						
6						
7						
8						
9						
10						
11						
12						
13						
14						
15						
最終試験/プロジェクト						

設計の最終段階（ステップ 9－12）：重要な残りの作業

授業設計を完成するには、4つの重要な残りの作業をする必要がある。

ステップ9．どのようにして成績をつけるか

この時点で、成績評価システムを構築する用意ができている。成績は、学習目標および活動のすべての範囲を反映するべきであるが、すべてを評定する必要はないということを覚えておくのも大事なことである。さらに、授業の成績に影響する各項目の相対的比重は、その活動の相対的重要性をあらわすものでなければいけない。

アクション：成績評価システムの重要要素は何ですか。

アクション：成績の重要要素の相対的比重はどうですか。それを自分自身で決定しますか、それともクラスをこのプロセスに参加させますか。

ステップ10．どんな場合に失敗するか

ここで、授業設計の最初の案を分析、評価してみることにより、デザインを"修正"する。これは何よりも、起こりうる問題点をチェックすることを意味する。例をあげると、次のような点がある：
- 学生たちは、授業外活動をするための時間があるだろうか。
- 学生たちは、必要な資料を入手できるだろうか。（例えば、何人の学生が図書館で予約された課題図書を同時に利用しようとするだろうか）

アクション：この時点で授業を想定してみると、授業設計にどんな問題が生じると考えられるか。そのような問題を解決するためにどんな手を打つことができるか。

ステップ11. 計画内容を学生に分からせる（シラバス）

この段階でシラバスを作成する。いろいろある中で、次の項目は入れる必要がある。

- 全般的な運営情報 - インストラクター、研究室の利用時間帯、電話など。
- 授業の目標
- 授業活動の構成およびシーケンス。主な課題提出期限や、試験、プロジェクトの期日も含む。
- 教科書およびその他の必要な図書文献
- 成績評価の方法
- 授業方針：出席、オナーコード、提出物の遅れ、追試験、など。

アクション：授業シラバスにどんな情報が必要と考えるか。

アクション：どのような方法で学生たちにシラバスを伝達したいか。紙媒体か、それともオンライン利用か。

ステップ12. 授業の進捗状況をどのようにして確認するか。

授業そのものや指導についての評価を計画しておくことは大変重要である。これは、授業を改善し、長期的に自分の教え方を向上させるために必要な情報や洞察力を得るための唯一の方法である。

これには、次の点に留意すること。

- 学期途中、また学期末においてもフィードバックを回収できる。
- 多様な情報源を活用することが可能である
    * 授業中のビデオ／オーディオテープ
    * 指導に関する学生の評価
    * 学生との面談および／またはアンケート
    * 外部のオブザーバー（例：同僚、インストラクショナル　コンサルタント、授業に関する学生相談）
    * 試験結果

さらに、特定の問題を検討すること

- どの程度、授業の目標が達成できたか
- 特定の学習活動の有効性
- 学生たちと効果的に相互関係を持つ才能

アクション： 授業および自分の指導力を評価するのにどの情報源を利用するか。

アクション： この評価について、どの問題に答えようとしているか。

結論的助言　おめでとうございます。ついにあなたは授業設計を完成しました。最後に考えてほしい忠告が二つあります。

<u>融通性を持つこと</u>　覚えておいてほしい１点目は、授業の設計や計画を立てることは大変重要なことではあるが、それは計画でしかない。すべての計画がそうであるように、それを実行する際は融通性を持ち、変更できることが必要である。

<u>一次、二次、三次の順序変更</u>　今回初めて、このモデルを使って授業設計を試みるのであれば、すべてのステップや基準に10点の評価を得られなくても、失望することはない。一次、二次、三次の順序変更を考えるのが賢明である。つまり、授業設計を初めて改善するときは、2－3の変更に焦点をしぼるということである。しかしながら、三つの段階それぞれに、必ず、何か変更を加えるべきである。なぜならば、それぞれが影響し、強化しあうからである。たとえば、強固な主要要素（設計の初期の段階）の変更から考えてみよう。

- 状況要因をさらに徹底して分析してみる。
- 学習目標に新しい種類の意義ある学習を一つ加える。
- 教育的評価を一つ追加する。
- 新しい種類の能動的学習を加え学生たちを巻き込む。
- 構成要素が統合／調整されていることをチェックする。

強固な主要要素が決まれば、次に、それらをさらに一貫性のある全体へと組み立てる作業をする（設計の中間段階）：

- 授業の構成を明確かつ簡単にする
- 差別化した学習活動の組み合わせを作る（図 8 のキャッスルトップ図を活用できる）、そして
- 学習活動の全体的組み合わせのために何らかの計画案を立てる。

一貫性のある学習活動計画ができたならば、残りの作業を完了する(設計の最終段階)：
- 授業設計に合わせて成績評価システムを調整する。
- 潜在的問題点を修正する。
- 授業設計をより明確に示すことができるシラバスをまとめる。
- 授業および自分の指導力をさらに徹底的に評価する計画を立てる。

教えるたびにデザインがうまくいったか評価する。そして、次に、もう一度、さらに意欲的な変更をおこなう。このようにして、二次の順序変更をし、次に三次の順序変更と続けていく。

改めて、おめでとうございます。前述のように真剣に変更を加えていくならば、授業設計者として徐々に能力を高めていくことができる。**意義ある学習のための授業設計**に取り組むことにより、他者の質の高い学習体験に責任を負う者として、あなたは能力と有効性を高めることができる。

付録
形成的フィードバックの 7 つの原則

出典：『効果的な形成的フィードバックによる学生の学習強化』(<u>Enhancing Student Learning Through Effective Formative Feedback</u>, by C. Juwah, D. Macfarlane-Dick, B. Matthew, D. Nicol, D. Ross, B. Smith. Higher Education Academy, York, England. June, 2004.)

1. 学習の自己評価（省察）する力を伸ばすよう促進する。
    - 例：学生が課題を提出するとき、彼らにどんなフィードバックを希望するかたずねる。

2. 学習について**教員や仲間との対話**を奨励する。
    - 学習、課題、フィードバックに関して、ミニット・ペーパーを活用する。
    - 学生たちにどんなフィードバックのコメントが特に有益と思うか例

をあげてもらう。

3. どんな優れた学業を目標、評価基準が求めているかを分かりやすくする。
   ・慎重に構成された基準表や学業レベルの規定を使って、よりよい必要条件の定義を示す。

4. 現状と望ましい学業とのギャップを小さくする機会を与える。
   ・課題の再提出の機会を増やす。

5. 学習に関して学生たちに質の高い情報を提供する。
   ・フィードバックを事前に定めた基準に関連付ける。
   ・提出後、迅速にフィードバックをおこなう。
   ・長所、短所に関する情報だけでなく、矯正的な助言を与える。

6. 積極的、やる気のある信念や自尊心を奨励する。
   ・出来の良い課題に良い点数を与える前に、出来の悪い課題にフィードバックによる機会を与える。
   ・記述式課題に対しては、学生がフィードバック・コメントに反応を示してから成績評価をつける。

7. 学習を考案するのに有益に活用できる情報を教員に提供する。
   ・評価した課題を学生が受け取るときに、彼らにどこが難しかったか指摘してもらう。
   ・授業時間の終わりに匿名のミニット・ペーパーを使う。

この資料の全文は、オンラインで入手できる：
http://www.heacademy.ac.uk/resources.asp?process=fullrecord&section=generic&id=353
　("Download Publication"をクリック)。

あとがき

　2010年ノーベル化学賞が北海道大名誉教授・鈴木章博士、米パデュー大学特別教授・根岸英一博士と米国人研究者の3人に贈られた。これで日本人のノーベル賞受賞者は18人を数え、化学賞は7人となった。アジア地域では群を抜く数である。今回の受賞で注目されるのは、2人とも1979年ノーベル化学賞を受賞した米パデュー大学・ハーバート・ブラウン教授(1912年～2004年)のもとで学んだ同窓生であるという点である。日米の大学、とくに研究中心の大学院での教育の違いに注目する必要がある。アメリカの大学院の優れている点は、研究方法が重視されていることである。アメリカの課程制大学院は研究のみならず、専門分野に関する幅広い科目の単位を履修することになっている。また、学位論文は課程制の一部となっている。すなわち、課程制による徹底した教育重視が普遍的な研究成果にも繋がっている。「タコツボ」的な狭い研究ではノーベル賞の受賞はおぼつかない。前述のノーベル受賞者は受賞後、「NHKクローズアップ現代」(2010年10月13日)「日本よ　大志を抱け──ノーベル賞・2人に聞く」に出演して、恩師ブラウン教授の思いを熱く語った。とくに、鈴木教授は、若者へのメッセージとして重箱の隅を突く狭い研究ではなく、新しい分野に挑戦することが重要であると語っていた。これは日本の研究のあり方を示唆したもので、研究方法の重要性を強調したものである。

　このような快挙がいつまで続くか、不安を感じさせる兆候もある。その一つが若手研究者の「内向き志向」である。すなわち、若者が海外に行かず、国内だけで研究の道を歩む数が増えている。その結果、研究の中心であるアメリカで修業する若者が少なくなっている。たとえば、10月7日付『読売新聞』社説によれば、アメリカの大学で博士号を取得する外国人学生の出身国の割合は、中国の約30％、韓国の約10％に対して、日本は約2％にとどまっている。

ハーバード大学マイケル・サンデル教授 (Michael Sandel) の授業が、『ハーバード白熱教室』と題して NHK で放映されて注目されたことは記憶に新しい。この授業からもわかるように、同教授の授業は楽しく、あたかも「(知的) エンターテイナー」の舞台を見ているようである。多くのアメリカの教員は、学生を授業に「巻き込む」ことが上手である。なぜなら、そのような教授法を FD として体得しているからである。授業内容や方法も多彩で学生を退屈させないうえ、学生の知的好奇心を掻き立てる術を心得ている。日本では、研究は大学院で行うものだとする固定概念から、学士課程教育と分ける傾向がある。しかし、研究への知的関心は学士課程教育から培われるべきである。

　2010年8月20日、大阪大学国際シンポジウム (吹田キャンパス) において「大学教育のグローバル化に対応した FD 支援事業」のシンポジウム「グローバル化する日本の大学における FD ——その課題と展望——」が開催された。そのなかで、「大阪大学における FD の取組み」と題して、同大学の3つの教育目標 (教養、デザイン力、国際性) が紹介された。印象的であったのは、「教養」を英語で "Critical Thinking" とし、「市民の信頼を得られる社会的教養・判断力」としていたことである。"Critical Thinking" は、一般的に「批判的思考力」と訳されるが、これを「教養」としたことは卓越したものである。この社会的教養・判断力こそが、「社会人基礎力」として大学の教育目標に求められるべきである。

　「学士力」や「社会人基礎力」が議論されるが、結局のところ、教員の授業デザインや教授法に依存せざるを得ない。すなわち、教員は、専門分野だけを教えるだけではいけない。自らの専門分野を通して「学士力」や「社会人基礎力」が育てられる資質が必要である。それゆえ、教員にはこれまで以上の「教育力」が求められる。

　同大阪大学国際シンポジウムにおいて、グローバル化時代の大学における FD では、「パラダイム転換」という表現が頻繁に聞かれ、大学教育も大きく変貌している現状が紹介された。グローバル時代に直面し、教育は益々難しい局面に立たされている。講師のスイスのロザンヌ大学 (University of Lausanne) Dr. Denis Berthiaume は、教育はパイロットが飛行機を操縦するよりも難しいと比喩的に説明した。なぜなら、飛行機はエンジンにトラブルがあ

れば、計器がどこに原因があるかを知らせてくれ、修正することが可能である。しかし、教育は人間が「操縦」するので、「トラブル」の原因を探すのは至極困難である。実に、的を射た説明である。そのような教員の悩みに対応するのがファカルティ・ディベロッパーであるとの説明があり、あらためてその重要性を再認識した。

　タイトルの「天秤」のデザインは、「教育」と「学習」のバランスを意図したものである。日本の大学では、「教育」の方が肥大化してアンバランスになっている。そこでは、「単位制度の実質化」が看過され、授業さえすれば、学生が学んでくれるとの錯覚がある。大学教育では、教員が何を教えたかではなく、学生が何を学んだかの学習成果（ラーニング・アウトカム）が問われる。最近、大学の授業回数を15回に「厳守」するように言われている。そして、それが『大学設置基準』に準拠しているかのような誤解を与える。同基準は「15回」ではなく、「15週」と規定している。「回」と「週」では雲泥の差がある。この両者の「混乱」こそが、単位制度の本質が理解されていない証である（詳細については、付録3「最終講義」を参照）。重要なことは、1回の授業回数にあるのではなく、1週間の「学修」（講義＋準備学習）である。すなわち、極端なことを言えば、「教員がいかに教えないで、学生に学習させるか」である。それも学生の学習にまかせるのではなく、授業に学生を「巻き込み」能動的に学習させることである。そして、学生の学習成果を第三者に見える形の「ポートフォリオ化」することである。

　「教育」と「学習」のバランスについて興味あることを学んだ。前述したように、2010年8月24日に東北大学高等教育開発推進センター主催の国際シンポジウム「大学教育開発とネットワーク・大学院教育の役割」が開催されたが、その前日オーストラリアHERDSA（The Higher Education Research and Development Society of Austrasia）会長ジェフリー・クリスプ（Geoffrey Crisp）の国際ワークショップ（"Assessment 2.0"）があった。そのなかで、ニュージーランド原住民（マオリ（Mario））の公用語 "Ako" は、教育と学習が一緒になっている。すなわち、"Ako" は教育と学習の両方に使われるマオリ族の言語である。これからも、教育と学習は昔から同じように使われたことがわかり、両者のバランスが重要であることがわかる。

本書の執筆に当たって多くの方の協力をいただいた。とくに、弘前大学在職中にアメリカにおけるティーチング・ポートフォリオやラーニング・ポートフォリオに関する権威者ジョン・ズビザレタ教授を特別講師として招聘して、FD 講演会やワークショップができたことに感謝する。彼との出会いがティーチング・ポートフォリオやラーニング・ポートフォリオの理解を深めることに繋がったことは言うまでもない。そして、あらためてメンタリングの重要性を再認識することができた。ズビザレタ教授のメンタリングを受けたことで、授業での学生との触れ合いの大切さ、何よりも相手への思いやりの重要性を学ぶことができた。

　メンターリングに関しては、弘前大学教育学部田上恭子さんにとくに感謝したい。『教育者総覧』における自らの変化について詳細にまとめ、本書の付録に掲載することを快諾していただいた。筆者が教員のリフレクション（振り返り）がどのように重要であるかと強調しても、十分に説得することは難しい。田上さんの『教育者総覧』を読んでもらうと、教員に取ってティーチング・フィロソフィー（授業哲学）がどれほど重要であるかがわかってもらえるであろう。

　本書の表紙イラストをデザインしてくれた弘前大学佐藤光輝デザイン研究室修士課程美術研究科ビジュアルデザイン研究室・工藤真生さんに謝辞を述べたい。佐藤光輝デザイン研究室の学生には、ティーチング・ポートフォリオ、ラーニング・ポートフォリオについで、本書でもデザインをしてもらうことができた。

　最後に、前書に引き続き、本書の刊行の機会を与えてくださった東信堂社長・下田勝司氏に改めて感謝するとともに、拙稿の丁寧なチェック、図表、写真の面倒な作業をしていただいたことに心よりお礼を申し上げたい。

2011 年 1 月 9 日

土持ゲーリー法一

索　引

【ア行】

岩井洋　　　　　　　　　　175, 177
岩崎夏千　　　　　　　　　208-211
SCOT（Students Consulting on Teaching）
　　　　　　　　　　　　　11, 164
NSSE（全米スチューデント・エンゲージ
　メント調査）　29, 166-171, 193-196
愛媛大学　　　　　　　　　　　　ii
エンプロイアビリティー　　148, 150,
　　　　　　　　152-153, 161, 165-166
エンプロイアビリティースキル　150-152

【カ行】

学士力　　　　　　　　78-79, 148-149
加藤由香里　　　　　　　　　　　90
金子元久　　　　　　　　　　171-172
加野芳正（他）　　　　　　　　　177
カリフォルニア大学バークレー校
　　　　　　　　　　　　　144-145
川嶋太津夫　　　　　　　　　　　9
クー（George Kuh）　　　　　29, 133
クイーンズランド大学　　　ii-iii, 105-
　　　　　　　　　　121, 131-132
形成的評価（プロセス）　　　　　28
コラーボレーション（共同作業）　24, 68,
　　　　　　　　　70, 154, 158-159
コンセプト・マップ　　　　　79, 85

【サ行】

佐藤浩章　　　　　　　　　　50, 178
サーマン（Rhonda Surman）　　　106
社会人基礎力　148-149, 153, 161, 165

ジェネイダ（Sandra K. Znajda）　138
ズビザレタ（John Zubizarreta）　6, 44-50,
　　　　　　　　267, 85, 93, 140, 164
セルディン（Peter Seldin）　ii, 43, 122-131
総括的評価（プロダクト）　　　　28

【タ行】

大学教員養成プログラム（PFFP）
　　　　　　　134, 137, 139, 141, 144-145
大学評価・学位授与機構　　　ii, 91,
　　　　　　　　　　　　　122, 126
田上恭子　　　　　　　　　　181-192
橘翔子　　　　　　　　　　　　　97
チャルマーズ（Denise Chalmers）　132-133
ティーチングのスカラーシップ（Scholar-
　ship of Teaching）　　22, 57, 59, 107
ティーチング・フィロソフィー（授業哲
　学）　　　　52-66, 139, 141, 164-165
テイラー（Lynn Taylor）　52, 93, 138
東北大学　　　　　　　　　　145-147
戸上望　　　　　　　　　　　　　84
ドキュメンテーション（証拠資料）
　　　　　　　　　　　　68, 70, 159
土橋信男　　　　　　　　　　　179
豊崎ひかり　　　　　　　　　　100

【ナ行】

夏目達也　　　　　　　　　　　178
日本経済団体連合会　　　　　162-163

【ハ行】

パラダイム転換　　　　　i, 4, 9, 166
PODネットワーク　　　　　3, 10, 121

ファカルティ・メンター	135, 137, 143, 147		154, 158-159, 164
フィンク（L. Dee Fink）	5, 172-174, 212-249	【ラ行】	
		リフレクション（省察）	68, 70, 159
ボイヤー（Ernest Boyer）	21, 164	ルイス（Jazon Lewis）	15-20
		ルーブリック	52, 83
【マ行】		ローザイティス（Bill Rozaitis）	134, 143
メンターリング	24, 38-40, 50-51,	ロートン（Ruth Lawton）	150

著者紹介

土持ゲーリー法一（つちもち ゲーリー ほういち）（TSUCHIMOCHI, Gary Hoichi）
1945年　中国撫順市生まれ。
1978年　コロンビア大学東アジア研究所研究科修了。
1980年　コロンビア大学大学院ティーチャーズ・カレッジ（比較教育学専攻）で教育学博士号取得。
1990年　東京大学大学院で教育学博士号取得。
　　　　前国立大学法人弘前大学21世紀教育センター高等教育研究開発室教授
　　　　現在、帝京大学高等教育開発センター長・教授

主　著

『津軽学──歴史と文化』（東信堂、2009年）
『ラーニング・ポートフォリオ──学習改善の秘訣』（東信堂、2009年）
『ティーチング・ポートフォリオ──授業改善の秘訣』（東信堂、2007年）
『戦後日本の高等教育改革政策──「教養教育」の構築』（玉川大学出版部、2006年）
『新制大学の誕生──戦後私立大学政策の展開』（玉川大学出版部、1996年）
Education Reform in Postwar Japan: The 1946 U.S. Education Mission (University of Tokyo Press, 1993)
『米国教育使節団の研究』（玉川大学出版部、1991年）
『占領下ドイツの教育改革』（明星大学出版部、1989年）

翻　書

『占領下日本の教育改革政策』（マーク・T・オア著）（玉川大学出版部、1993年）

ポートフォリオが日本の大学を変える
──ティーチング／ラーニング／アカデミック・ポートフォリオの活用

2011年5月31日	初　版第1刷発行	〔検印省略〕
2015年6月30日	初　版第2刷発行	定価はカバーに表示してあります。

著者©土持ゲーリー法一／発行者　下田勝司　　印刷・製本／中央精版印刷

東京都文京区向丘1-20-6　　郵便振替00110-6-37828
〒113-0023　TEL (03)3818-5521　FAX (03)3818-5514　　発行所　株式会社 東信堂
Published by TOSHINDO PUBLISHING CO., LTD.
1-20-6, Mukougaoka, Bunkyo-ku, Tokyo, 113-0023 Japan
E-mail : tk203444@fsinet.or.jp　http://www.toshindo-pub.com

ISBN978-4-7989-0062-9　　C3037　　© TSUCHIMOCHI Hoichi

東信堂

大学の自己変革とオートノミー――点検から創造へ	寺崎昌男	二五〇〇円
大学教育の創造――歴史・システム・カリキュラム	寺崎昌男	二五〇〇円
大学教育の可能性――教養教育・評価・実践	寺崎昌男	二五〇〇円
大学は歴史の思想で変わる――FD・評価・私学	寺崎昌男	二八〇〇円
大学改革 その先を読む	寺崎昌男	二三〇〇円
大学自らの総合力――理念とFD そしてSD	寺崎昌男	二〇〇〇円
アウトカムに基づく大学教育の質保証――チューニングとアセスメントにみる世界の動向	深堀聰子	三六〇〇円
高等教育質保証の国際比較	杉本和弘／米澤彰純／羽田貴史 編	三六〇〇円
学士課程教育の質保証へむけて――学生調査と初年次教育からみえてきたもの	山田礼子	三二〇〇円
大学教育を科学する――学生の教育評価の国際比較	山田礼子編著	三六〇〇円
「主体的学び」につなげる評価と学習方法――カナダで実践されるICEモデル	S・ヤング＆R・ウィルソン著／土持ゲーリー法一監訳	一〇〇〇円
ポートフォリオが日本の大学を変える――ティーチング／ラーニング／アカデミック・ポートフォリオの活用	主体的学び研究所編／土持ゲーリー法一	一六〇〇円
ティーチング・ポートフォリオ――授業改善の秘訣	主体的学び研究所編／土持ゲーリー法一	一六〇〇円
ラーニング・ポートフォリオ――学習改善の秘訣	主体的学び研究所編／土持ゲーリー法一	一八〇〇円
主体的学び 創刊号	主体的学び研究所編	二〇〇〇円
主体的学び 2号	主体的学び研究所編	二〇〇〇円
主体的学び 3号	主体的学び研究所編	二五〇〇円
アクティブラーニングと教授学習パラダイムの転換	溝上慎一	二四〇〇円
大学生の学習ダイナミクス――授業内外のラーニング・ブリッジング	河井亨	四五〇〇円
「学び」の質を保証するアクティブラーニング――3年間の全国大学調査から	河合塾編著	二〇〇〇円
「深い学び」につながるアクティブラーニング――全国大学の学科調査報告とカリキュラム設計の課題	河合塾編著	二八〇〇円
アクティブラーニングでなぜ学生が成長するのか――経済系・工学系の全国大学調査からみえてきたこと	河合塾編著	二八〇〇円
初年次教育でなぜ学生が成長するのか――全国大学調査からみえてきたこと	河合塾編著	二八〇〇円
IT時代の教育プロ養成戦略――日本初のeラーニング専門家養成ネット大学院の挑戦	大森不二雄編	二六〇〇円

〒113-0023 東京都文京区向丘1-20-6
TEL 03-3818-5521　FAX03-3818-5514　振替 00110-6-37828
Email tk203444@fsinet.or.jp　URL:http://www.toshindo-pub.com/

※定価：表示価格（本体）＋税

東信堂

転換期を読み解く——潮木守一時評・書評集	潮木守一	二六〇〇円
大学再生への具体像〔第2版〕	潮木守一	二四〇〇円
フンボルト理念の終焉?——現代大学の新次元	潮木守一	二五〇〇円
いくさの響きを聞きながら——横須賀そしてベルリン	潮木守一	二四〇〇円
「大学の死」、そして復活	潮木守一	二八〇〇円
大学教育の思想——学士課程教育のデザイン	絹川正吉	二八〇〇円
国立大学法人の形成	大﨑仁	二六〇〇円
国立大学・法人化の行方——自立と格差のはざまで	天野郁夫	三六〇〇円
大学は社会の希望か——大学改革の実態からその先を読む	江原武一	二六〇〇円
転換期日本の大学改革——アメリカと日本	江原武一	三六〇〇円
大学の管理運営改革——日本の行方と諸外国の動向	江原武一編著	三六〇〇円
新自由主義大学改革——国際機関と各国の動向	杉本均編著	三六〇〇円
新興国家の世界水準大学戦略——世界水準をめざすアジア・中南米と日本	細井克彦編集代表	三八〇〇円
東京帝国大学の真実——日本近代大学形成の検証と洞察	米澤彰純監訳	四八〇〇円
原理・原則を踏まえた大学改革を——場当たり策からの脱却こそグローバル化の条件	舘昭	四六〇〇円
改めて「大学制度とは何か」を問う	舘昭	二〇〇〇円
原点に立ち返っての大学改革	舘昭	一〇〇〇円
大学の責務	舘昭	三八〇〇円
大学の財政と経営	立川明・坂本辰朗・D・井上比呂子・ケネディ訳著	三三〇〇円
私立大学マネジメント	丸山文裕	四七〇〇円
私立大学の経営と拡大・再編	両角亜希子	四二〇〇円
大学事務職員のための高等教育システム論〔新版〕——より良い大学経営専門職となるために	(社)私立大学連盟編	一六〇〇円
高等教育における視学委員制度の研究	山本眞一	三八〇〇円
一九八〇年代後半以降の動態認証評価制度のルーツを探る	林吉弘子	五四〇〇円
戦後日本産業界の大学教育要求——経済団体の教育言説と現代の教養論	秦由美子	五八〇〇円
イギリスの大学——対位線の転移による質的転換	秦由美子	五八〇〇円

〒113-0023 東京都文京区向丘1-20-6
TEL 03-3818-5521 FAX03-3818-5514 振替 00110-6-37828
Email tk203444@fsinet.or.jp URL:http://www.toshindo-pub.com/

※定価：表示価格（本体）＋税

東信堂

比較教育学事典	日本比較教育学会編	一二〇〇〇円
比較教育学の地平を拓く	森山下肖稔也編著	四六〇〇円
比較教育学——越境のレッスン	M.ブレイ編 馬越徹・大塚豊監訳	三六〇〇円
比較教育学――伝統・挑戦・新しいパラダイム	馬越徹	三八〇〇円
国際教育開発の研究射程――持続可能な社会のための比較教育学の最前線	北村友人著	二八〇〇円
国際教育開発の再検討――途上国の基礎教育普及に向けて	小川啓一・西村幹子・北村友人編著	二四〇〇円
発展途上国の保育と国際協力	浜野隆・三輪千明編著	三八〇〇円
トランスナショナル高等教育の国際比較――留学概念の転換	杉本均編著	三六〇〇円
中国教育の文化的基盤	大塚豊監訳 顧明遠著	二九〇〇円
中国大学入試研究――変貌する国家の人材選抜	大塚豊	三六〇〇円
中国高等教育独学試験制度の展開	南部広孝	三三〇〇円
現代中国中等教育の多様化と教育改革	劉文君	五〇四八円
中国の職業教育拡大政策――背景・実現過程・帰結	王傑	三六〇〇円
文革後中国基礎教育における「主体性」の育成	李霞	三五〇〇円
「郷土」としての台湾――郷土教育の展開にみるアイデンティティの変容	山﨑直也	四六〇〇円
戦後台湾教育とナショナル・アイデンティティ	林初梅	四〇〇〇円
ドイツ統一・EU統合とグローバリズム――教育の視点からみたその軌跡と課題	木戸裕	六〇〇〇円
教育における国家原理と市場原理――チリ現代教育史に関する研究	斉藤泰雄	三八〇〇円
中央アジアの教育とグローバリズム	川野辺敏編著	三二〇〇円
インドの無認可学校研究――公教育を支える「影の制度」	小原優貴	三六〇〇円
バングラデシュ農村の初等教育制度受容	日下部達哉	三六〇〇円
オーストラリアのグローバル教育の理論と実践	木村裕	三六〇〇円
開発教育研究の継承と新たな展開	青木麻衣子	三六〇〇円
[新版]オーストラリア・ニュージーランドの教育	佐藤博志編著	二〇〇〇円
マレーシア青年期女性の進路形成――グローバル社会を生き抜く力の育成に向けて	鴨川明子	四七〇〇円

〒113-0023 東京都文京区向丘1-20-6 TEL 03-3818-5521 FAX 03-3818-5514 振替 00110-6-37828
Email tk203444@fsinet.or.jp URL:http://www.toshindo-pub.com/

※定価：表示価格（本体）＋税